智元微库
OPEN MIND

成 长 也 是 一 种 美 好

螺旋

知识的造

创知识

知识管理系列

Hitotsubashi on Knowledge Management

知识管理理论与案例研究

[日]竹内弘高（Hirotaka Takeuchi）
[日]野中郁次郎（Ikujiro Nonaka） 著

陈 劲 张月遥 译

人民邮电出版社
北京

图书在版编目（CIP）数据

创造知识的螺旋：知识管理理论与案例研究／（日）
竹内弘高（Hirotaka Takeuchi），（日）野中郁次郎
（Ikujiro Nonaka）著；陈劲，张月遥译. -- 北京：人
民邮电出版社，2022.6
（知识管理系列）
ISBN 978-7-115-58097-9

Ⅰ. ①创… Ⅱ. ①竹… ②野… ③陈… ④张… Ⅲ.
①企业管理－知识管理－研究 Ⅳ. ①F272

中国版本图书馆CIP数据核字(2021)第248438号

◆ 著　　　[日] 竹内弘高（Hirotaka Takeuchi）
　　　　　[日] 野中郁次郎（Ikujiro Nonaka）
　译　　　陈 劲　张月遥
　责任编辑　宋 燕
　责任印制　周昇亮

◆ 人民邮电出版社出版发行　　　北京市丰台区成寿寺路 11 号
　邮编 100164　电子邮件 315@ptpress.com.cn
　网址 https://www.ptpress.com.cn
　天津千鹤文化传播有限公司印刷

◆ 开本：720×960　1/16
　印张：25.5　　　　　　　　　2022 年 6 月第 1 版
　字数：520 千字　　　　　　　2022 年 6 月天津第 1 次印刷
　著作权合同登记号　图字：01-2018-3671 号

定　价：128.00 元

读者服务热线：（010）81055522　印装质量热线：（010）81055316
反盗版热线：（010）81055315
广告经营许可证：京东市监广登字 20170147 号

首先感谢本书的所有作者，他们来自不同的学科，但拥有相同的使命，那就是让一桥大学国际企业战略研究生院成为全球的知识管理前沿研究阵地。我们还要感谢国际商业战略项目组的同事。

目　录

致中国读者

我很荣幸地获悉,人民邮电出版社智元微库公司策划出版了"知识管理系列"图书,选入了我的部分作品。为此,我要特别感谢清华大学陈劲教授以及所有为该系列图书在中国出版而努力的人。

我提出"知识创造理论"距今已有 20 多年。20 世纪八九十年代,我在日本东京一桥大学的同事竹内弘高和今井贤一与我一起对日本公司的知识创新过程进行了广泛的案例研究。在进行这些案例研究的过程中,我意识到日本企业是通过"由内向外"的过程进行创新的,这有别于当时流行的组织行为主导理论,包括诺贝尔经济学奖获得者赫伯特·西蒙(Herbert Simon)提出的"信息处理范式"——一种"由外向内"的分析机制。我认为,企业应以"为社会创造更好的产品"为理念,以"创造未来"的精神实施创新活动。从这个意义上讲,企业需要更明智地开展商业活动和进行自我管理来造福人民。

20 多年后,我们生活在创新经济时代,知识创造理论的价值比以往任何时候都更为重要。新经济要求商业组织创造新的价值观、产品、服务或流程。在当前的动态环境中,商业组织必须在"创新"和"死亡"中二选一。此外，它们还需要比前几十年更广泛、更明智地扩展业务视角和范围，因为我们看到，社会和环境中对商业事务有重大影响的因素的相关性与复杂性日益增强。商业组织不仅应反映客户需求或股东价值观，还应密切关注其他利益相关者、环境可持续性和社会问题，这些都是其商业模式的一部分。这给这些商业组织带来了严峻的挑战，因为商业组织试图控制的要素越多，就越难达成它们的目标。那么，它们如何才能完成如此艰巨的任务呢？在我看来，答案是知识创造和知识实践。

知识创造范式为组织创新提供了可行的解决方案。由"社会化、外显化、组合化、内隐化"构成的 SECI 知识创造模型，体现了隐性知识与显性知识相互作用创造新知识的组织范式。虽然商业组织知道这两种知识都是必要的，但是，即使我们生活在大数据时代，它们也需要在具体的业务活动中让隐性知识处于首要地位。身体经验和直觉（隐性知识）等事物构成了我们拥有的所有知识的基础，我们需要时刻注意人们正在经历的事情，以及我们如何交流感知和经验以获得新的想法与产品。最终，隐性知识促使"由内而外"的创新过程得以实现。

为了积累和综合新知识，我们需要一个"创造的空间"。我们称之为"场"（Ba），这一概念最初是由日本哲学家西田几多郎提出的。在场中，人们有意识、全心全意地致力于一个共同的目标，通过人际互动和环境互动产生新的知识。"场"是一个创造互动的临时空间。为了创造成功的场，我们通过关心、爱、信任和彼此接受建构的同情心与同理心，对"主体间性"（intersubjectivity）⊖ 的形成产生重要影响。主体间性使我们能够最有效地分

⊖ 德国哲学家埃德蒙德·胡塞尔（Edmund Husserl）深入与广泛地讨论了这一概念，指人对他人意图的推测与判定。——译者注

享我们的隐性知识，从而产生更好的知识创造成果。这种知识创造的互动过程使我们认识到，我们所知道的取决于我们与谁互动、我们从文化和社会中了解到了什么，以及我们进行知识创造的环境是怎样的。人类的任何知识都是"集体知识"的一种形式。

　　知识创造的另一个关键之处在于，如何处理团队内部、跨团队以及组织之间的矛盾与紧张的关系。对组织而言，这些矛盾和紧张的关系既是巨大的障碍，也是巨大的创新机遇。这两个看似矛盾的因素不应该被视为泾渭分明的独立事物，因为这些问题是相互关联的。借助"动态二元性"（dynamic duality）[⊖]的概念，我们就可以把这些问题看作是互补的。动态二元性告诉我们，理解这些矛盾要素之间的关系和相互联系，能引导我们找到一个整体解决方案。

　　要做到这一点，我们需要所有相关人员积极参与，无论他们是项目团队、组织还是其他组织的一部分。在知识创造的过程中，我们建议采用自中向上而下式的管理模式达成这一目标。与组织过程的每一步都由少数组织成员（通常是经理或执行人员）命令和指挥不同，创造知识的组织应该吸收并授权参与项目的其他成员做出决策并执行有效的行动。随着组织承诺和共同目标的实现，不同知识的综合将产生真正、持久的影响。

　　实践智慧（或实践理性）推动了知识创造。实践智慧是指通过务实的步骤，坚持不懈地追求共同利益。这种智慧不仅使我们能够适应特定的情况，还能够创造我们想要的未来。我们的信念和价值观塑造了这一明智的决策和行动过程，告诉我们可以从所选的情景和行动中获得什么意义。

⊖ 动态二元性是指把相互矛盾的观点加以动态综合。——译者注

从本质上讲，知识创造过程是一个以人为中心的集体创造过程。正是基于我们作为人类的全部特征，我们才可以进行知识创新。在经济、环境和社会的发展遭遇前所未有挑战的时代，我们需要通过知识创造来应对。希望该系列图书的读者都能欣赏这些想法，共同创造知识，为社会的美好未来而努力。

真诚致谢。

野中郁次郎

2019 年 8 月 19 日

推荐序一

以“知识管理”赢得现代管理的新发展

在全球经济竞争日益激烈的时代，以“知识管理”的观点设计组织发展的哲学、运行体系、管理模式等显得尤为重要。

这是因为 100 多年来，管理学主要经历了两个重要的发展阶段：第一，以弗雷德里克·温斯洛·泰勒（Frederick Winslow Taylor）等人为代表的把员工视为“经济人”的科学管理阶段；第二，以彼得·德鲁克（Peter Drucker）等人为代表的把员工视为“知识人”的知识经济和知识管理阶段。

泰勒首次将管理视为一门科学。他指出，建立各种明确的规定、条例、标准，将一切管理内容科学化、制度化是提高管理效能的关键；并且他主张把计划职能从工人的工作内容中分离出来，由专业的计划部门去做。从事计划职能的人员被称作“管理者”，负责执行计划职能的人被称作“劳动者”。泰勒的理论在当时收到了很好的效果，但也存在一定的局限性。首先，泰勒的思想主要是解决工人的操作、现场的监督和控制问题，管理的范围比较小，内容涉及面也比较窄，基本没有涉及组织的供应、财务、销售、人事等方面。此外，虽然泰勒的理论使生产过程的管理控制合理化，但把雇员和业务都排斥在决策过程之外。法国的亨利·法约尔（Henry Fayol）、德国的马克斯·韦伯（Max Weber）等人对泰勒的管理思想进行了补充和完善。他们的管理思想聚焦于组织结构和管理原则的合理化，以及管理者职责分工的合理化，由此奠定了古典组织理论的基础。在科学管理的基础上，法约尔和韦伯等人的管理思想形成了成熟的质量管理和项目管理模式，并强调采用基于数据的管理体系。工业经济时代创立的管理学体系强调控制，但控制就意味着自上而下、强制性的管理。

早在 20 世纪 60 年代初，彼得·德鲁克就已经提出了知识工作者和知识管理的概念。在知识社会，最基本的经济资源是知识，知识工作者将发挥越来越重要的作用。每一位知识工作者都是一位管理者，知识型员工具有更高的素质、良好的自我管理能力，严格控制在他们身上显得多余。同时，严格控制会限制知识型员工的创造力。在工业社会，工作方法和程序由专家定义，而且一旦被定义，就不允许改变。因此，不管员工有多强的创造力，展露天赋的机会都大大减少。进入 20 世纪 80 年代，德鲁克提出"未来的典型企业以知识为基础，由各种各样的专家组成，这些专家根据同事、客户和上级提供的大量信息自主决策和自我管理"。

在"知识人"视野下，企业管理的哲学、风格、制度等应做出更大的转变。首先，减少"控制"思想，倡导"支持与关爱"模式。今天，管理者应该更多地关心和激励员工，创造适合的环境和条件，激发员工的潜质和创造力，使其实现自身的价值，进而帮助和引导员工实现自我管理。这种管理模式还蕴藏着另一个重要理念——无论成功或失败，皆有再挑战和激发勇气的精神，这是新时代企业管理的重心。

20 世纪 90 年代中后期，素有"知识创造理论之父"和"知识管理的拓荒者"之称的野中郁次郎进一步发展了面向知识人的管理体系。在《创造知识的企业》一书中，他提出了知识创造理论，以创造知识的能力诠释日本企业的成功。该书是该领域的经典之作，于 1996 年被美国出版协会评为"年度最佳管理类书籍"。

有别于其他学者将日本企业的成功归结为各种"日式管理"特色，野中郁次郎通过研究索尼、松下、本田、佳能、日本电气和富士复印机等日本公司的创新案例，归纳出组织的知识创造能力——能"有组织地"充分调动蕴藏在员工内心深处的个人知识。他以波兰尼的知识两分法为基础，从"显性知识"和"隐性知识"的关系入手，认为知识管理的一个很重要的目标就是挖掘隐性知识，即不仅对客观信息进行简单的"加工处理"，还要发掘员工头脑中潜在的想法、直觉和灵感。

野中郁次郎不仅系统地论述了隐性知识与显性知识的区别，还构建了知识创造的 SECI 模型：社会化（socialization）、外显化（externalization）、组合化（combination）和内隐化（internalization），这为我们提供了一种利用知识创造的有效途径。英国管理史学者摩根·威策尔（Morgen Witzel）认为，野中郁次郎对现代管理学的主要贡献体现在两个方面：第一，他是世界上知识管理领域最重要的思想家之一，他的论述几乎覆盖该领域的每个方面；第二，对西方读者而言，他是日本管理方法及技巧最主要的解读者之一。

野中郁次郎认为，建立在西方传统哲学基础上的组织理论归结为笛卡儿式科学思维的产物，如泰勒的科学管理理论就立足于用"科学"代替"经验常识"，西蒙的信息处理范式受到计算机和认知科学发展的影响，过分强调人类推理和组织决策过程的逻辑方面。他觉得，在这种科学理性视野下的组织，本质上是没有知识创造能力的"刺激—反应"式机器。他认为，企业并不是机械地处理来自周围环境的信息，而是有意识地创造信息，他在 1985 年出版的《组织进化论》中提出了该观点。

在研究中，野中郁次郎发觉，现有的信息处理理论不足以解释企业的创新行为。因为除了信息处理，创新过程还包括知识的取得、创造、运用与保存等多项活动。更重要的是，通过访谈许多创新者，野中郁次郎发现，创新通常来自创新者个人的信念。通俗地讲，这些信念就是他们对世界的看法，学术界称之为"心智模式"。传统的西方管理思想认为，企业是信息处理的机器，唯一有用的信息是可以计量的数据，而野中郁次郎认为企业是创造知识的平台。"在一个只有不确定性能确定的经济环境中，持续竞争优势的一个确定性来源是知识。"知识创造理论从认识论和本体论两个维度进行阐述，包括 SECI 模型、创造知识的"场"和推动知识创造螺旋的组织方式。他构建的"自中向上而下式"的管理模式，从理论上阐释了企业中层管理人员的实践智慧在创造知识的过程中所发挥的作用，而"超文本组织"结构体现了东西方管理智慧的现代结合。

野中郁次郎运用东西方哲学智慧以及日本式思考和模糊处理方法，在日本企业成功实践经验的基础上建构了知识创造理论，以 SECI 模型为中心，将主观与客观、隐性知识与显性知识、直接经验与逻辑分析有机地结合起来，创造了一系列知识管理领域的经典之作。他的知识创造理论强调"人是最重要的资产，知识是企业的战略性资产"，并"以人为本"，统领现代组织管理理论。

多年来，野中郁次郎心无旁骛地把自己的精力集中在知识创造这一领域。他跟踪观察日本制造企业由弱到强的变化规律，深入研究了日本企业的知识创新经验，对佳能、本田、松下、NEC、日产、花王等企业新产品和新工艺的开发过程进行详细的剖析，准确地揭示了知识生产的起点与终点，清晰地辨识了知识生产模式的常规类别，创造了一个全面评估企业知识管理绩效的工具，并提供了促进知识创造的方式方法。他的研究涉及知识管理的各个方面，如"自中向上而下式"的管理模式确立了中层管理人员在企业知识创造过程中的重要地位，超文本组织结构则吸收了官僚制和任务团队的优点，将企业运作效率、稳定性、知识创造的有效性与动态性有机地结合在了一起。

近年来，野中郁次郎不顾年事已高，坚持每月深入企业进行案例研究；同时，他积极学习东西方哲学思想的精髓以发展组织管理理论，如知识如何向智慧演化，特别是他引入了古希腊哲学家亚里士多德的实践智慧概念。根据亚里士多德的观点，实践智慧应该是一种审慎的、基于实际的、有道德的智慧，也是在特定背景下对共同利益做出的最佳判断，更是一种高质量的隐性知识。

实践智慧的提出，将超越组织发展的"经济目标"和量化管理，而把培养具有高度伦理价值的信仰、为人类发现更多的善意作为重点，使其成为一个有使命感的组织。例如，本田宗一郎为本田公司提出的"三喜理念"（生产者的喜悦、销售者的喜悦和购买者的喜悦）、京瓷的稻盛和夫为企业制定的座右铭——"敬天爱人"，这些都是实践智慧型领导力的经典事例。

实践智慧的提出，也将进一步在德鲁克提出的目标管理的基础上，将信念管理理念更好地在企业管理实践中落地，即组织发展更应该关注调动员工的工作激情，激发企业持续创新，推动个人价值与企业愿景同步实现。

展望未来，企业管理的重点虽然需要依靠科学管理的思想，但是大数据和数字化转型也应成为中国企业管理的方向，基于 PDCA 的质量管理和

IPD 的项目管理仍然需要进一步发展。在经济价值和社会责任并重、科学管理和人文精神同步的新时代，我们应高度重视隐性知识的积累和共享，以及基于 SECI 模型螺旋上升的知识管理。需要进一步指出的是，野中郁次郎认为，新的知识管理将更多地依赖愿景型领导者、共情型领导者，知识管理也将从传统的管理工具走向新管理思想的营造，特别是要用亚当·斯密的"道德情操观"而非"国富论"来引领组织未来的发展。

陈劲

清华大学经济管理学院教授

清华大学技术创新研究中心主任

《清华管理评论》执行主编

国际创新与知识管理会议（iKM）创始人兼主席

全球"最具创新力知识型组织"（MIKE）大奖联合负责人

推荐序二

创造知识的能力是企业在不确定环境下保持创新的关键

　　"知识管理系列"图书的核心作者是野中郁次郎，他在书中以知识创造为核心，阐述了关于知识创造过程、知识管理、知识科学的研究理论，并结合企业案例分享了实践成果，获得了国际学术界和企业界的高度关注与评价，由此奠定了他在知识管理领域的重要地位。野中郁次郎对时代的判断与彼得·德鲁克一致，即现在是知识经济时代，企业将以知识工作者为主体。唯有知识才是企业创造最大价值的源泉，创造知识的能力是企业在不确定环境下保持创新的关键。自 1991 年起，野中郁次郎在国际期刊上发表了一系列具有影响力的与知识管理相关的研究成果，同时他还在富士通等众多知名企业开展知识管理的实践。依托丰富的学术理论与企业实践经历，野中郁次郎在开发知识创造理论、应用知识提升企业竞争力方面形成了具有重大价值的观点。野中郁次郎最大的贡献是创设了一套组织性知识创造的理论与通用模型，并在理论与实践层面进行了深入浅出的解读，他也因此被国际管理学界公认为"知识管理的拓荒者""知识创造理论之父"。

　　野中郁次郎早年在加利福尼亚大学伯克利分校工作过，主要研究市场营销领域中的信息处理。因研究领域相似，诺贝尔经济学奖获得者赫伯特·西蒙还曾为他的书作序。通过对"信息"的一系列研究，野中郁次郎逐渐发现，信息的视角不足以支撑创新，很多时候，个人的价值观、信念对创新更具决定性作用。野中郁次郎认为，不应该仅遵循西蒙的"组织就是信息处理机器"的观点，更应该将组织视为"有机生命体"，它需要创造知识以能动地适应环境。基于这一观点，野中郁次郎逐渐将研究视野转移到知识领域，深入地探索分析其获取、创造、保存和利用的过程。

　　通过野中郁次郎等人在《创造知识的企业：领先企业持续创新的动力》与《创造知识的方法论》中的研究，我们认识到，知识分为两种，即显性知识（可以通过正式语言或媒介传播的知识）与隐性知识（内心知道但无法将其转换成语言的经验性、身体性知识）。组织知识创造的关键就是对隐性知识的调动与转换。有价值的知识一直存于员工的大脑中，组织管理者需要做的就是把个体大脑中的知识"调"出来，"结晶"、固化并转换为其他人也能利用的知识。组织知识管理就是针对两种知识在个体、团队及组织层面进行转换和创新的活动。围绕这一主题，野中郁次郎等人提出了著名的知识创造与转换的 SECI 模型，他们在模型中坚持本体论与认识论相结合的原则。野中郁次郎强调，组织本身并不创造知识，个体才是创造知识的主体，且只有通过个体之间的共享，知识才会在团队、部门、组织层面汇聚发展并呈现螺旋上升的态势。

　　野中郁次郎非常看重"场"的概念，认为知识创造的关键在于"场"与团队。场是一个活动的共享背景，发生在特定的时空背景下，它是个体之间知识交互与创造的基础。不同的场能通过相互连接形成更大的场。他在系列图书中反复地强调场和团队，认为只有个体的知识在社会或场中得到验证，并与其他人的知识进行整合，知识才得以创造与发展。

野中郁次郎认为，SECI 的四阶段分别在原始场所、对话场所、系统场所及实践场所中进行。这些观点是他强调中层领导者价值的理论基石。只有中层领导者才能更好地发挥场与场之间的桥梁作用，促进各个场之间、参与者之间的互动。中层领导者能更好地建立、激发和连接场，这从领导力入手为知识的实践管理提供了一个很好的抓手，即创发"场"的能力。在以创造力应对不确定性的时代，领导者就是要建立场让员工能迅速地解决问题。野中郁次郎在系列图书中也反复强调实践型领导力的培养，尤其强调培养创造知识附加值的领导力。

我有幸提前拜读了由人民邮电出版社智元微库公司引进的这套"知识管理系列"图书中的三本，分别是《创造知识的企业：领先企业持续创新的动力》《创造知识的方法论》《信念：冲破低迷状态，实现业绩跃迁》。

在《创造知识的企业：领先企业持续创新的动力》中，野中郁次郎等人提出了"知识螺旋""自中向上而下式"管理、"超文本组织"等适用于组织知识创造的新概念与想法，这值得读者深思与实践。

《创造知识的方法论》聚焦于阐述组织管理中员工必备的"知识方法论"，详细解答"知识是什么""创造知识的本质是什么"及"创造知识的方法论是什么"等问题。这本书将组织知识创造理论的哲学基础、原理及实践原则展现在读者面前。

《信念：冲破低迷状态，实现业绩跃迁》则提出了信念管理的概念。野中郁次郎等人强调，在人际关系弱化、价值观被稀释的情境下，企业更要培育从目标管理（Management by Objectives，MBO）的世界观到信念管理

（Management by Belief，MBB）的世界观，对组织中的个体信念进行管理。因为组织成员共享高质量的信念能让个体重获工作价值感，更主动地学习与工作，而领导者也会成为更加称职的支持型领导者。因此，在人事评价中，组织也应该增加信念管理的内容，关注组织是否具备培育个人信念及形成信念网络的能力。作者在《信念：冲破低迷状态，实现业绩跃迁》一书中介绍了在企业中成功导入信念管理的关键方法，这使我们对信念管理的讨论不会只停留在理论层面，这本书将成为关注信念管理的领导者的必读之物。

在知识驱动变化的时代背景之下，阅读"知识管理系列"图书能产生极大的价值。通过这套书，读者会更清晰地了解组织中的知识是什么；知识创造是什么；如何在方法论层面上更好地进行组织知识创造……对这些内容的把握能让我们按照知识管理的逻辑主线去理解企业，理解组织创新力的打造。虽然读者在阅读这套系列书时会遇到一些挑战，但掌握知识以及创造知识的概念和逻辑本身就是一种挑战。如果你愿意接受挑战，去理解、掌握这套书呈现的知识和知识创造的内涵，你也一定会在未来的企业管理工作中感受到知识带来创新的美好！

陈春花

北京大学王宽诚讲席教授

北京大学国家发展研究院 BiMBA 商学院院长

2019 年 7 月 21 日于朗润园

前　言

1995 年，我们开始研究知识创造的新理论体系，查阅了相关文献，我们发现从柏拉图和苏格拉底时代起，知识一直是哲学和认识论的焦点，但不是管理研究所关心的。

如今，我们所著的《创造知识的公司》（1995 年由牛津大学出版社出版）已经成为知识管理领域引用率最高的文献，甚至排名在第一位，引用数达到 126 次 [1]。野中郁次郎在《组织科学》发表的文章则被引用了 48 次，后续，达文波特的文章被引用了 43 次，里奥纳德 - 巴顿的文章被引用了 39 次，波兰尼的文章被引用了 39 次 [2]。德鲁克称我们的著作是一部经典。

我们坚信，在快速变革的环境中，知识管理是管理的最核心部分。外部环境的变化更快、更广泛，它导致新的竞争方式出现、市场和供应链的全球化、技术突变、新产业的涌现、人口的变化、劳动力的变迁和地缘政治的动荡。为此，管理必须跟上变革的步伐。

因此，知识管理是组织适应变革的核心，知识作为一种资源很快会过时，为此，组织需要不断地创造新的知识。知识管理是一个持续创造知识、分享知识并将知识嵌入产品 / 服务、技术和系统的过程。只有这样才能帮助组织跟上变革的步伐。

在快速变革的环境下，管理也变得相当复杂。琼·玛格勒特（Joan Magretta）在她的新书中指出，管理日益复杂化[3]：它需要技术知识和人的洞察，需要新的视野和秉性来应对复杂性、不确定性和变革。它需要分析与共情、热情与好奇心，决断与耐心。管理者必须保持质疑精神但又要信任他人。

这一双元的管理特征需要两种相反能力的综合：技术知识与人的洞察、分析与共情、决断与耐心、质疑与信任。知识本身也是由两种相反属性的部分组成：显性知识和隐性知识。在本书中，组织需要通过将隐性知识转化成显性知识才能形成新的知识，反之亦然。新的知识通过连续、动态的"综合"过程得以产生。

本书各章内容简述

知识创造的本质是管理多维度相反知识的综合过程。本书第一章提出了六对相反的集合：隐性与显性、身体与心灵、个体与组织、自上而下与自下而上、层次结构与工作小组、东方与西方。将这些相反的要素综合起来就能形成知识，这就是知识创造的过程。第一章指出，管理者必须接受、培育和综合两类不同特质的知识，这里也包括短期的与长期的、全球化的与本土化的、效率型与创造型、灵活性与可控性、持续改善与颠覆创新、营运效率与战略导向等。

本书的第二章和第三章以不同风格展现内容。第二章主要从实践的角度，通过对先进公司创造知识的过程进行案例分析，强调了隐喻、混沌和中层管理者的重要性。第三章则从理论的角度总结知识创造的机理，提出了知识创造的 SECI 模型（社会化、外显化、组合化、内隐化），以及在组织内如何实现知识的螺旋发展。

第四章和第五章主要将知识创造的 SECI 模型进一步拓展。第四章建立了基于场、对话思考等新的知识创造模型，指出了通过人与人之间的互动才能解决冲突、超越悖论，从而创造知识。第五章讨论了知识创造的一些基本条件。

第六章至第十一章将知识管理融入管理思考和实践中，它包括如下内容：

- 产品概念的创新（第六章）。
- 全球化竞争（第七章）。
- 组织间的网络（第八章）。
- 战略制定过程（第九章）。
- 品牌能力（第十章）。
- 信息技术（第十一章）。

第十二章提供了一家新的知识创造组织的真实案例，这一组织就是一桥大学国际企业战略研究生院。这是一家成立于 2000 年的国际商学院，本书 9 位作者中的 8 位都在此讲授 MBA 课程。一桥大学国际企业战略研究生院是日本文部科学省批复的第一家面向职业化的研究生院。

关于一桥大学

一桥大学国际企业战略研究生院已经获得了海外媒体的广泛关注。2000 年 10 月 2 日出版的《商业周刊》载文称，这是一家世界级的商学院，具体报道如下。

以往日本的青年企业家得不到诸如哈佛商学院、沃顿商学院或者加州大学伯克利分校的管理教育。日本的教授曾感叹作为世界第二大经济体的日本居然没有一流的商学院。如今，一桥大学国际企业战略研究生院是日本第一家提供 MBA 教育，并且在学生入学时要求其具有足够实践经验的教育机构。

在 2000 年 10 月 3 日出版的《金融时报》也刊登了两页对一桥大学国际企业战略研究生院的报道，指出其敢于挑战传统。

与大多数的日本大学不同，这家商学院的师资是由企业咨询师、投资经理和退休的教授组成，虽然每位教师都是日本人，但都有海外经历或者在跨国公司工作的经历。

在教学过程中，他们既讲授西方的管理理论与方法，也十分强调日本所特有的"知识管理"、团队合作和重视生产技术的特色。

此外，这家商学院也是若干探索性的课程和每周一次的现场教学，让学生们直面实践问题，诸如解决现实中的无家可归、饥饿和贫困等问题。这是一家特有的强调社会责任感的日本商学院。

虽然一桥大学国际企业战略研究生院是一家新的商学院，但一桥大学拥有悠久的历史，它起源于 1875 年在东京银座区成立的一家私立职业培训学校，主要是由一个名为威廉·C.维特利（William C.Whitney）的美国人教授英文写作、对话和语法。除了教授英文，该校还教授簿记、日本和西方算术、地理。

学校于 1885 年迁移到东京的一桥，1923 年地震之后迁移到东京都郊区的国立市。一桥大学国际企业战略研究生院于 2000 年成立，这也意味着一桥大学部分迁回市区。

一桥在 1920 年升格为东京商业学校，并在 1949 年改名为一桥大学，此后学术研究逐步替代实践教育，目前已经是日本社会科学研究的佼佼者。

成立一桥大学国际企业战略研究生院，一桥大学回归了其教学实践的传统。这家在东京市中心的商学院，除了教授源于美国商学院的核心课程，也教授商业实践知识。一桥大学国际企业战略研究生院是一所勇于创新的机构。尽管大学本部的标识是水星，但国际企业战略研究生院的标识则是由飘动的旗帜和人面构成的，它代表着创新、反传统、打破常规的领袖形象，扛起了引领探索全球经济的前沿知识的大旗。跳出框架、打破规则、质疑到底，这就是一桥大学国际企业战略研究生院的精神所在。

第一章

HITOTSUBASHI ON
KNOWLEDGE MANAGEMENT

知识创造与辩证法

竹内弘高　野中郁次郎

越动荡的时代，越复杂的世界，就会产生越多的悖论。当今的时代充满矛盾、不一致、困境与两极对立，要想在当今的时代取得成功，企业不仅要能够应对这些悖论，更要学会如何充分利用它们[1]。

斯科特·菲茨杰拉德（F. Scott Fitzgerald）曾指出："智慧的最高境界是，大脑能够同时容纳两种相互对立的思想，并具备处理和行动的能力。"[2]达到智慧的最高境界有这样一个前提：生活是由各种各样的对立面组成的，如男与女、生与死、好与坏、年轻与衰老等。每一个人都在与悖论共存，需要接受、应对、理解它，并学会通过悖论找到更好的方法。

作为脑海中能够同时共存二元观点的人，约瑟夫·熊彼特（Joseph Schumpeter）假设"动态非均衡"是经济的唯一稳定状态，而来自创新者的"创造性破坏"是经济的核心驱动力。近年来，对熊彼特假设的研究兴起一股浪潮的现象，是对当今时代现状的一种折射。有趣的是，当前主流经济理论建立在健康的经济标准是均衡的，以及货币与财政政策是现代经济驱动力的基础之上的，但熊彼特的研究基础与此刚好相反。如今一流的头脑有机会持两种对立观点——能够同时认识到熊彼特的观点与现代经济学的对立，并通过二元认识寻找解决问题的更好办法。

与悖论共存不是一件简单的和令人舒服的事情，查尔斯·汉迪（Charles Handy）将这一感受描述如下。

这就好像在一个没有月光的夜晚，行走在一片幽暗的树林之中。这是一种令人感到既怪异又恐惧的体验，你丧失了方向感，被树木与灌木丛簇拥着。无论你走到哪里，都会在前方遇到障碍；周围环境的噪声，尤其是风吹过树叶发出的沙沙声，都会被耳朵放大；周围充斥着危险的气息；这让人觉得站在原地似乎比移动更安全。但是，当黎明到来时，你会发现眼前的路变得清晰；那些你原以为的噪声其实是鸟儿的歌声；而沙沙声不过是兔子奔跑时穿过丛林的声音；树木的所在界定了路径而不是阻塞了道路。这时，这片树林又是一幅截然不同的景象了。[3]

如果我们可以看到悖论中光明的一面，那么世界看起来将会不同，并少了许多威胁。实际上，这也正是那些成功的企业在做的事情。

企业的成功从未变得如此脆弱，只有少数的企业证明了他们拥有能够与所处环境变化同步，并处理充斥在周围的复杂局面的能力。当今许多企业失败的主要原因之一，便是它们倾向于用坚持过往取得成功的原有路径以消灭悖论。

与此形成鲜明对比的是，在这个充满矛盾的时代，新一代的公司已经成为领导者。这些企业被称为"辩证的企业"，它们不是在被动地应对悖论，而是积极地拥抱对立。这些企业会明确地培育矛盾，并充满热情地将悖论看作寻找更好方法的"邀请函"。

悖论与知识

工业社会到知识社会这 200 年一遇的转变，改变了我们对于悖论的看法。在工业社会，悖论是一种需要被消除的东西，它与弗雷德里克·泰勒（Frederick Taylor）想要达到的目标背道而驰。为了提高生产效率，泰勒提出用"科学"的方法和步骤组织及操作工作，其中最重要的部分是他关于时间和动作的研究。事实上，其他提高生产效率的方法，如流水线、自动化、机器人、计算机辅助设计（CAD）或计算机辅助制造（CAM）等，都可以被视为一种试图从工厂杜绝悖论的尝试。

与此同时，一个与消除模糊相似的尝试正在信息处理领域发生。深受计算机和认知科学发展的影响，赫伯特·西蒙（Herbert Simon）深入探究了人类解决问题与制定决策的本质，并创建了一套"信息处理机器"的组织观。因为人类处于有限理性的制约之中，组织不得不面对充满复杂性的现实世界，因此，这需要将现实情况分解为一个个足够小并且简单的信息，使每个信息只需要一个人操作和处理即可。西蒙认为，有效的信息处理的实现，需要将复杂问题简单化，并将组织结构专业化。

有关西蒙的观点的典型证明事例，是一辆汽车的制造过程。汽车的制造步骤被分解成许多个简单的任务，每一名工人被分配了一个小任务。负责每一个任务的工人无须懂得别人做的是什么，也无须知道他的任务对于整体的汽车制造过程的意义。在工业社会中，将完整的全部过程分解成一个个小的任务或模块是取得成功的关键。

向知识社会的转变，使悖论从一种需要被消除和避免的事物提升为一种值得拥抱和培养的事物。矛盾、不一致、困境、二元性、两极、二分法和对立，这些特点不再与知识不相容，因为知识本身就可以一分为二地看作由两个相反的部分组成，即显性知识（Explicit knowledge）与隐性知识（Tacit knowledge）。

显性知识能够用语言、数字或声音表达，也能够以数据、科学方程式、图形、录音带、产品说明或者手册的显性形式进行分享，显性知识能够容易地以正式化和系统化的方式传播给个体。

隐性知识很难可视化与表达。隐性知识是高度个人化的，并且难以进行显性化，这使个体很难与别人进行交流或者共享隐性知识。主观的直觉和预感都属于隐性知识的范畴，这些都深深地根植于个体的行动与亲身体验之中，并与他们所信奉的理想、价值观和情感有关。

确切地说，隐性知识包含两个维度。第一个维度是"技术"维度，是指一种非正式和难以准确描述的技能或工艺，通常是一种"秘诀"。例如，熟练的工匠或三星级大厨，有丰富的、能够信手拈来的专业技术和知识，这些知识都是在多年经验的基础之上发展起来的，但他们也常常很难阐明自己所拥有的知识背后的技术或科学原理。来自个体亲身体验的高度主观性与个人的洞察力、直觉、预感和灵感，都属于这一维度。

隐性知识包含的另一个重要维度是"认知"维度，这个维度由信念、知觉、理想、价值观、情感和根深蒂固的心智模式组成，这些内容往往被我们视为理所当然的东西。虽然它们很难被表达出来，但是这一维度的隐性知识却塑造了我们感知周围世界的方式。

知识不是显性化的，也不是隐性化的，因为它兼具了显性化与隐性化的双重特点。从本质上讲，知识是矛盾的，因为它由两个对立的事物所组成。

自柯林斯（Collins）和波拉斯（Porras）在近十年前创造了"和的天才"⊖以来，如何拥有两种截然相反的能力，便一直处于管理文献研究的中心位置。换句话讲，就是找到一种能够同时拥有 A 和 B 两个对立事物的方法。成功的企业，无论短期还是长期都能够经营得非常出色。[4] 它们既进行持续性改进，又从事颠覆性技术。[5] 它们既追求产品与流程方面的创新，又注重商业理念的创新。[6] 它们既保留了核心，又促进了进步。[7] 此外，它们在追求规模经济与范围经济的同时，也追求速度经济，并能够同时做到既

⊖ 在管理学中，"和的天才"理念主张人们可以同时追求两个看上去相互矛盾的目标，而且这种追求是实现成功的重要因素。——编者注

控制又独立、既高效又创新、既本土化又全球化。

为了在当今这个动荡又复杂的时代取得成功,企业不仅需要接受一组对立面,更需要同时接受大量的对立面。我们从管理文献中无法清楚了解的是,面对这些对立的存在,企业应当如何着手处理。在这方面,理解辩证法将会对我们有所帮助。

知识与辩证法

辩证法是一种可以追溯到古希腊时期的思想,它所强调的两个特点,对于当今动荡的时代和复杂的世界是有帮助的。[8] 第一,辩证法强调变化。它谈论的是过程与运动,而不是静态的事物。第二,辩证法强调对立面。根据辩证思维,变化是在冲突和对立中发生的,它总是在人群或情境中寻找矛盾,并以此作为接下来的行动指南。

辩证运动的出发点是一个论题(thesis)(见图 1-1 中的 T_a)。这个论题发展的下一阶段就是展现其不足之处与前后矛盾之处,这是对第一阶段的对立或否定,因此被称为对立面(antithesis, T_b)。但是第二阶段也表现出不充分和矛盾之处,因此需要被称为综合(synthesis, T_c)的第三阶段。[9] 正是在这一阶段,之前的论题与论题的对立面都获得了和解与超越。但是,随着时间的推移,即便是综合也会在其他方面呈现片面性,这将使综合的内容成为新一轮辩证运动的论题。因此,这一过程继续以曲折的"之"字形和螺旋的方式进行,如图 1-1 所示。

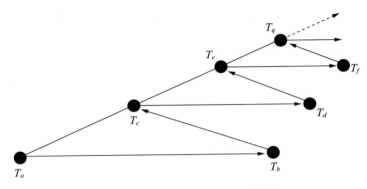

图 1-1　论题 - 对立面 - 综合螺旋

　　组织创建、维护和开发知识的这一动态过程，与图 1-1 所示的辩证模式非常类似。知识也是通过把对立和矛盾综合之后，动态地创造出来的。这需要通过一个螺旋，经过两个看似对立的概念而被创造，例如隐性与显性、混乱与秩序、微观（个体）与宏观（环境）、自我与他人、思想与身体、部分与整体、演绎与归纳、创造与控制、自上而下与自下而上、官僚制与任务团队等。引导知识创造过程的关键是辩证思维，它能够超越这种对立，并将对立的双方综合起来。

　　更复杂的是，我们需要明白对立的事物实际上并不是真正的对立。因此，截至目前，使用的都是"看起来是对立的"或"似乎是对立的"等术语。首先，对立是相互依赖的，这意味着对立的事物之间是相互依存的。如果没有光，那么谈论黑暗也就没有意义。两极对立的每一个元素，似乎都需要另一个元素才能形成它自身。其次，对立是相互渗透的，这意味着每一组对立面都能够在彼此间找到自己以及与自己对立的事物。黑暗中总有光明，而光明中也存在黑暗。如果我们足够深入地研究一件事物，就会发现它的对立面就在其中。最后，如果我们取对立面的极端，并使之绝对化，那么会变成同样的事物。因此，如果我们使黑暗绝对化，那么我们就是盲目的——我们看不见任何东西；如果我们使光明绝对化，我们同样是盲目的，也看不见任何东西。[10]

这些辩证法中关于对立的命题，同样适用于知识。首先，显性知识与隐性知识被描绘成是两极的，但是它们不仅相互补充，而且相互依存。当我们允许自己理解显性知识时，我们才真正开始理解隐性知识。一种知识显性的运用，需要另一种隐性的存在与使用。其次，它们也是相互渗透的。每一种隐性知识中都有隐性知识的存在，而每一种显性知识中也都有隐性知识的身影，它们既是连续的又是可分离的。在一个组织中，知识最有效的来源通常是那些能够阐明判断，或者推测、揭示隐藏着的或不明显的事物的人。[11]最后，隐性知识和显性知识都是从某一角度或环境来看的一种现实。如果我们把它们发挥到极致，并使其绝对化，它们可能会彼此转换。

辩证思维欣赏悖论，例如接受外行最容易看到的矛盾概念，即对立的相互依存、对立的相互渗透，以及对立的统一。换言之，辩证法接受对立的两端，如男与女、生与死、好与坏、年轻与年老——这些相互依存、相互渗透和统一的事物。

与辩证思维一样，知识创造接受看起来截然相反的事物，如显性知识与隐性知识，并试图通过转化与统一将它们进行综合，从而超越已有的现实存在。通过综合，新的现实被创造，这是一个连续、动态、协调和超越对立的过程。换言之，这个过程包含了一个论题（A）和它的对立面（B），以及被创建的新现实（C）。C与A和B是分离且独立的，并不是A与B之间的某种存在。知识创造之所以充满复杂性，是因为综合需要以连续作为基础发生（如图 1-1 表明的"之"字形与螺旋模式），并跨越大量的对立。

在我们最新出版的《创造知识的企业》一书中，认为"知识创造的本质，深深根植于建立和管理系统综合的过程"，并指出了以下需要综合的对立面，以便在以螺旋式的方式有组织地创造新知识之前进行识别。

- 隐性与显性。
- 身体与心灵。
- 个体与组织。
- 自上而下与自下而上。
- 层次结构与工作小组。
- 东方与西方。

正如下文我们将看到的，创造知识的企业的核心是它们拥抱对立面的能力，培养这些对立面，并将它们作为寻找更好方法的"邀请函"。

隐性与显性的综合

组织通过将显性知识转化为隐性知识来创造和利用知识，反之亦然。我们识别了知识转换的 4 个模式。

- 社会化：从隐性知识到隐性知识。
- 外显化：从隐性知识到显性知识。
- 组合化：从显性知识到显性知识。
- 内隐化：从显性知识到隐性知识。

这一循环是知识创造过程的核心，也是之后文献中所说为的 SECI 模型、SECI 螺旋或 SECI 过程（见图 1-2）。它描述了隐性知识与显性知识是如何在数量与质量方面被放大，以及如何从个体到小组，再到组织层面的。

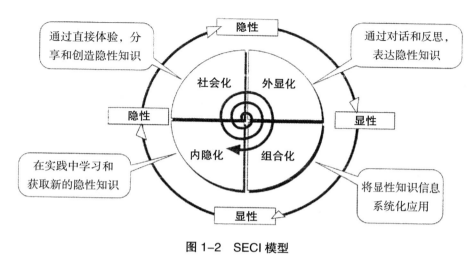

图 1-2　SECI 模型

资料来源：改编自 Nonaka and Takeuchi，1995。

　　知识创造从社会化开始，经过 4 种知识转换模式形成了一个螺旋。在 4 种模式的转换之中，知识得到了放大，这一过程如下。

- 社会化：通过直接体验，分享和创造隐性知识。
- 外显化：通过对话和反思，表达隐性知识。
- 组合化：将显性知识信息系统化应用。
- 内隐化：在实践中学习和获取新的隐性知识。

　　当知识转换的模式上升到存在论的层面时，螺旋也会被放大，从个体到小组再到组织。SECI 过程的每一个模式都涉及知识创造实体的不同组合，如下所示。

- 社会化：个体到个体。
- 外显化：个体到小组。
- 组合化：小组到组织。

- 内隐化：组织到个体。

其中 3 种模式的转换，在组织理论的著作中已有一定的论述。例如，社会化与集体过程和组织文化等理论有关联；组合化则根植于信息处理理论；内隐化与组织学习密切相关。然而，在组织文献中，外显化在很大程度上被忽视了。但正是在外显化的模式下，个体的、特定情境的、难以显性化和与他人沟通的隐性知识才可以转换为可传递、可表达的知识。当找不到合适的表达方式时，比喻和类比能够成为有用的工具。比喻为处于不同背景、拥有不同经历的个体，提供了一种通过想象与象征符号直观理解和认识事物的方式。类比阐明的是两个概念或两个对象是如何相似或不相似的。因此，比喻和类比提供了在纯粹想象力与逻辑思考之间的一个中间步骤。

新知识的产生涉及一个过程，这个过程在组织上扩大了个人创造的知识，并将其具体化为组织知识网络的一部分。驱动这一知识放大过程的，是连续的、动态的以及显性知识与隐性知识的同时互动。用辩证法的话来说，就是 A（隐性）和 B（显性）创造了 C（新知识）。

身体与心灵的综合

辩证思想接受"两者兼有之"，将我们从"非此即彼"的困境中解放出来。在这一方面，辩证思想违背了以法国理性主义者笛卡儿（Descartes）为代表的西方哲学中认知主体与所认识的事物（客体）分离的传统思想。笛卡儿提出了一个以自己名字命名的概念，被称为"笛卡儿二元论"或"笛卡儿两分法"。笛卡儿认为，终极真理只能从"思考我"（thinking self）的现实存在中推导出来，如其名句"我思故我在"，他假设"思考我"独立于身体或物体。因此，根据笛卡儿二元论，真正的知识只能通过内心感悟获得，而不是通过身体的感觉获得。

与之相反，知识创造强调亲身体验的重要性。例如，一个孩子通过反复摸索学会了吃、走路和说话，在这一过程中，他不仅用头脑学习，还用身体学习。然而，学习只是知识创造框架的一种模式。"做中学"与上文提到的将显性知识转化为隐性知识的内隐化之间存在紧密联系。其余的 3 种知识转换模式，同样重视从纯粹经验或直接经验中获取知识。一个人能够从亲身体验的经验中获得主观的洞见、直觉和预感。

在日本的知识传统中，个人和身体的体验与间接的智力抽象具有同等重要的价值。在中世纪的武士教育中，做一个"实干家"被认为比掌握哲学和文学更能塑造一个人的性格。二元论所对立的两个方面的综合，被日本中世纪禅宗创始人之一的荣西（Eisai）称为"身心合一"。更高层次的知识是通过身体（A）与心灵（B）动态、连续和同时的相互作用或综合（C）而产生的。

个体与组织的综合

知识只能由个体创造。换句话说，如果没有个体，组织便无法创造知识。因此，组织支持和鼓励个体的知识创造活动，或者为他们提供一个适当的环境是非常重要的。组织知识创造应该被理解为一个"有组织地"扩大个体知识创造的过程，并通过对话、讨论、经验分享、意义创造或实践社区等方式，使该知识在小组层面"结晶"和具体化。

本田汽车公司（Honda）在开发一款更轻、更便宜、更舒适、更结实的汽车时，渡边博史（Hiroo Watanabe）坚持使机械的空间最小化、乘客的空间最大化（接下来的两章会对此进行详细讨论）。本田汽车公司的新产品开发团队争论并讨论了渡边博史这一想法可能意味着什么，并提出了"Tall Boy"——"既高又矮的车"这一概念（概念创新将在第七章进行更详细的讨论）。为了做到这一点，他们使用一个球体进行类比，即在最小的表面面积内包含最大的体积，并将其发展、开发为之后的本田思迪（Honda City）。

这个例子说明了自组织式的团队在知识创造的过程中所扮演的核心角色，他们提供了一个共享的环境，在这里，个体能够进行包含大量冲突与分歧的对话。正是这样的矛盾促使个体对现有的一些前提进行质疑，并以一种全新的方式去理解他们的经历。这种群体层面的动态互动，有助于将个人知识转化为组织知识。

我们从上文所述可以清楚地看出，个体与组织实际上并不处于二元论的对立两端。个体是知识的"创造者"，而组织是知识的"放大器"。然而，实际情况是大部分的转换发生在小组或团队层面。团队的功能就像知识的"合成器"，团队越自主、越多样化、越自组织，就能越有效地发挥其合成器的作用。

个体（A）和组织（B）的动态交互创造了一个自组织团队（C）显性的综合体，这在知识创造的过程中起到了核心作用。它提供了一个共享的环境，个体能够在其中彼此交互（更多内容我们将在第四章讨论场的概念时看到）。团队成员创造新的观点并通过对话解决矛盾（第九章将进一步讨论对话）。

自上而下与自下而上的综合

"自上而下"和"自下而上"的管理模式，长期以来被视为管理过程范围的对立的两端。"自上而下"模式背后隐含的假设是，只有高层管理者才能够创造知识。此外，高层管理者创造的知识是能够被处理和实现的。与之相反，"自下而上"的模式假设知识是由一线员工创造的，很少有来自最高管理层的命令和指示。

无论"自上而下"还是"自下而上"，这两种模式都不足以管理知识创造的过程。首先，"自上而下"的模式主要适用于处理显性知识，而不是隐性知识，对于"自下而上"的模式而言则相反。由于这种局限性，这两种模式只能进行部分的知识转换。"自上而下"模式注重组合化与内隐化，"自下而上"模式更关注社会化与外显化。这两种模式的另一个局限性在于，它们忽略了中层管理者。在"自上而下"的管理中，中层管理者处理大量的信息，但是很少参与知识创造。在"自下而上"的管理中，知识创造者是处于组织一线的具有创业精神的个体，而中层管理者的作用最小。

在《创造知识的企业》（ *The Knowledge-Creating Company* ）中，我们提出了一种"自中向上而下式"的管理模式，作为管理组织中创造性混沌的更有效的方法（见图 1-3 ）。在这个模式中，高层管理人员为公司的发展提供了方向感，并有力地阐明了公司的愿景与梦想（应该是什么），而一线员工则着眼于现实（是什么）。中层管理者扮演的角色是解决高层管理者所希望创造的世界与现实世界实际之间的矛盾。

中层管理者会将高层管理者和一线员工的隐性知识进行综合，使其变成显性知识，并将其融入新的技术、产品和服务。在"自中向上而下式"的管理模式中，知识是由中层管理者创造的，他们通常是一个团队或任务小组的领导者，在这个过程中参与高层管理者与一线员工之间的螺旋式互动。这一模式将中层管理人员置于综合行为的核心位置，知识既不是通过"自上而下"模式（A）创造的，也不是通过"自下而上"模式（B）创造的，而是通过两者的综合，即通过"自中向上而下式"的管理模式（C）创造的。

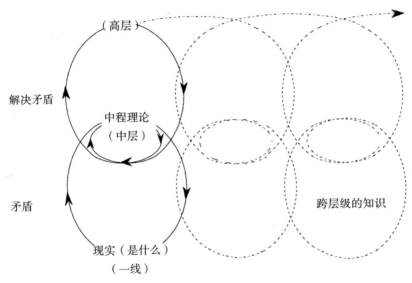

图 1-3　"自中向上而下式"知识创造过程

官僚制与任务团队的综合

很久以来，官僚制与任务团队就是两个对立的组织结构。官僚式组织结构具有高度显性化、专业化和集中化的特点，在高效地进行大规模的例行工作中发挥了重要作用。任务团队式组织结构机动灵活、适应性强，具备动态性与参与性，执行需要在一定时间内完成的、具有明确界定的任务时十分有效。

从知识创造的角度来看，官僚制是一种通过组合化和内隐化获取、积累和利用新知识的有效组织结构。然而，官僚制具有很强的控制倾向，这会阻碍个体发挥其主观能动性，而且在充满不确定性和动态的时期可能会失灵。因此，官僚制并不适合获取、积累和开发隐性知识。任务团队是通过社会化和外显化创造新知识的有效结构。然而，由于它的临时性质，任务团队在整个组织中持续而广泛地开发并传播知识方面并不是那么有效，它也不是特别适合采用显性知识。

在《创造知识的企业》一书中，我们提出了一个以最适合作为组织知识创造为结构基础的组织设计（又称"超文本"式组织），如图 1-4 所示。"超文本"式组织可以同时获得两种结构的优势，即官僚制的高效与稳定和任务团队的效率与活力动态。在这一方面，"超文本"式组织（C）综合了官僚制（A）和任务团队（B）中生成的知识。

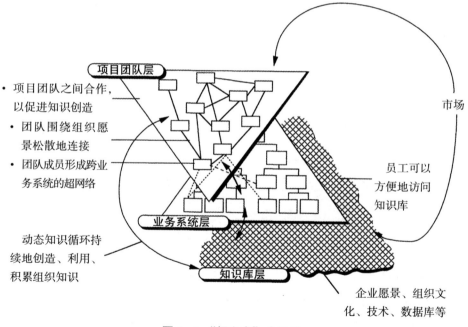

图 1-4　"超文本"式组织

再者，"超文本"式组织也充当了官僚制与任务团队中生成的新知识的

"贮藏库和交换所"，在官僚制和任务团队这两种结构中生成的知识，在整体组织的"知识库"中被重构和重新语境化。"超文本"式组织的显著特征是，它并不作为组织实体存在，但是其组织成员能够在多种情境和组织结构中进出。在这一方面，"超文本"式组织（C）对在官僚制（A）和任务团队（B）中生成的知识进行了情境化。

此外，"超文本"式组织也为组织外生成的新知识充当一个"贮藏库和交换所"的角色，它是一个开放的系统，具有与组织外部的消费者和企业进行持续、动态的知识交互的特性。例如，它具备收集消费者需求的新趋势或与其他公司生成新产品概念的能力。"超文本"式组织还能够在组织之间实现知识创造（我们将在第八章讨论这一主题）。

东方与西方的综合

日本公司和西方公司似乎支持两种截然相反的组织知识创造方法。我们已经提及这样的一个事实：在西方公司中，显性知识占主导地位，它可以很容易地通过正式的和系统的方式在个人之间传播。西方的商业实践强调通过分析技能和通过具体的口头和视觉表达显性，如文档、手册和计算机数据库，从而创造明确的知识。然而，日本人认为，显性知识只是冰山一角。他们认为，知识主要是隐性知识，它们不容易被看到和使用、高度个人化和难以显性化、要通过隐喻或图片获得并使用，并深深地根植于个人的行动和经验。

对隐性知识的强调，使日本的管理者成为完全不同的一个组织处理信息的机器，但在这种情况下，作为一个活的有机体，分享对公司主张的理解、公司的发展方向、公司希望生活在一个什么样的世界，以及如何让这个世界成为现实，变得比处理客观信息重要得多。

此外，对隐性知识的强调引发了一种关于如何学习的完全不同的观点——不仅通过头脑的思维，更要通过身体与思维。西方的组织学习利用"系统思维"，将思维从局部转向整体，它的重点是用头脑学习，而不是用身体。相比之下，日本的管理者强调从直接经验以及通过尝试和从错误中学习的重要性。就像一个孩子学习吃饭、走路和说话一样，他们的身心都在学习。如前所述，这种强调身心合一的传统一直是日本思维的一个独特特征。

此外，对隐性知识的强调引发了一种全新的创新思维方式，它不仅仅是把不同的数据和信息放在一起，更是一个高度个人化的过程。在这个过程中，员工的承诺、他们对公司的认同感，以及公司的使命变得不可或缺。在这方面，新知识的创造既是关于理想的，也是关于思想的。在日本，知识创造并不是被挑选出来的少数研发、战略规划或市场营销方面的专家的责任，而是组织中每一个人的责任，中层管理者在最高管理层和一线员工之间扮演着关键的中介角色，以便创建中档业务和产品概念。

然而，仅仅强调隐性知识可能是危险的。一方面，有过度适应过去成功的危险，恐龙就是掉进这个陷阱的生物之一。从某种程度上讲，这种动物在生理和形态上都适合于特定的环境。但它过度适应了环境，无法适应气候和食物供应的最终变化。

日本企业也陷入"集体思维"和陷阱的危险。促使日本人之间共享丰富的隐性知识的民族和文化的同质性可能成为民族和文化在全球经济多样化中的障碍。例如，在日本，"Ah 和 Un 的气息"（Ah-Un no Kokyo）被认为是最好的交流方式。在这里，一个人看着另一个人的眼睛说"Ah"，另一个人点头表示接受，然后回答"Un"。这样的交流方式在信仰、价值观、理想和共享的心智模式中是很有效的。随着全球变化的力量越来越多地将日本企业代入民族和文化多元化的环境，他们需要摆脱"群体思维"的经验，获得管理多元化的新见解。

此外，日本企业还面临落后于信息革命变革步伐的危险。在互联网时代，显性知识的数量和质量都在呈指数级增长，显性知识转化为显性知识（组合）现在只需要敲击几下键盘，几乎可以毫不费力地完成。互联网也使英语成为全球标准，日本人通过传真机用手写的日文互相发送备忘录的日子一去不复返了。日本公司需要更好地利用先进的信息技术、软件能力和计算机化的管理系统来积累存储，并在整个组织中传播明确的知识。

未来属于能够综合东方（A）和西方（B）的精华，并构建组织知识创造的通用模型（C）的企业。我们认为，这种综合已经在东方和西方发生。在接下来的部分，我们将介绍两家公司——IBM 和佳能（Canon），它们成功地吸收并体现了知识创造中"两个世界最好"的方法。

作为辩证企业的 IBM

在前董事长兼首席执行官郭士纳（Louis V. Gerstner）的领导下，IBM 实现了历史性的转变。他说："IBM 在过去的 10 年中，已经开始有能力处理非常高水平的内部复杂性，甚至是明显的矛盾，而不是躲避或压制冲突。我们正在学习如何管理这些冲突、矛盾，甚至从中受益。"[12] 他接着称，新转型的 IBM 是一家"反直觉"的公司，并指出它具有以下看似相反的特征。

- 大，但是快。

- 创业精神和严明纪律。

- 既以科学又以市场为导向。

- 能够在全球范围内创造智力资本，并将其传递给客户。

在担任 IBM 首席执行官的 10 年间，郭士纳充分利用在过去经验中积累的隐性知识，做出了两项最重要的决策。首先，他之前在美国运通（American Express）的经历促使他决定将 IBM 整合在一起，而不是将其分割成单独的部分。作为 IBM 的客户，他开始相信像 IBM 这样的公司有一个非常重要的角色，那就是集成所有的信息技术，并向客户交付一个有效的解决方案。其次，他之所以决定打造行业内最具影响力的服务企业，是因为他曾担任服务领域两家领先企业——麦肯锡（McKinsey）和美国运通（American Express）的掌门人。他承认，他从多年的经验积累中得到一种预感，相比技术型公司，服务型公司是更合适 IBM 的。

郭士纳还利用隐性知识作为杠杆对 IBM 进行转型。例如，他一上任，便发起了"熊抱行动"（Operation Bear Hug），要求他手下的 50 名高管至少拜访 IBM 的 5 家最大客户，这是改变 IBM 公司文化的最早尝试之一。他意识到，公司内部流程非常重要，因此，他希望自己的高层管理人员到现场去倾听客户的意见。郭士纳说："这是一种强调我们要建立的公司是由外而内的重要方式，客户将推动我们在公司所做的一切。"[13]

郭士纳在选择接班人时，把热情、理想和情感这一隐性知识的认知维度作为最重要的标准。郭士纳在评价自己选择萨缪尔·J. 帕米沙诺（Sameul J. Palmisano）作为自己的继任者时，指出了帕米沙诺对于 IBM 深深的热情——IBM 代表什么，IBM 可以成为什么，IBM 可以做什么。郭士纳观察帕米沙诺，说道："他有一种情感上的一天 24 小时的依恋，这让他获得胜利并不断提高成功的水平。"[14]

与此同时，郭士纳敏锐地意识到，经过多年的自我强化，根深蒂固的核心信念有一天可能会失灵。他特别提到了"尊重个体"，这是托马斯·J. 沃森（Thomas J. Watson）提出的三个基本信条之一。他认为，这一信条意味着创始人没有考虑到的一些事情。随着时间的推移，"尊重个体"意味着 IBM 的员工无须做任何事情就能获得丰厚的福利和终身的雇佣权，而一个 IBM 的员工可以做任何他或她想做的事情，却只需对此负很少的责任甚至不用负责。

成功的机构，如 IBM，发展了能够强化机构信念和价值观的文化。这些信念和价值观反映了它们产生的环境。然而，当环境改变时，文化却很难改变。事实上，文化成了机构适应能力的巨大障碍[15]，让 IBM 陷入了同样的"过度适应过去成功"的陷阱，这个陷阱困扰着恐龙。

郭士纳的行动和行为表明，他是辩证思维的强烈倡导者。他强调隐性知识和显性知识，并且常常称自己为"局外人"，实际上，他是 IBM 完美的"内部人"。他是"认为变化是通过冲突和矛盾实现的"学说的支持者。

郭士纳回顾了他在 IBM 的任期，认为创建一个真正的"集成"企业是他留下来的最重要的事物。甚至在他开始进行 IBM 转变的挑战之前，公司内外几乎已经有了将公司分割成各个部分的预想。然而，郭士纳看到了该公司最大的潜在价值，即通过协调多个部门，共同解决客户的问题，以及让 IBM 成为技术的首要集成商，从而实现协同效应。他认为，客户需要像 IBM 这样的，既能创造技术又能集成技术的合作伙伴，而解决方案不在于拆分 IBM，而是将其保持为一个整体。

郭士纳决定将 IBM 作为一个统一的企业，可以追溯到在美国运通任职期间，他作为 IBM 的客户所积累的隐性知识，以及作为 IBM 首席执行官与关键客户的频繁互动。这些经验使他能够运用内部人的观点（论题）和外部人的观点（对立面），来创建一个真正以客户为中心的集成商（综合）。

作为辩证性企业的佳能

佳能在首席执行官御手洗富士夫（Fujio Mitarai）的领导下，从一个担负着亏损子公司的笨重企业集团转变为一个精简且盈利的公司。在佳能北美分公司工作了 23 年后，御手洗富士夫于 1989 年回到日本，并于 1995 年成为佳能集团总裁。在改造和转变佳能的过程中，他既接受了美国人对利润的务实追求，也接受了日本人的传统商业价值观，形成了一种结合东西方风格的管理模式。

御手洗富士夫在整个公司推广并采取美国的类似做法，以削减成本、清理财务。上任 3 个月内，他下令关闭 4 个无利可图的部门——个人电脑、液晶显示屏、电动打字机和光学存储卡。他在组织内部发出了一个明确的信息：利润第一。在御手洗富士夫的领导下，佳能成为第一批公布合并收益的日本大公司之一。他还强调了股东价值，提高了公司账目的透明度，并亲自出席了投资者关系会议。他还迅速引入了美国的一种标准做法，即现金流管理，当时这在日本还没有流行起来。

御手洗富士夫采取了迅速而大胆的举措，将动画重新引入佳能，并坚信自上而下的管理方式。"高层的工作是产生智慧、设定目标、制定战略，领先于所有人并产生结果。这种自上而下的方法很具美国风格，但是我喜欢它。"[16] 在美国的 23 年里，他学会了如何快速地做出决定，并采取一种自上而下的管理方式，"我在美国的经历对我影响很大"[17]，御手洗富士夫说道。

例如，他对利润的关注源于 1966 年他在美国的经历。当时，一位来自美国国税局（IRS）的审计员到御手洗富士夫位于曼哈顿的仓库办公室拜访他。美国国税局的审计人员认为，相对于佳能的销售额而言，佳能的收益率太低了，因此他质疑佳能试图逃税。实际上，御手洗富士夫是通过对应收账款的修修补补，最终获得了微薄的利润。当审计人员发现佳能在美国上市时，他对御手洗富士夫说："你的所作所为是疯狂的，当经营应该是亏损的时候，你却想要盈利。相对于此，你应该收回所有的应收账款，存入一个储蓄账户，然后返回日本。关闭办公室，什么都不做，这样你至少可以获得 5% 的利息。"御手洗富士夫回忆道："那时候我突然意识到，如果你不能赚钱，做生意就毫无意义。"[18]

然而，对御手洗富士夫而言，维持终身雇佣制和赚钱一样重要。他认为，终身雇佣与精英制度相结合，仍然是日本最有效的就业形式。在美国，员工"比日本员工有更多的流动性和工作机会，还有一个社会基础设施让他们能够从一份工作换到另一份工作"[19]。他认为，在日本不是这样的，员工是家庭的一部分。佳能由他身为医生的叔叔御手洗毅（Takeshi Mitarai）创立，至今仍没有忘记提供工作保障的重要性，这也是让员工努力工作和保持忠诚的一种方式。

甚至在日本陷入经济困难的今天，御手洗富士夫也保证不裁员，他主张终身雇佣制，理由有以下 3 点。

（1）终身雇佣制创造了一个共享命运的组织。通过在困难时期不裁员的方式，我们建立了一种相互信任的关系。

（2）开发一项专利需要 10~15 年的时间，这意味着我们需要创造一个让人们对工作和生活感到安全的环境。这与资历不同，我们拥有 73 000 项专利，这是终身雇佣制积极而非消极作用的生动实例。

（3）存在保密问题。我们有多层内置的安全检查，但防止秘密泄露的最好方法是激发忠诚。[20]

同时推行"不裁员"政策和"利润第一"政策似乎是矛盾的，御手洗富士夫承认悖论和矛盾是佳能的一种生活方式。例如，为了坚持良好的公司治理，他很注重股东价值，但是反对美国任命外部董事的做法，并赋予内部审计师更大的权力。他相信速度经济（比如他迅速决定关闭 4 个部门）和耐心经济（比如终身雇佣制）。"面对悖论，我们欣然接受并继续去解决它，我们一直在前进"，他评论道。

御手洗富士夫采取非正式的、每日的董事会会议（称为 asakai 或"晨会"，因为他们在早上 8 点之前开始），以及每天与高级经理的午餐会议来接受和应对悖论。御手洗富士夫是这样描述这些会议的。

我们公司 8：30 开始上班，但大多数主管每天 7：30 到达办公室，8：00 到我的办公室。在 1 小时左右的时间里，我们会交换意见，讨论业务，有时会进行决策。上午 9：00，他们各自离开……如果出现矛盾，我们立即讨论问题，迅速制定解决方案，然后继续前进。

我所有的会议都会在午餐时间进行 1 小时，因为每个人都要吃午餐，所以出勤率是 100%。我们在 5 分钟内吃完午餐，剩下的 50 分钟则在激烈的辩论中度过。我们在利用本来就是午餐时间的"空闲"时间。

管理策略会议、主管会议、部门领导会议都会在午餐时间进行，大部分时间我们吃乌冬面，但有时也吃寿司（这两种都不需要什么时间）。[21]

御手洗富士夫利用这些会议识别问题，并从多个角度讨论问题。在清晨的会议上没有既定的议程，因此，主管们被鼓励提出他们所想的，并且可以表达相反的观点。因此，最新的管理术语不受欢迎。这些会议为意义创造（称为"场"[22]）提供了一个共享的环境，在这里，理想主义与现实、约束与可能性、内部能力与市场机会被从多个角度进行辩论，并动态结合。

会议没有既定的议程，但必须在规定的时间内结束。知道会议将在50分钟后结束会加快进程，但是知道每天都会举行会议会让人在开会时更有耐心。有时，有些事项可能在几周内都无法做出决定。御手洗富士夫试图将每一家佳能工厂改造成新的生产系统，将工人组织成小的集群或"单元"，而不是长长的装配线。御手洗富士夫花了数周的时间说服持怀疑态度的高管们，让他们参与每天的辩论，讨论这种安排的利弊，然后才能达成共识。[23]

佳能让我们得以一窥辩证的公司是如何运作的。一方面，它并不是被动地应付悖论（比如不裁员和利润至上）。相反，它利用悖论作为超越自身的杠杆。另一方面，它努力使每个人都参与到对话和辩论中来，形成一种创造性的程序，比如 asakai，这些形成了创造新知识的"场"。

小结

IBM 和佳能是辩证类公司的先驱。我们在前文提及，一个辩证的公司具有以下两个特点。

（1）强调变化。它一直在前进，积极主动地应对变化。IBM 和佳能都成功地进行了转型，并证明了自己有能力随着周围环境的变化而快速变化，而且能处理周围的复杂问题。

（2）强调对立。它总是在寻找矛盾，以此作为正在发生的事情和可能发生的事情的指南。IBM 和佳能试图达到"综合"系统阶段的"论题—相反论题—综合"螺旋，以解决并超越矛盾和对立。

如前所述，当今公司失败的主要原因之一就是，他们会因为坚持过去成功创造的固定路径而消灭悖论与矛盾。IBM 和佳能都能积极地拥抱对立面，他们积极地培养矛盾，并热情地利用悖论寻找更好的方法。

我们之前也提到过，成功的公司以一种辩证的过程，不断地、动态地调和并超越对立，这种过程是通过"论题—对立论题—综合"阶段，以"之"字形螺旋式进行的。换句话讲，这个过程包括了提出一个论题（A）和一个相反的论题（B），并创造一个二者的综合（C）。但是 C 是单独的，与 A 和 B 独立，并不是 A 和 B 的中间地带。例如，佳能把美国追求利润（A）和日本传统的终身雇佣制（B）相结合，脚踏实地地创造出了"佳能模式"（C）。然而在 C 阶段，对成功的公司而言，并不是静态的。IBM 发现，保持静止、没有争论或者没有反对意见会导致"过度适应过去的成功"的陷阱，而辩证的公司总是在不断前进。

为了不断前进，公司需要一个新的管理模式。对企业来讲，定位范式（侧重于行业结构和竞争对手分析）和基于资源的范式（侧重于内部能力和胜任力）同样有用，但是它们在应对动荡、不确定性、矛盾和悖论的时候又不是那么有用。

基于知识创造的新型管理模式，正是不断前进的公司所需要的。它能更好地应对动荡、不确定、不一致、矛盾和悖论。知识是通过将看似对立的东西（隐性知识和显性知识）综合起来而创造出来的。而且，这种动荡、不确定、复杂的环境，是隐性知识所固有的。根据知识管理范式，我们是环境的一部分，环境同样也是我们的一部分。

第二章

HITOTSUBASHI ON
KNOWLEDGE MANAGEMENT

创造知识的企业 ^一

野中郁次郎

在经济中，唯一确定的便是不确定性，持久竞争优势的唯一确定来源就是知识。当市场变化、技术飞速发展、竞争对手倍增、产品几乎在一夜之间被淘汰时，成功的企业是那些不断创造新知识，在整个组织中广泛传播并迅速将其体现在新技术和产品中的企业。这些活动定义了"创造知识的企业"，其唯一的业务就是不断创新。

然而，尽管人们都在谈论"智力"和"智力资本"，但很少有管理者真正地理解创造企业的知识的本质，更不必说知道如何管理了。这是因为他们对什么是知识和什么企业必须利用知识产生了误解。

从弗雷德里克·塔夫勒（Frederick Taylor）到赫伯特·西蒙（Herbert Simon），西方管理学传统中有一个根深蒂固的观点，认为组织是"信息处理"的机器。根据这种观点，唯一有用的知识是正式的和系统的，如困难的（难以读取和量化的）数据、编纂的程序、普遍的原则。衡量新知识价值的关键指标同样是难以量化的，如提高效率、降低成本、提高投资回报率（return on investment，ROI）。

但是，还有另一种思考知识及其在商业组织中的作用的方式。这种现象在其非常成功的日本竞争对手身上最为常见，如本田（Honda）、佳能（Canon）、松下（Matsushita）、NEC、夏普（Sharp）和花王公司（Kao）。这些企业因其快速响应客户、创造新市场、快速开发新产品和主导新兴技术的能力而闻名。它们成功的秘诀是其独特的管理新知识创造的方法。

在西方经理人看来，日本企业的做法往往显得奇怪，甚至令人费解。想想下面的例子。

- 对一辆新车来说，"汽车进化理论"这个口号是一个有意义的设计概念吗？然而，这句话催生了本田的创新型城市汽车——思迪。

- 为什么啤酒可以用来比喻个人复印机呢？正是这样的类比帮助佳能获得了迷你复印机设计的革命性和根本性突破。迷你复印机激活了个人复印机市场，并引领佳能成功地从停滞不前的相机业务转向利润更丰厚的办公自动化领域。

- 像"光电子"这样一个虚构的词，能给公司的产品开发工程师提供什么样的方向感？然而，在这一主题下，夏普以创造定义新技术和市场的"第一产品"而闻名，使其成为从彩电、液晶显示器到定制集成电路等诸多领域的领先企业。

在上述每一种情况下，对西方经理人来说，这些隐晦的口号听起来都有些假大空，或许适合作为广告宣传，但肯定不适合作为一家公司的经营理念，实际上，这些是创造新知识的高效工具。世界各地的经理们都认识到创新的偶然性，这些日本公司的高管们正在利用这些意外收获造福公司、员工和客户。

日本企业创造知识的方法的核心是认识到创造新知识不仅仅是"处理"客观信息的问题，相反，它依赖于对隐性知识的开发和来自个体员工的往往具有高度主观性的洞察力、直觉和预感，并将这些见解提供给整个公司进行测试和试用。这个过程的关键是个人的承诺，员工对企业和企业使命的认同感。调动这种承诺，并将隐性知识体现在实际的技术和产品中，要求管理者能够自如地使用图像和符号，以及如"汽车进化论"这种口号、"个人复印机和啤酒"这样的类比和"光电"这样的隐喻，因为它们是用来衡量市场份额、生产力或投资回报率的具有说服力的数字。

　　许多日本企业对知识的更全面的理解建立在另一个基本的洞察力上，企业不是一台机器，而是一个活的有机体。就像一个个体一样，它可以有一个集体的认同感和基本的目的。这是组织层面的自我认知——对公司的主张、发展方向、想要生活在什么样的世界的共同理解，以及最重要的，如何让这个世界成为现实。

　　在这方面，创造知识的企业既是关于理想的，也是关于想法的，这一事实促成了创新。创新的本质是按照特定的愿景或理想重新创造世界。创造新知识的字面意思是，在个人和组织不断的自我更新过程中，重新创建公司以及公司中的每个人。在创造知识的企业中，创造新知识并不是一项专门的工作，它不属于研发部门、营销部门或战略规划的范畴。创造新知识是一种行为方式，实际上也是一种存在方式。在这种方式中，每个人都是知识工作者，也就是说，是企业家。

　　日本企业似乎特别擅长这种持续创新和自我更新，其中的原因很复杂。但是对管理者来说，关键的经验很简单，就像世界各地的制造商从日本的制造技术中学到的一样。任何想要在知识领域竞争的公司也必须从日本的知识创造技术中学习。接下来讨论的日本企业的经验，为我们提供了一种全新的方式，可以用来思考创造知识的企业中的管理角色和责任、组织设计和商业实践。这是一种将知识创造置于其所属位置的方法，位于企业人力资源战略的核心。

知识的螺旋

新知识总是从个人开始的，一名聪明的研究人员具有可以获得一项新专利的洞察力。中国管理者对市场趋势的直觉成为重要的新产品概念的催化剂。车间工人利用多年的经验提出了新的工艺革新方法。在每个案例中，独特的个人知识都转化为对整个公司有价值的组织知识。

将个人知识提供给他人是创造知识的企业的核心活动，它在组织的所有层面上持续发生。正如下面的例子所显示的，有时它还会以意想不到的形式出现。

1985 年，总部位于大阪的松下电器公司（Matsushita Electric Company）的产品开发人员正努力研制一种新的家用自动面包机。但他们在让机器正确地进行揉面团的操作时，遇到了麻烦。尽管他们做了很多努力，但是烘焙出来的面包还是存在外皮烤焦而里面夹生的问题。员工们详尽地分析了这个问题，他们甚至比较了机器揉面和专业面包师揉面的 X 光照片，但是无法获得任何有意义的数据。

最后，由软件开发人员田中郁子（Ikuko Tanaka）提出了一个创造性的解决方案。大阪国际饭店（Osaka International Hotel）以生产大阪最好的面包而闻名，那么，为什么不将其作为一个学习的对象和模型呢？田中郁子师从酒店的首席面包师，学习他的揉面技术。她注意到，面包师有一种独特的拉抻面团的方法。经过一年的反复试验和与项目工程师的密切合作，软件开发人员终于制定出产品规格，包括在机器内部增加特殊的"肋骨"状结构，这成功地再现了面包师的拉抻技术和田中郁子在酒店中所学习到的内容。其带来的结果是：松下面包机拥有了独特的"揉面"方法和产品，并在其上市第一年创造了新厨房用具的销售纪录。

　　田中郁子的创新说明了两种截然不同的知识类型之间的转变。这场运动的终点是显性知识——面包机的产品规格。显性知识是正式的和系统的，由于这个原因，它可以很容易地在产品规格或科学的公式或计算机程序中进行沟通和共享。但是，田中郁子创新的出发点是另一种不那么容易表达的知识——隐性知识，就像大阪国际饭店首席面包师拥有的那种知识。隐性知识是高度个人化的，这很难显性化，因此也很难与他人分享。或者用哲学家迈克尔·波兰尼（Michael Polanyi）的话来说，"我们可以知道比我们能说出的更多的东西"。隐性知识也深深地根植于行动和手艺之中，以及个人对特定环境专业、特定技术或产品市场、工作组或团队活动的承诺中。

　　隐性知识部分地由技术技能组成，即"专有技能"，是指那种非正式的、难以确定的技能。一位大师级的工匠在多年的工作经验之后，会在"他的指尖"上发展出丰富的专业知识，但是他常常不能清楚地表达他所知道的背后的科学或技术原理。

　　同时，隐性知识具有重要的认知维度，它由思维模式、信念和观点组成，这些思维模式、信念和观点如此根深蒂固，以至于我们认为它们是理所当然的，因此，不能轻易地将它们精确化。正是出于这个原因，这些内隐模式深刻地影响了我们看待世界的方式。

　　显性知识与隐性知识之间的区别表明了在任何组织中创造知识的 4 种基本模式。

1. 从隐性到隐性。有时，一个人与另一个人直接共享隐性知识。例如，当田中郁子在大阪国际饭店当实习面包师，跟随面包师父学习时，她通过观察、模仿和练习，学习他的缄默技巧，使它们成为她自己隐性知识库的一部分。换句话说，她被"社会化"了。

但就其本身而言，社会化是一种相当有限的知识创造形式。的确，学徒要学习大师的技能。但无论徒弟还是师父，这对他们的工艺知识或系统的洞察力而言，都得不到任何好处。因为他们的知识从未显性化，所以不能轻易地被整个组织利用。

2. 从显性到显性。一个人也可以把显性知识分散成部分，再组合成一个新的整体。例如，当一个公司的审计长从整个组织收集信息并将其汇总成一份财务报告时，该报告就是一种新知识，因为它综合了许多不同来源的信息。但是这种结合也不能真正地扩展公司现有的知识基础。

但是，当隐性知识与显性知识相互作用时，就像松下家用面包机的例子一样，一些有创造力的事情就会发生。日本企业尤其擅长发展的，正是这种隐性知识与显性知识之间的交流。

3. 从隐性到显性。当田中郁子能够清晰地表达她对面包制作的隐性知识的基础时，她把这些知识转化为显性知识，从而将这些知识与她的项目开发团队分享。另一个例子可能是审计长，他不仅仅是为他的公司编制了一份传统的财务报告，而是根据他在工作中多年积累的隐性知识，开发了一种新的预算控制方法。

4. 从显性到隐性。更重要的是，随着新的显性知识在整个组织中共享，其他员工开始将其内化。也就是说，他们用它来扩展、延伸和重构自己的隐性知识。审计长的提议促使公司财务控制制度的修改，其他员工使用创新，并最终将其视为完成工作所必需的工具和资源背景的一部分。

在创造知识的企业中，这4种模式存在于动态互动中，是一种知识的螺旋。让我们回想一下松下田中郁子的案例。

1. 她了解了大阪国际饭店面包师心照不宣的秘密（社会化）。

2. 她把这些秘密翻译成显性知识。这样，她就可以将其分享给她的团队成员以及松下公司的其他人（外显化）。

3. 团队对这些知识进行标准化，将其整合到一个手册或工作簿中，并将其体现在一个产品（组合）中（组合化）。

4. 通过创造新产品的经验，田中郁子和她的团队成员丰富了他们自己的隐性知识库（内隐化）。特别是，他们以一种非常直观的方式了解到，像家用面包机这样的产品可以提供正品，即机器做出的面包必须与专业面包师的一样好。

这将再次启动创造知识的螺旋，但这一次是在一个更高的层次上。在家用面包机的设计过程中，人们对真正的品质产生了新的洞察力，这种洞察力被非正式地传达给松下的其他员工。他们用它来为松下的新产品制定同等的质量标准——无论厨房用具、视听设备还是白色家电。通过这种方式，组织的知识基础会变得更加广泛。

外显化（将隐性知识转化为显性知识）和内隐化（利用显性知识扩展自己的隐性知识库）是这种创造知识的螺旋的关键步骤。原因是二者都需要自我的积极参与，即个人的承诺。田中郁子决定让自己成为面包师父的学徒，就是这种承诺的一个例子。同样，当审计长阐明自己的隐性知识，并将其体现在一项新的创新中时，他的个人身份就会以某种方式直接参与其中，而不是仅仅"处理"传统财务报告中的数字。

事实上，除了知识，隐性知识还包括心智模型和信念，从隐性知识到显性知识的转变实际上是一个阐明个人世界观的过程——它是什么以及它应该是什么。当员工创造新知识时，他们也在重塑自己、重塑公司，甚至重塑世界。

当管理者掌握了这一点，他们就会意识到管理创造知识的企业的合适工具与大多数西方公司的工具非常不同。

从隐喻到模型

将隐性知识转化为显性知识意味着找到不可表达的事物的表达方式。遗憾的是，这样做最有效的管理工具之一也是最常被忽视的——管理者可以从中获取象征性的语言和符号，用它们来表达自己的直觉和洞察力。在日本公司，这种引人入胜的、有时极富诗意的语言在产品开发中尤其突出。

1978 年，本田的高层管理人员以"我们赌一把"为口号，开始了新概念车的研发，他们用这个口号表达了管理层的信念。本田思域（Civic）和雅阁（Accord）的车型变得太常见了，经理们也意识到，随着年轻一代消费者进入汽车市场，新一代年轻的产品设计师正在成长，他们对如何制造一辆好车具有非传统的想法。

"让我们赌一把"的口号带来的商业决策，是组建一个由年轻工程师和设计师组成的新产品开发团队（平均年龄为 27 岁）。最高管理层给这个团队下了两条（也只有两条）指令：第一，提出一个与公司以前所做的任何事情都完全不同的产品概念；第二，制造一辆价格低廉但看起来不便宜的汽车。

这个任务可能听起来含糊不清，实际上，它为团队提供了一个非常明确的方向感。例如，在项目的早期，一些团队成员提议设计一个更小、更便宜的本田思域，这是一种安全且技术上可行的选择。但研究小组很快断定，这种方法与其使命的整个理论基础相矛盾。唯一的选择是发明一些全新的东西。

项目组组长渡边洋男（Hiroo Watanabe）提出了另一个口号来表达他对项目组雄心勃勃的挑战的感觉："汽车进化理论。"这个短语描述了一个理想，实际上，它提出了一个问题：如果汽车是一个有机体，它应该如何进化？当团队成员争论和讨论渡边的口号可能意味着什么时，他们想出了另一个口号的显性的答案："人最大化，机器最小化。"这抓住了团队的信念，即理想的汽车应该在某种程度上超越传统的人机关系，但这需要挑战渡边洋男所说的"底特律的逻辑"，即为了外观而牺牲舒适性。

该团队阐述的"进化"趋势最终形成了，即一辆同时体现球体的"短"（长度）和"高"（高度）的形象的汽车。他们认为，这样的汽车比传统汽车更轻、更便宜，但也更舒适、更结实。球体为乘客提供了最大的空间，同时占用了道路上最小的空间。更重要的是，这种形状使发动机和其他机械系统所占据的空间达到最小化。这产生了一个产品概念，团队称为"高个子男孩"，最终产生了该公司独特的城市汽车——思迪。

"高个子男孩"的概念完全颠覆了当时汽车设计的传统智慧，即强调长、低的轿车。但思迪车型革命性的风格和工程是有预见性的。这款车在日本汽车工业中开创了一种全新的设计方法，这种设计方法是以"人最大化，机器最小化"的概念为基础的，这使新一代"短而高"的汽车现在在日本相当普遍。

思迪的故事表明，日本企业在公司的各个层面以及产品开发过程的各个阶段，都在使用比喻性的语言，同时也揭示了比喻性语言的不同种类及其各自的独特作用。

其中尤为重要的一种比喻语言就是隐喻。我说的"隐喻"并不仅仅是指语法结构或寓言式的表达。相反，隐喻是一种独特的感知方法。这是一种方式，让个人植根于不同的背景和不同的经验，通过运用想象力和符号直观地理解一些东西，而无须分析或概括。通过比喻，人们用新的方式把他们知道的东西放在一起，开始表达他们知道但还不能说的东西。因此，在知识创造的早期阶段，隐喻在培养对创造过程的直接承诺方面非常有效。

隐喻通过将两个不同的、遥远的经验领域合并成一个单一的、具有包容性的图像或符号实现这一点，语言哲学家马克斯·布莱克（Max Black）将其恰当地描述为"一个短语中的两个概念"。通过建立两个似乎只有远亲关系的事物之间的联系，隐喻建立了矛盾或冲突。隐喻意象往往具有多重含义，表现为逻辑矛盾甚至非理性。但这绝不是一个弱点，而是一个巨大的优势，因为正是隐喻体现的这种冲突启动了创造的过程。当员工试图更清楚地定义隐喻所表达的洞察力时，他们努力调和矛盾的含义。这是使隐性知识显性化的第一步。

渡边洋男的口号"汽车进化论"的例子，像任何形象的比喻一样，它结合了两个人们通常不会想到的概念——汽车是一种机器，进化论是指活的生物体。然而，这种差异为人们推测理想车型的特性提供了一个富有成效的平台。

虽然隐喻触发了知识的创造过程，但仅仅是隐喻还不足以完成知识的创造。隐喻的下一步是类比。隐喻大部分是由直觉驱动的，并将乍一看似乎彼此相去甚远的图像联系起来；类比则是一种更为结构化的过程，它调和矛盾并做出区分。换句话说，通过阐明一个短语中的两个概念的相似之处和不同之处，隐喻中的矛盾通过类比得到了调和。在这方面，类比是一个中间步骤的纯粹想象和逻辑思维。

也许最好的比喻来自佳能革命性的迷你复印机的发展。佳能的设计师们知道，第一台个人复印机要想获得成功，就必须可靠。为了保证可靠性，他们提出产品的感光复印机硒鼓（这是 90% 需要维护的问题的来源）必须是一次性的。然而，这种硒鼓必须制作简单并且价格低廉。如何制造一次性硒鼓？

突破性的进展发生在某一天，研发团队领导者田中弘（Hiroshi Tanaka）带领团队外出聚餐。当团队讨论饮料的设计问题时，田中弘拿着一个啤酒罐，大声问道："制造这个啤酒罐要花多少钱？"这个问题促使研发团队推测制造铝质啤酒罐的工艺是否可以应用于制造铝质复印机鼓。通过探索硒鼓和啤酒罐的相似之处和不同之处，迷你复印机研发团队提出了以适当的低成本制造铝质复印机鼓的工艺技术。

知识创造过程的最后一步是创建一个实际的模型。模型比一个比喻或一个类比更容易想象。在这个模型中，矛盾得到解决，概念通过一致和系统的逻辑变得可转移。大阪国际饭店面包的质量标准引导松下电器公司为其家用面包机开发合适的产品规格，一个球体的形象使本田提出了"高个子男孩"的产品概念。

当然，"隐喻""类比"和"模型"等术语是理想的类型。在现实中，它们往往难以区分，同一个短语或图像可以体现 3 种功能中的多种功能。尽管如此，这 3 个术语抓住了组织将隐性知识转化为显性知识的过程：首先，通过隐喻将矛盾的事物和想法联系起来；然后，通过类比解决这些矛盾；最后，通过具体化所创造的概念并将它们包含在一个模型中，这使得企业中的其他人可以获得这些知识。

从混沌到概念：管理创造知识的企业

知识创造是一个创造隐性知识的过程——是一个关于隐喻、类比和模型的问题，直接影响到企业如何设计它的组织和界定管理角色和职责。这就是创造知识的企业的"方式"，将企业愿景转化为创新技术与产品的结构和实践。

我所研究的日本企业组织设计的基本原则是冗余——公司信息、业务活动和管理职责的有意识的重叠。对西方企业的管理者来说，由于"冗余"的含义是不必要的重复和浪费，可能听起来略带贬义。然而，建立一个冗余的组织是管理创造知识的企业的第一步。

冗余很重要，因为它鼓励频繁地对话和交流。这有助于在员工之间建立共同认知的"场"，从而促进隐性知识的转移。由于组织成员共享重叠的信息，他们可以感觉到其他人在努力表达什么。冗余还可以通过组织传播新的显性知识，这样，员工就可以内化它。

冗余的组织逻辑有助于解释为什么日本企业将产品开发作为一个相互重叠的过程来管理，不同的职能部门在一个共享的分工中共同工作。在佳能，重复的产品开发表现得更明显一些。佳能公司根据"内部竞争原则"组织产品开发团队，一个团队被分成几个相互竞争的小组，这些小组针对同一个项目开发不同的方法，然后就这些方法的优缺点进行争论。这会鼓励团队从不同的角度来看待同一个项目。在团队领导的指导下，团队最终形成了对"最佳"方法的共同理解。

从某种意义上讲，这种内部竞争是一种浪费。为什么有两组或两组以上的员工从事同一个产品开发项目？但是，当责任共享时，信息增多，组织创建和实现概念的能力就会加快。

例如，佳能发明了迷你复印机的低成本一次性硒鼓，由此产生了促进微型化、减轻重量和自动装配的新技术。这些技术随后被迅速应用于其他办公室套装软件类产品，如微缩胶卷阅读器、激光打印机、文字处理器和打字机。这是佳能从相机到办公自动化的多元化以及在激光打印机领域获得竞争优势的一个重要因素。截至 1987 年，微型复印机问世 5 年后，佳能74% 的收入来自商业机器部门。

另一种建立冗余的方法是通过战略轮换，特别是在不同的技术领域之间，以及在研发和营销等职能之间。轮换可以帮助员工从多种角度理解业务。这使得组织知识更具"流动性"，更容易付诸实践。在日本领先的消费品制造商花王公司，研究人员常常在 40 岁前从研发部门"退休"，以便转到其他部门，如市场营销部门、销售部门或生产部门，而且所有员工在任何既定的 10 年期间都应该至少从事 3 种不同的工作。

自由获取公司信息也有助于建立冗余。当存在信息差异时，一个组织的成员不再以平等的条件进行互动，这阻碍了对新知识的不同解释的搜索。因此，花王公司的最高管理层不允许员工在获取信息方面得到任何不公平的对待。公司的所有信息（人事数据除外）存储在一个单一的综合数据库，对任何职位的员工开放。

正如这些例子所示，在创造知识的企业中，没有一个部门或专家组负有创造新知识的专有责任，高级管理人员、中级管理人员和一线员工都发挥了作用。事实上，与其说一个人贡献的价值取决于他或她在组织层级中的位置，不如说取决于他或她提供给整个知识创造过程的信息的重要性。

但这并不是说，在创造知识的企业中，角色和职责之间没有区别。事实上，创造新知识是3个角色之间动态交互的产物。

一线员工专注于特定技术、产品或市场的日常细节。没有人比他们更了解一家公司的实际业务。但是，当这些员工被高度具体的信息淹没时，他们常常发现将这些信息转化为有用的知识是极其困难的。一方面，来自市场的信号可能含糊不清；另一方面，员工会过于专注于自己狭隘的视角，以至于忽视了更广阔的背景。

更重要的是，即使员工确实产生了有意义的想法和见解，要把这些信息传达给其他人仍然是很困难的。人们不仅仅是被动地接受新知识，他们也积极地解释新知识以适应自己的情况和观点。因此，原本在一个语境中有意义的东西，在另一个语境中与人交流时可能会改变甚至失去意义。结果就是，随着新知识在组织中的传播，意义也在不断变化。

似乎在任何组织中都存在一个问题：不可避免的意义差异所造成的混乱。事实上，如果一家公司知道如何管理它，它就可以成为新知识的丰富来源。这样做的关键是不断挑战员工，让他们重新审视那些自认为理所当然的事情。在创造知识的企业中，这种反思是必要的，但在危机或崩溃时期，当企业的传统知识类别不再起作用时，这种反思尤其重要。这时，模棱两可可以被证明是非常有用的，它作为一种新意义的来源，一种新的思考事物的方式，一种新的方向感。在这方面，新知识是在混乱中诞生的。

在创造知识的企业中，管理者的主要工作就是引导这种混乱，使其朝着有目的的知识创造方向发展。管理者通过给员工提供一个概念框架帮助他们理解自己的经历，他的职位是公司高层的高级管理层和公司团队的中层管理层。

高级管理人员通过阐明隐喻、符号和概念指导员工的知识创造活动，从而为公司的未来发出声音。他们通过提出这样的问题做到这一点：我们试图学习什么？我们需要知道什么？我们应该去哪里？我们是谁？如果一线员工的工作是知道"是什么"，那么高级管理人员的工作就是知道"应该是什么"或者用本田高级研究员本间博史（Hiroshi Honma）的话来说："高级管理人员是追求理想的浪漫主义者。"

在我研究过的一些日本公司中，首席执行官谈到这个角色时，他们的职责是阐明公司的"保护伞概念"：这是一个宏大的概念，用高度普遍和抽象的术语来表明，将看似不相干的活动或业务联系到一起的共同特征。夏普致力于光电子学就是这方面一个很好的例子。

1973 年，通过结合两个关键技术——液晶显示器（LCDs）和互补金属氧化物半导体（CMOSs），夏普发明了第一台低功耗计算器液晶显示器。夏普公司技术专家创造了术语光电子学，并用它来描述这种微电子学与光学技术的融合。然后，夏普公司的高级经理秉承这一开发理念，扩大了它的影响力。

光电子代表了夏普公司想要生活的世界的形象。这是阐明"公司应该是什么样"的关键概念之一。因此，它已成为夏普公司战略发展的总体指南。在这个标签下，夏普公司已经超越了其在计算器方面的成功，成为基于液晶和半导体技术的一系列产品的市场领导者，包括：电子组织者袖珍笔记本、液晶投影系统，以及定制的集成电路，如屏蔽 ROMs、ASICs 和

CCD（将光转换为电子信号的充电耦合设备）。

其他日本公司也有类似的保护伞概念。在 NEC，高层管理人员根据一些关键技术对公司的知识库进行了分类，然后开发了 "C&C"（意为 "计算机和通信"）的隐喻。在花王公司，这把伞的概念是 "表面活性科学"，是指涂覆材料表面积的技术。这个短语引导了该公司产品的多样化，从日用洗涤剂到化妆品再到软盘——全天然产品是花王公司核心知识库的衍生产品。

最高管理层为员工提供方向感的另一种方式是设定标准，证明组织成员不断开发的知识的价值，决定支持和发展哪些努力是一项高度战略性的任务。

在大多数公司，衡量新知识价值的最终检验标准是经济效益——提高效率、降低成本，提高投资回报率。但是在创造知识的企业中，其他更多的定性因素同样重要。这个想法是否体现了公司的愿景？它是最高管理层的抱负和战略目标的体现吗？它是否有潜力建立公司的组织知识网络？

马自达公司（Mazda）决定继续发展旋转活塞式发动机（又称 "转子发动机"）就是这种更加定性的理由的一个典型例子。1974 年，面对公司内部的巨大压力，研发发动机的产品开发团队不得不放弃这个项目。批评家抱怨转子发动机是一个 "油老虎"。它在市场上永远不会成功。

马自达开发团队的负责人（目前是马自达的董事长）山本健一（Kenichi Yamamoto）认为，停止这个项目意味着放弃该公司彻底改革内燃机的梦想。"让我们这样想，" 山本建议，"我们正在创造历史，应对这一挑战是我们的命运。" 这个决定使马自达最终成功地推出了引擎运动跑车——Savanna RX-7。

从传统管理的角度看，山本健一关于公司 "命运" 的论点听起来很疯狂。但是在创造知识的企业的背景下，这是非常有意义的。山本健一迎合了公司的根本愿望（他称之为"追求不妥协的价值"）以及高管们阐述的技术领导战略，他展示了转子发动机项目如何使该组织致力于实现其愿景。同样，继续这个项目加强了团队成员对这个愿景和组织的个人承诺。

保护伞概念和定性标准的理由是至关重要的，这给予企业知识创造活动的方向感。然而，需要强调的是，一个公司的愿景也是开放式的，容易受到各种不同的甚至相互矛盾的解释。乍一看，这似乎是矛盾的。毕竟，一个公司的愿景难道不应该是明确的、连贯的和清晰的吗？然而，如果一个愿景过于清晰，它就会变得更接近于一个命令或指令。而且，命令并不能培养有效创造知识所依赖的高度的个人承诺。

一个更加模棱两可的愿景，能够给予员工和工作组设定自己目标的自由和自主权。这一点很重要，因为尽管高级管理层的理想很重要，但是仅靠他们自己是不够的。最高管理层能做的最好的事情就是清除所有障碍，为组织团队做好准备。然而，这取决于团队必须弄清楚最高管理层的理想在现实中意味着什么。因此，在本田，"让我们赌一把"这样含糊不清的口号和极其广泛的使命给了本田思迪开发团队一种强烈的自我认同感，产生了一个革命性的新产品。

团队在创造知识的企业中发挥着核心作用，因为它们提供了一个共享的环境，在这个环境中，人与人可以相互交流，并在不断的对话中参与有效的反思。团队成员通过对话和讨论，创造新的观点。他们收集信息，并从不同的角度加以研究。最终，他们将各自不同的个人视角整合到一个新的集体视角中。

这种对话可以（实际上也应该）同时考虑冲突和分歧。正是这种冲突促使员工质疑现有的前提，并以一种新的方式理解他们的经历。"当人们的节奏不同步时，就会发生争吵，很难把人们聚集在一起"，佳能的一位副经理说，"然而，如果在开始时节奏便完全一致，也很难取得好的效果。"

作为团队领导者，中层管理者处于公司纵向和横向信息流的交叉点。它们充当了高层富有远见的理想与业务一线混乱市场现实之间的桥梁。他们通过创建中层业务和产品概念，中层管理者在"现状"和"应该是什么"之间进行协调，他们根据公司的愿景重新制造现实。

在本田，最高管理层决定尝试一些全新的东西，渡边洋男的产品开发团队以"高个子男孩"使产品概念得以具体化。在佳能，公司的抱负是"超越相机业务，创建卓越企业"。当田中弘的特别工作组开发出"易维护"（Easy Maintenance）产品概念后，这一抱负变成现实，最终催生了迷你复印机。在松下，该公司的宏伟理念"人性化电子"（Human Electronics）在田中郁子和其他人的努力下得以实现，他们发明了"轻松且丰富"（Easy Rich）这一概念，并将其体现在家用自动面包机上。在每一个案例中，中层管理者将一线员工和高级管理人员的隐性知识综合起来，使其显性化，并将其融入新技术和新产品中。在这方面，他们是真正的"知识工程师"。

第三章

HITOTSUBASHI ON
KNOWLEDGE MANAGEMENT

组织知识创造理论 [⊖]

野中郁次郎　竹内弘高

⋮

西方哲学关于知识的独特方法和对知识的理解，深刻地影响了组织理论家对待知识的方式。主体与客体、认知者与已知者之间的笛卡儿式分裂，催生了一种将组织视为"信息处理"机制的观点。根据这种观点，一个组织处理来自外部环境的信息以适应新的环境。尽管这种观点在解释组织如何运作方面被证明是有效的，但它有一个根本性的局限。从我们的角度看，这并不能真正地解释创新。当组织创新时，它们不仅仅由外向内处理信息，以解决现有的问题并适应不断变化的环境。实际上，它们由内向外创造新的知识和信息，以便重新定义问题和解决方案，并且在这个过程中，它们重新创造它们的环境。

为了解释创新，我们需要一种新的组织知识创造理论。就像其他任何知识的方法一样，它也有自己的"认识论"（知识论），尽管它与传统的西方企业的方法大相径庭。我们认识论的基石是隐性知识与显性知识的区别。正如我们将在本章中看到的那样，知识创造的关键在于对隐性知识的调动和转化。由于我们关注的是组织的知识创造，而不是个人的知识创造，我们的理论也将有自己独特的"本体论"，这与知识创造实体（个人、群体、组织和跨组织）的层次有关。在本章中，我们介绍了我们的知识创造理论——从认识论和本体论两个维度思考知识创造。图 3-1 展示了知识创造"螺旋"发生的认识论和本体论维度。当隐性知识与显性知识之间的相互作用被动态地从较低的本体论层次提升到较高的层次时，螺旋就出现了。

我们理论的核心在于描述这种螺旋是如何出现的。我们提出了 4 种知识转化的模式，这些模式是在隐性知识与显性知识相互作用时产生的，我们称之为"社会化""外显化""组合化"和"内隐化"。这是整个知识创造过程的外化、组合和内化的"引擎"。这些模式既是个人的经历，也是一种机制。通过这种机制，个人的知识得到清晰的表达，并在整个组织中得到"扩展"。在阐述了这 4 种模式并举例说明之后，我们将描述促成或推广这种组织知识创造的螺旋模式的 5 个条件。我们还提出了一个 5 个阶段的过程，组织内的知识会随着时间的推移，通过这个过程得到创造。

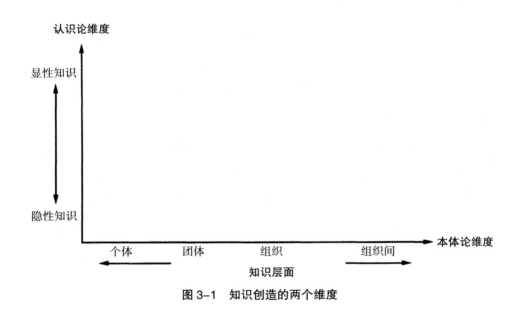

图 3-1   知识创造的两个维度

知识与信息

在深入研究我们的理论之前，我们首先要描述知识与信息的相似之处与不同之处。在这一节中，有 3 个观察结果显而易见。首先，知识与信息不同，它关乎信念和承诺。知识反映的是一种特定的立场、观点或意图。其次，知识与信息不同，知识是关于行动的概念，它总是以"到达某个目的"而存在。最后，知识就像信息一样，是关于意义的，它是语境的情境特定，并具有关系型的属性。

在我们的组织知识创造理论中，我们采用了传统的知识定义，即"经过验证的真实信念"。值得注意的是，西方管理者的传统认识论把"真实性"作为知识的本质属性，而把知识的本质强调为"合理的信念"，这种焦点上的差异引出了西方管理者的传统认识论知识观与我们的知识创造论知识观之间的另一个重要区别。西方管理者的传统认识论强调知识的绝对性、静态性和非人性，通常表现在命题和显性逻辑中，而我们认为，知识是一个动态的人性化过程，它为个人对"真理"的信仰辩护。

虽然"信息"和"知识"这两个术语经常可以互换使用，但信息与知识之间存在明显的区别。正如贝特森（Bateson，1979）所说，"信息由能够产生差异的差异组成"（p.5）。信息为解释事件或物体提供了新的视角，使之前看不见的意义变得可见，或者揭示了意想不到的联系。因此，信息是引出和构建知识的必要媒介或材料。它通过增加知识或重组知识影响知识（Machlup，1983）。同样地，德雷克斯（Dretske，1981）认为：信息是能够产生知识的商品，信号携带的信息是我们可以从中学到的。知识被认为是由信息产生（或持续）的信念（pp.44，86）。

我们可以从"句法"（或数量）和"语义"（或含义）这两个视角看待信息。在香农和韦弗（Shannon and Weaver，1949）的研究中，我们可以找到句法信息的例证，他们的研究是在不考虑内在含义的情形之下，分析如何测量信息流。香农自己也承认，他看待信息的方式是有问题的。[1]信息的语义层面对于知识创造更为重要，因为它关注的是信息的传达意义。如果只考虑句法方面，就无法抓住信息在知识创造过程中的真正重要性。任何对信息的正式定义的专注都会导致对信息处理作用的过度强调，而这种强调对从混乱、模棱两可的信息海洋中创造新的意义并不敏感。

因此，信息是信息流，而知识正是由信息流创造的，锚定在持有者的信念和承诺之中。[2] 赛尔（Searle，1969）对"言语行为"的讨论也从"意图"和说话者"承诺"的角度指出了语言与人的行为之间的密切关系。作为组织知识创造理论的基础，我们重点关注知识的主动性和主观性，这些知识由深深根植于个人价值体系中的"承诺"和"信念"等术语表示。

最后，信息与知识都是与特定的语境相关联的，因为它们取决于具体情况，并且是在人与人之间的社会互动中动态产生的。伯杰和卢克曼（Berger and Luckmann，1966）认为，在特定的历史和社会背景下互动的人们共享信息，他们从中将社会知识构建为现实，这反过来影响他们的判断、行为和态度。类似地，一个由领导者提出的企业愿景，作为一个模棱两可的战略，通过企业成员与环境的互动而在组织中构建成新知识，这反过来又影响了企业的行为。

知识创造的两个维度

尽管关于知识在管理中的重要性已经写了很多，但是很少有人注意到在管理中如何创造知识以及对知识创造的过程如何管理。在这一部分，我们将构建一个框架，其中，传统和非传统的知识观点被整合到组织知识创造的理论之中。如前所述，我们的基本框架包含认识论和本体论两个维度（见图3-1）。

让我们从本体论维度开始。从严格意义上讲，知识只能由个体创造。

没有个体，组织无法创造知识。组织支持有创造力的个人或者为他们提供创造知识的环境。因此，组织的知识创造应该被理解为一个"组织化"地扩大个人创造的知识，并使其具体化为组织知识网络的一部分的过程。这个过程发生在一个不断扩大的"互动社区"中，它跨越了组织内部和组织之间的层次和边界。[3]

　　至于认识论维度，我们借鉴了迈克尔·波兰尼（1966）对隐性知识和显性知识的区分。隐性知识是个人的、特定于具体情境的知识，因此难以显性化和交流。另外，明确或"编纂"的知识是指以正式的、系统的语言进行传递的知识。波兰尼关于隐性知识在人类认知中的重要性的论点可能与格式塔（Gestalt）学派的中心论点相对应，后者主张知觉是由它融入整体模式或格式塔的方式决定的。尽管格式塔学派强调所有的图像都是内在地整合在一起的，但是，波兰尼认为人类通过积极地创造和组织自己的经验获得知识。因此，可以用文字和数字表达的知识只是整个知识体系的冰山一角。正如波兰尼（1966）所说，"我们知道的比我们能说的多"（p.4）。[4]

　　在传统认识论中，知识源于作为知觉主体的存在者的主客体的分离，通过分析外在客体获得知识。相比之下，波兰尼认为，知识的创造是通过人与物体的接触实现的。也就是说，通过自我参与和承诺，或者像波兰尼所说的"寓居"（indwelling）——认识事物就是默默地将细节整合起来，创造事物的形象或模式。为了理解作为一个有意义的整体的模式，有必要将个人的身体与特定的事物结合起来。因此，内隐化打破了传统的身体与心灵、理性与情感、主体与客体、知者与知识之间的二分法。因此，科学的客观性不是知识的唯一来源。我们的大部分知识都是我们在与世界打交道的过程中所付出的努力的成果。[5]

迈克尔·波兰尼在哲学语境中对隐性知识的内容进行了进一步的论证，同时也有可能将其观点拓展到更具实践性的方向。隐性知识包括认知要素和技术要素。认知要素集中在约翰逊 - 莱尔德（Johnson-Laird，1983）所谓的"心智模型"上。在这种模型中，人类通过在头脑中制造和操纵类比，创造了世界的工作模型。心智模型，如图式、范式、视角、信念和观点，帮助个体感知和定义他们的世界。隐性知识的技术要素包括具体的技能、工艺和技能。这里需要注意的是，隐性知识的认知要素是指个人对现实和对未来的愿景的想象，即"是什么"和"应该是什么"。正如我们将在后面讨论的那样，在一种"动员"过程中，隐形心智模式的表达是创造新知识的关键因素。

表 3-1 显示了隐性知识与显性知识之间的一些区别。左边列出了通常与隐性知识相关的特征，右边列出了与显性知识相关的特征。例如，关于经验的知识倾向于隐性的、物理的和主观的，关于理性的知识则倾向于显性的、形而上的和客观的。隐性知识是在特定的实际环境中"此时此地"创造出来的，具有贝特森（1973）所说的"模拟"特质。通过交流，在人与人之间共享隐性知识是一个模拟过程，需要对人与人共享的复杂问题进行某种"同步处理"。另外，显性知识是关于过去的事件或事物"当时当地"，并且是面向无情境的理论[6]，它是由贝特森所谓的"数字"活动顺序创造出来的。

表 3-1　两种类型知识的对比

隐性知识（主观）	显性知识（客观）
经验知识（身体）	理性知识（心灵）
同步知识（此时此地）	顺序知识（彼时彼处）
模拟知识（实践）	数字知识（理论）

知识转化：隐性知识与显性知识之间的交互

西方管理者认识论的历史可以看作一场关于哪种类型的知识更为真实的持续争论。西方人倾向于强调显性知识，而日本人倾向于强调隐性知识。然而，在我们看来，隐性知识与显性知识并不是完全分离的，而是相互补充的。它们在人类的创造活动中相互作用、相互转化。我们的知识创造的动态模型是基于一个关键的假设，即人类的知识是通过隐性知识与显性知识之间的社会互动而创造和扩展的。我们称这种交互为"知识转化"，应当指出，这种转化是个体之间的"社会"过程，而不仅限于个体内部。[7] 根据理性主义的观点，人类的认知是个体的演绎过程，但是当个体感知事物时，他或她从来没有从社会交往中被孤立出来。因此，通过这种"社会转化"过程，隐性知识和显性知识在质量和数量上都得到了扩展（野中郁次郎，1990b）。

"知识转化"的概念可能与认知心理学中发展起来的 ACT 模型（Anderson，1983；Singley and Anderson，1989）部分一致。这个模型假设，对于认知技能的发展，所有陈述性知识（在我们的理论中对应于显性知识），都必须转化为过程性知识（相当于隐性知识），用于骑自行车或弹钢琴等活动。[8] 但是，正如辛格利和安德森所承认的，ACT 模型有一个局限性。该模型的研究兴趣主要集中在程序性（隐性）知识的获取和转移上，而非陈述性（显性）知识。换句话说，这个模型的支持者认为，知识转化主要是单向的，从陈述性（显性）到程序性（隐性），而我们认为这种转化是互动的和螺旋式上升的。

知识转换的 4 种模式

假设知识是通过隐性知识和显性知识之间的相互作用创造出来的，我们就可以假设 4 种不同的知识转换模式。它们分别是：①从隐性知识到隐性知识，我们称之为"社会化"；②从隐性知识到显性知识，我们称之为"外显化"；③从显性知识到显性知识，我们称之为"组合化"；④从显性知识到隐性知识，我们称之为"内隐化"。[9]

4 种类型中的 3 种——社会化、组合化、内隐化，已经从组织行为学的不同角度进行了讨论。例如，社会化与群体过程理论和组织文化过程理论有关；组合化源于信息加工；内隐化与组织学习密切相关。然而，外显化在某种程度上被忽视了。[10] 图 3-2 显示了知识转化的 4 种模式。下面将详细讨论这 4 种知识转化模式中的每一种，并附上实际例子。

	隐性知识　　　　到　　　　显性知识	
隐性知识 从	社会化	外显化
显性知识	内隐化	组合化

图 3-2　知识转化的 4 种模式

社会化：从隐性知识到隐性知识

社会化是一个通过分享经验，从而创造出诸如共享的心理模型和技术技能等隐性知识的过程。[11] 个体可以不使用任何语言直接获得隐性知识。学徒和他们的师父一起工作，不是通过语言学习技艺，而是通过观察、模仿和实践。在商业环境中，在职培训基本上采用同样的原则。获得隐性知识的关键是经验。如果没有某种显性的共享经验，一个人很难将自己投射到另一个人的思考过程中。如果信息的传递仅仅是从相关的情感和共同的经历所嵌入的特定背景中抽象出来的，那么这种传递往往毫无意义。下面的 3 个例子说明了日本公司在产品开发环境中是如何进行社会化的。

社会化的第一个例子来自本田，该公司设立了"头脑风暴营"（tama dashi kai），即召开非正式会议，详细讨论解决研发项目中的难题。非正式会议在工作场所之外举行，通常在一个度假酒店举行，与会者一边喝着清酒，一边分享食物，或者一边泡温泉，一边讨论难题。这些会议不仅限于项目团队成员，而是对任何对正在进行的开发项目感兴趣的员工开放。在这些讨论中，与会者的资格或身份从未受到质疑，但有一个要求：不要提没有建设性建议的批评。因为大家都认同这样一个观点——提出批评要比提出建设性的备选方案容易 10 倍。这种头脑风暴营并不是本田公司所独有的，而是被许多日本公司采用。它也不仅仅用于开发新产品和服务，还用于开发管理系统或公司战略。这一营地不仅是进行创造性对话的论坛，而且是参与者分享经验和增进相互信任的媒介。[12] 它在分享隐性知识和创造新视角方面特别有效。它以相同的方向重新定位所有个体的心智模型，但不是以强迫的方式。相反，头脑风暴营代表了一种机制，通过这种机制，个人通过参与身体和心灵体验寻求和谐。

社会化的第二个例子来自松下公司，它显示了一种隐性技能是如何社会化的。这家位于大阪的公司在开发家用自动面包机时遇到的一个主要问题是如何设计出机械化的揉面过程，从本质上讲，这是面包大师所拥有的隐性知识。研发团队对由面包师和机器揉捏的面团进行了 X 光透视和比较，但没有得到有意义的见解。软件开发负责人田中郁子知道，该地区最好的面包来自大阪国际酒店。为了获得揉面技巧的隐性知识，她和几位经理主动向酒店的首席面包师学习。要做出和首席面包师一样美味的面包并不容易，没有人能解释其中的差别是什么。然而，有一天，她注意到面包师不仅在拉抻面团，而且还在"揉"面团，这就是制作美味面包的秘诀。因此，她通过观察、模仿和实践将首席面包师的隐性知识社会化。

社会化也发生在产品开发者和消费者之间。在产品开发过程中，研发人员与客户的互动，实际上是一个分享隐性知识并创造改进想法的永无止境的过程。NEC 开发第一台个人电脑的方式就是其中一个很好的例子。新产品的开发过程始于半导体和集成电路销售部门一个小组的构想，这个构想的初衷是出售日本第一台微型计算机套件 TK-80 以促进半导体器件的销售。向广大消费者出售 TK-80 是 NEC 对日本电报电话公司（NTT）例行订单做出反应的一个根本性转变。出人意料的是，从高中生到专业计算机爱好者，形形色色的顾客都来到了 NEC 位于东京秋叶原的展示服务中心 BIT-INN。这里以电子产品零售商高度集中而闻名。在 BIT-INN，研发人员与这些客户分享经验和持续对话，促成了几年后 NEC 最畅销的个人计算机 PC-8000 的开发。

外显化：从隐性知识到显性知识

外显化是将隐性知识表达为显性知识的过程。这是一个典型的知识创造过程，在这个过程中，人们通过隐喻、类比、概念、假设或模型的形状，使隐性知识显性化。当我们试图对一个形象进行概念化时，我们主要是通过语言表达它的本质——写作是一种将隐性知识转化为显性知识的行为（Emig，1983）。但是，这种表达往往是不充分的和不一致的。然而，这些图像与表情之间的差异和空白有助于促进个体之间的"反思"和互动。

知识转换的外化模式通常出现在概念创造的过程中，并由对话或集体反思触发。[13] 常用的创造概念的方法就是把演绎和归纳结合起来。例如，马自达在开发新的 RX-7 概念时结合了这两种推理方法，该概念被描述为"一款真正的跑车，提供了既令人兴奋又舒适安全的驾驶体验"。这个概念源于这家汽车制造商的企业口号"创造崭新价值，提供驾驶乐趣"，以及将新车定位为"一款面向美国市场和创新形象打造的战略级车型"。与此同时，新的概念源自"概念旅行"，这是美国开发团队成员的驾驶经验，以及从"概念诊所"（从客户和汽车专家中收集的各种意见）归纳而成。当我们不能通过演绎或归纳的分析方法找到一个合适的图像表达式时，我们必须使用非分析的方法。因此，外显化通常是由隐喻和（或）类比驱动的。使用一个有吸引力的比喻和（或）类比在培养对创造过程的直接承诺方面是非常有效的。回想一下本田思迪的例子。在开发汽车时，渡边洋男和他的团队使用了"汽车进化"的比喻，他的团队将汽车视为一个有机体，并寻求其终极进化形式。从本质上讲，渡边洋男在问："汽车最终会发展成什么样子？"

我坚持为机械部分分配最小空间，为乘客提供最大空间。这似乎是理想的汽车应该进化成的样子。朝着这个目标迈出的第一步是挑战"底特律的逻辑",这种逻辑以牺牲舒适性来换取外观。我们的选择是一辆短而高的轿车——球形,因此重量更轻、价格更低,也更舒适和牢固。[14]

"短而高的车"的概念是在"人最大化,机器最小化"的概念以及在最小表面积、容积最大的球体的形象之间进行类比而产生的,最终形成了本田思迪。

佳能的迷你复印机也是一个很好的例子,说明了在产品开发中如何有效地使用类比。开发小组面临的难题之一是以低成本生产一次性硒鼓,这样就不需要对传统机器进行必要的维护。如果没有一次性硒鼓,维修人员将不得不驻扎在全国各地,因为复印机是供家庭或个人使用的。如果使用频率高,维护费用可以忽略不计。个人复印机却不是这样的。事实上,大量的客户只是偶尔使用这些机器,这意味着新产品必须具有较高的可靠性,而且不需要或只需要最低限度的维护。一项维修研究表明,超过90%的问题来自硒鼓或其周围的部件。为了在保持最高可靠性的同时降低维护成本,该团队提出了一种"一次性硒鼓系统"的概念,在一定使用量后,可直接更换硒鼓或复印机的"心脏"。

下一个问题是,是否可以以足够低的成本生产这种硒鼓,以符合复印机的目标低销售价格。解决这个成本问题的任务攻关小组进行了多次激烈的讨论,重点是如何以较低的成本用铝质易拉罐的基础材料生产传统的感光鼓筒。一天,攻关小组的领导者田中弘出去买了几罐啤酒。啤酒喝完后,他问道:"制造这个罐子要花多少钱?"然后,研究小组探索以相同的材料将制造啤酒罐的过程应用于制造硒鼓的可能性。通过阐明异同,他们发现了一种低成本制造硒鼓的工艺技术,从而产生了一次性硒鼓。

    日本企业的这些例子清楚地表明了使用隐喻和类比在创建和阐述一个概念时的有效性（见表 3-2）。正如本田公司的渡边洋男所言："产品概念一旦形成，我们就已经成功了一半以上。"从这个意义上讲，领导者丰富的比喻语言和想象力，是从项目成员那里引出隐性知识的一个重要因素。在知识转化的 4 种模式中，外显化是知识创造的关键，因为它从隐性知识中创造了新的显性知识。我们怎样才能有效并高效地将隐性知识转化为显性知识？答案在于隐喻、类比和模型的顺序使用。正如尼斯贝特（Nisbet，1969）所指出的："迈克尔·波兰尼所说的'隐性知识'大部分都是可以表达的——只要它是可以表达的，只不过是表现的程度大小不同而已。"隐喻是一种通过象征性地想象另一件事物感知或直观地理解一件事物的方法。这个词最常用于溯因推理，而非分析方法，以此创造激进的革命性概念（Bateson，1979）。它既不是对相关事物的共同属性的分析，也不是对它们的综合。唐纳伦（Donnellon）、加里（Gray）和布贡（Bougon）（1986）认为"隐喻通过要求听众从其他事物的角度看一件事创造了对经验的独特见解"和"创造体验现实的新方式"（pp.48，52）。因此，"隐喻是一种可以调和意义分歧的沟通机制"（p.48）。[15]

表 3-2　产品开发中用于概念创造的比喻和类比

产品（公司）	比喻 / 类比	对概念创造的影响
思迪（本田）	汽车进化论（比喻）	暗示乘客空间最大化乃是汽车终极发展的方向；创造了"人最大化，机器最小化"的概念
	球形（类比）	暗示在最小表面积下达到乘客空间最大化；创造出"短而高的车（高个子男孩）"概念

（续）

产品（公司）	比喻／类比	对概念创造的影响
迷你复印机（佳能）	铝制啤酒罐（类比）	暗示制造便宜铝制易拉罐与感光硒鼓之间的类似性；创造了"低成本制造过程"的概念
家用自动面包机（松下）	饭店的面包（比喻）	暗示比较可口的面包
	大阪国际饭店面包师（类比）	创造出"揉面团"的概念

此外，隐喻是创造新概念网络的重要工具。因为一个比喻是"两种不同的思想，字或词语是它们彼此相互作用的结果"（Richards，1936，p.93），我们可以不断地把我们头脑中相去甚远的概念联系起来，甚至把抽象的概念和具体的概念联系起来。当我们思考概念之间的相似性时，这种创造性的认知过程会继续下去，我们会感觉到这些概念之间的联系是不平衡的、不一致的或者是矛盾的，因此经常会发现新的意义，甚至形成一种新的范式。

隐喻的内在矛盾通过类比得到调和，通过突出两个不同事物的"共性"减少未知的东西。隐喻和类比经常被混淆。一方面，通过隐喻将两个事物联系起来主要是由直觉和整体意象驱动的，而不是为了找出它们之间的区别。另一方面，类比联想是通过理性思维进行的，它关注的是两个事物在结构和功能上的相似性，因此，它们之间存在差异。这样看来，类比有助于我们通过已知理解未知事物，并在意象和逻辑模型之间架起桥梁。[16]

一旦创建了明确的概念，就可以对它们进行建模。在逻辑模型中，不应存在任何矛盾，所有的概念和命题都必须用系统的语言和连贯的逻辑来表达。但在商业术语中，模型往往只是粗略的描述或绘图，远非完全具体的事物。在商业背景下，当新概念产生时，模型通常是由隐喻产生的。[17]

组合化：从显性知识到显性知识

组合化是将概念系统转化为知识系统的过程。这种知识转化的模式包括将显性知识的不同部分联结起来。个人通过文件、会议、电话交谈或计算机通信网络等媒介交流和联结知识。通过对现有信息进行排序、添加、合并和分类，对现有信息进行重新配置（就像在计算机数据库中进行的那样），可以促使在正规教育和培训中进行的新知识创造，学校通常采用这种从显性知识到显性知识的组合化模式，MBA 教育就是这方面最好的例子之一。

在商业环境中，知识转化的组合化模式常见于中层管理者分解和实践公司愿景、商业概念或产品概念时。中层管理者在通过编纂的信息和知识网络创造新概念方面发挥着关键作用。创造性地利用计算机化通信网络和大型数据库促进了这种知识转化。[18]

在乳制品和加工食品制造商卡夫通用食品公司（Kraft General Foods，以下简称"卡夫公司"），零售商销售点系统（point-of-sales，POS）的数据不仅被用来查明哪些产品卖得好、哪些产品卖得不好，还被用来创造新的"销售方式"，即新的销售系统和方法。该公司开发了一个名为"微营销"（micro-merchandizing）的信息密集型营销方案，该方案根据对微营销系统数据的分析，及时、准确地向超市提供关于最佳商品组合化的建议，并提供促销活动。利用卡夫公司独特的数据分析方法，包括其独特的将商店和购物者分为 6 类的方法，该系统能够精确地定位谁在哪里和如何购物。卡夫公司通过控制"品类管理"方法论——消费者和品类动态、空间管理、全过程商品管理和价格管理 4 个要素，成功地实现其超市产品的销售管理和定价。[19]

在组织的最高管理层，组合化模式是将中程概念（如产品概念）与宏观概念（如企业愿景）相联结，并将其集成为宏观概念（如企业愿景），从而产生后者的新含义。例如，朝日啤酒采用了一个宏观的概念，称为"活力的朝日，给活力的人"（live Asahi for live people），这个概念代表了这样的信息："朝日将为那些寻求积极思想和积极生活的人们提供自然和真实的产品和服务。"随着这一宏观的概念的提出并付诸实践，朝日啤酒深入探寻啤酒存在吸引力的本质，并在"醇郁又烈爽"的新产品概念基础之上，开发朝日"超爽"（Super Dry）啤酒。这一新产品的概念是一个中程概念，使朝日啤酒的宏观概念更加明确，又反过来改变了公司的产品开发系统。迄今为止，啤酒的口味是由生产部门的工程师决定的，销售部门没有任何发言权，而朝日啤酒"醇郁又烈爽"的概念是通过两个部门合作产品开发实现的。

宏观概念与中程概念之间相互作用的例子比比皆是。例如，NEC 的"C&C"（计算机和通信）概念引发了划时代的 PC-8000 个人计算机的发展，这是基于"分布式处理"的中程概念；佳能的企业方针是"超越相机业务，创建卓越企业"，这一方针促成了迷你复印机的发展，这种迷你复印机是以"易维护"的中程产品概念开发的；马自达的宏伟愿景，"创造崭新价值，提供驾驶乐趣"在新车 RX-7，"一个真正的跑车，提供了既令人兴奋又舒适安全的驾驶体验"的概念中得以实现。

内隐化：从显性知识到隐性知识

内隐化是一个将显性知识体现为隐性知识的过程。它与"做中学"（learning by doing）密切相关。当通过社会化、外显化和组合化获得的经验，以共享心智模式或技术诀窍的形式被内化到个体的隐性知识库中时，它们就变成了有价值的资产。例如，本田思迪项目团队的所有成员都将他们的经验内隐化，利用这些专门知识领导公司的研发项目。然而，要使组织知识创造发生，在个人层面积累的隐性知识需要与其他组织成员进行社会化，从而开启知识创造的新螺旋。

对显性知识来说，如果知识被用语言表达或者用图表表示成文件、手册或口头故事，这会有所帮助。文档帮助个人内隐化他们所经历的，从而丰富他们的隐性知识。此外，文件或手册可以帮助他人转移显性知识，从而帮助他们间接地体验他人的经验（即"再体验"他们）。例如，通用电气公司将所有客户的投诉和询问记录在肯塔基州路易斯维尔的客户呼叫中心的数据库中，新产品开发团队的成员可以使用这些数据库体验"电话接线员的经历"。通用电气建立了客户呼叫中心，每年365天，每天24小时处理客户关于任何产品的问题、帮助请求和投诉。超过200名电话接线员每天接听多达14000通电话。通用电气已将150万个潜在问题及其解决方案编入其计算机化数据库系统。该系统具有在线诊断功能，利用最新的人工智能技术快速回答查询，接线员可在两秒内检索任何问题与开发团队提出的解决方案。如果没有可行的解决方案，至少具有4年维修经验的12位专家会在现场想出解决方案。4名全职程序员将解决方案放入数据库，因此新的信息通常在第二天安装到系统中。这些信息每个月发送到相应的产品部门。然而，产品部门也经常派他们的新产品开发人员到客户呼叫中心与电话接线员或12位专家交谈，从而"重新体验"他们的经验。

即使没有实际上的"重新体验"其他人的经验，内隐化也可能发生。例如，如果阅读或聆听一个成功的故事会让组织的一些成员感受到故事的真实性和本质，那么，过去发生的经历可能会变成一种心照不宣的模式。当这样的心智模型被组织的大多数成员共享时，隐性知识就成为组织文化

的一部分。这种做法在日本很普遍，那里有关公司或其领导者的图书和文章
比比皆是。自由撰稿人或前雇员有时会应公司的要求出版这些图书和文章，
如今，人们在各大书店可以找到大约 24 本关于本田或本田宗一郎（Soichiro
Honda）的书，所有这些书都有助于向本田员工灌输强大的企业文化。

松下公司于 1993 年在全公司推出了一项新政策，将每年的工作时间减
少到 1800 小时，这就是通过"做中学"实现内隐化的一个例子。这项方针被
命名为"MIT'93"，即"迈向 1993 年的心智与管理创新"。该政策的目标不是
降低成本，而是通过减少工作时间和提高个人创造力创新思维和管理。许多
部门对如何实施这项政策感到困惑，因为这项政策被明确地宣传为显性知识。
MIT'93 推进办公室建议每个部门在一个月内工作 150 小时来试验这项政策。通
过这种亲身体验，员工们了解了每年工作 1800 小时的感觉。这样，一个明确
的概念——将工作时间减少到 1800 小时，通过一个月的体验实现了内隐化。

扩大实际体验的范围对于知识的内隐化至关重要。例如，本田锋范项目负
责人渡边洋男一直说"让我们赌一把"，以鼓励团队成员的实验精神。开发团队
是跨职能的，这一事实使其成员能够学习和内隐化超越其自身职能专长的开发
经验。快速原型化（prototyping）也加速了发展经验的积累，这可以引发内隐化。

知识螺旋

如前所述，社会化的目标是隐性知识的分享。然而，就其本身而言，
它是知识创造的一种有限显性。除非共享的知识变得明确，否则整个组织
就不能轻易地利用它，而且，仅仅是把一些离散的显性信息组合成一个新
的整体。例如，一家公司的审计长从整个公司收集信息，并将其汇总成一

份财务报告，这并不能真正地扩展该组织现有的知识基础。但是，当隐性知识和显性知识相互作用时，就像松下的例子一样，一种创新就出现了。组织知识创造是隐性知识与显性知识之间持续的、动态的相互作用。它的互动是由不同的知识转化模式之间的转化形成的，这种转化又是由几个触发因素引起的（见图 3-3）。

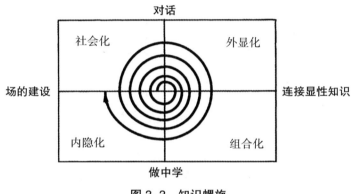

图 3-3 知识螺旋

首先，社会化模式通常是从建立一个互动的"场"（ba）开始的。这个领域促进了成员经验与心智模式的分享。其次，外显化模式是由有意义的"对话或集体反思"触发的，在这种对话或类比中，使用适当的隐喻或类比可以帮助团队成员清晰地表达那些难以沟通的隐性知识。再次，组合化模式是通过"网络化"新创造的知识和组织其他部门现有的知识触发的，从而将它们具体化为一个新的产品、服务或管理系统。最后，"做中学"触发了内隐化。

到目前为止，我们的讨论集中在组织知识创造的认识论维度。但是，正如前文所指出的，组织本身并不能创造知识。个人的隐性知识是组织知识创造的基础。组织必须调动在个人层面上创造和积累的隐性知识。被动员的隐性知识通过 4 种知识转化模式被"组织化"放大，并在更高的本体论层面得到结晶。我们称之为"知识螺旋"，在这个螺旋中，随着本体论层次的提升，隐性知识与显性知识之间的相互作用将变得越来越大。因此，组织的知识创造是一个螺旋式上升的过程，从个人层面开始，通过互动不断扩大，跨越团队、部门、区域和组织的边界（见图3-4）。

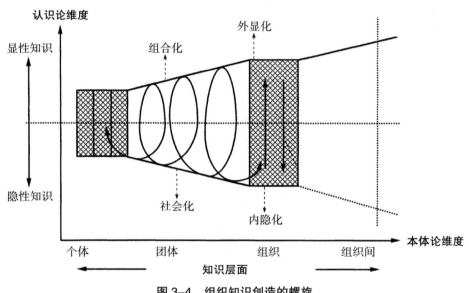

图 3-4　组织知识创造的螺旋

这一过程的例子是产品开发。创建一个产品概念涉及一个由不同背景和心智模型的个体相互作用的社区（community）。来自研发部门的成员关注技术潜力时，那些来自生产部门和销售部门的成员则对其他问题感兴趣。其中只有一部分不同的经历、心智模式、动机和意图可以明确地用语言表达出来。因此，隐性知识共享的社会化过程势在必行。此外，社会化和外显化对于将个人的隐性知识和显性知识联系起来是十分必要的，许多日本公司已经采用头脑风暴营作为达到这一目的的工具。

　　然后，需要评审这一集体合作过程创造出的产品，以确定中程概念与宏观概念是否保持一致，即使新创造的产品质量上乘，也可能与中程概念和宏观概念所表达的部门或组织目标相冲突。如果是这样，为保持整体统一性，企业还需要在更高的层面上启动另一个过程，这将导致在一个更大背景下，产生新一轮的知识创造。

组织知识创造的促进条件

在组织知识创造过程中，组织的作用是为促进团体活动以及个人层面的知识创造和积累提供适当的环境。在本节中，我们将讨论组织层面促进知识螺旋所需的 5 个条件。

意图

知识螺旋是由组织意图（intention）驱动的，组织意图被定义为一个组织对其目标的渴望。[20] 在商业环境中，组织通常以战略的形式努力实现其意图。从组织知识创造的角度看，战略的本质在于发展组织获取、创造、积累和开发知识的能力。公司战略最关键的要素是构想一个关于应该开发什么样的知识的愿景，并将其转化为一个实施的管理系统。

例如，NEC 在其中央研究实验室开发核心技术项目时，将技术视为一个知识体系。当时该公司主要从事 3 项业务：通信、计算机和半导体。由于这些不同领域的研发难以协调，因此有必要更高层次地掌握技术，即掌握知识。根据前执行副总裁植之原道行（Michiyuki Uenohara）的说法，"基础技术"是通过对未来 10 年产品族的预测确定的，其中包括提取这些产品所共有和必需的技术。协同相关的基础技术组成若干"核心技术"，如模式识别、图像处理和超大规模集成电路。此后，NEC 扩大了其核心技术计划的行动。

此外，NEC 还提出了一个名为"战略技术领域"（Strategic Technology Domain，STD）的概念，以便将核心技术与业务活动相匹配。一个 STD 将几个核心技术连接到一起，为产品开发创造一个概念。因此，STD 不仅代表一个产品领域，还代表一个知识领域。目前有 6 种 STD：①功能材料 / 设备；②半导体；③材料 / 设备功能机械；④通信系统；⑤知识—信息系统；⑥软件。这些 STD 与矩阵中的核心技术程序交互，如图 3-5 所示。通过结合核心技术项目和 STD，NEC 的知识库被横向和纵向地连接起来。通过这种努力，NEC 试图在每一个组织的水平上，发展一个企业知识创造的战略意图。

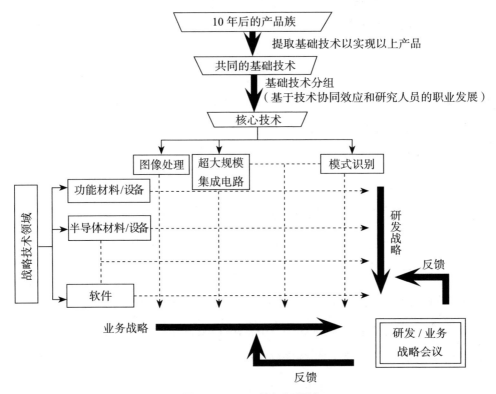

图 3-5 NEC 的知识领域

资料来源：NEC。

组织意图为判断知识的真实性提供了最重要的标准。如果没有意图，就不可能判断感知或创造的信息以及知识的价值。在组织层面，意图通常是通过组织标准或愿景表达的，可以用来评估和证明所创造的知识，它必然充满价值。

要创造知识，企业应通过制定组织意图并向员工传达，以培养员工的组织承诺。高层或中层管理者可以通过解决诸如"什么是真理？"这样的基本问题，把组织的注意力吸引到对基本价值观认同的重要性上，如"人类是什么？"或者"人生是什么？"。这项活动更多的是组织性的，而不是个人性的。组织可以通过集体承诺重新定位和提升它们，而不是仅仅依靠个人的思想和行为。正如波兰尼（1958）所指出的，承诺是人类创造知识活动的基础。

自主

促进知识螺旋的第二个条件是自主（autonomy）。在个人层面，只要环境许可，就应允许一个组织的所有成员自主行动。通过允许他们自主行动，组织会增加引入意想不到的机会的可能性。自主性也增加了个人激励自己创造新知识的可能性。此外，自主性强的个体能够作为全息结构（holographic structure）的一部分发挥作用，在整体和各个部分共享相同的信息。原创的想法来自自主的个人，在团队中传播，然后成为组织的想法。在这方面，自组织（self-organizing）的个体所处的位置可能被看作一系列俄罗斯套娃的核心。从知识创造的角度来看，这样的组织更有可能在获取、解释和关联信息方面保持更大的灵活性。在这个系统中，作为自组织的先决条件，"最小临界规格"（minimum critical specification）原则（Morgan，1986）得到满足，因此尽可能保证自主权。[21]

　　一个确保自主性的知识创造组织也可以被描述为一个"自体再生系统"（autopoietic system）（Maturana and Varela，1980），这可以用下面的类比来解释。生物体系是由众多的细胞组成的多器官系统，它们之间的关系是系统与器官之间的关系，系统与细胞之间的关系既不是支配关系也不是隶属关系，更不是整体与局部的关系。每个单元都像一个独立的细胞一样，控制着自身内部不断发生的所有变化。此外，每个单元通过自我繁殖（self-reproduction）确定自己的边界。这种自我指涉（self-referential）性质是自体再生系统的典型特征。

　　与自体再生系统类似，知识创造组织中的自主个人和群体，自行设定任务边界，追求以组织的更高意图表达的最终目标。在商业组织中，自组织团队为创造个人能够自主行动的环境提供了一个强有力的工具。[22] 这样，一个小组应该是跨职能的，由来自不同组织活动的、广泛的、跨部门的成员组成。日本企业在创新的每个阶段都会使用具有跨职能多样性的项目团队。如表3-3所示，大多数创新项目团队由10~30名成员组成，他们具有不同的职能背景，如研发、计划、生产、质量控制、销售和营销以及客户服务。大多数公司都有4~5名核心成员，每个人都有多重职业生涯。例如，开发富士施乐FX-3500的核心成员至少经历了3次轮岗，尽管当时他们只有30多岁（见表3-4）。

表 3-3　产品开发小组成员的职能背景

公司（产品）	职能背景							
	研发	生产	营销	规划	服务	质控	其他	合计
富士施乐（FX-3500）	5	4	1	4	1	1	1	17
本田（思迪）	18	6	4	–	1	1	–	30

（续）

公司（产品）	职能背景							
	研发	生产	营销	规划	服务	质控	其他	合计
NEC（PC 8000）	5	–	2	2	2	–	–	11
爱普生（EP101）	10	10	8	–	–	–	–	28
佳能（AE–1）	12	10	–	–	–	2	4	28
佳能（迷你复印机）	8	3	2	1	–	–	1	15
马自达（新 RX–7）	13	6	7	1	1	1	–	29
松下电器（家用自动面包机）	8	8	1	1	1	1	–	20

资料来源：Nonaka，1990a。

表 3–4 FX–3500 开发团队中核心成员的职业与教育背景

姓名	在富士施乐内部的职业道路	大学专业
吉野宏	技术服务→人事→产品规划→产品管理	教育
藤田贤一郎	营销→产品规划→产品管理	商业
铃木正雄	设计→研究→设计	机械工程
北岛光俊	技术服务→质量控制→生产	电气工程

　　自组织团队可以执行许多功能，从而将个人的观点放大和升华到更高的层次。例如，本田组织了一个跨职能的项目团队来开发思迪模型，该团队由来自销售、开发和生产等部门的人员组成。这个系统被称为"SED 系统"，反映了销售（sales）、工程（engineering）和开发（development）的功能。其最初的目标是更系统地管理发展活动，将"普通人"的知识和智慧结合起来，而不是依赖少数英雄。它的运作非常灵活，这 3 个职能领域在名义上是有区别的，但内部都有一个学习过程，鼓励成员"侵入"其他领域。这些成员共同履行下列职能：

- 确保项目得到人员、设施和预算的经费。

- 分析汽车市场和竞争对手。

- 确定市场目标。

- 确定价格和产量。

实际的工作流程要求团队成员与同事协作。队长渡边洋男评论说：

我总是告诉队员们，我们的工作不是"我的工作从这里开始，你的工作从那里开始"的接力赛。每个人都应该从头跑到尾。就像橄榄球一样，所有人都应该一起跑，通过左右传球、团结一致达到目标。[23]

图 3-6 中的类型 C 说明了橄榄球的方法。类型 A 显示了接力方法，其开发过程的每个阶段都被明确分开，接力棒从一个团队传递到另一个团队。类型 B 在富士施乐被称为"生鱼片系统"，因为它看起来像是一片被放在盘子里的生鱼片，每一片重叠在一起（Imai，Nonaka，and Takeuchi，1985）。

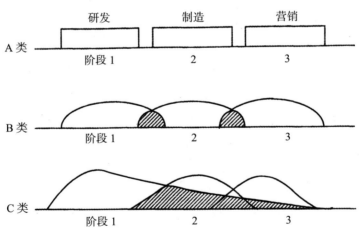

图 3-6 产品开发中的顺次式（A）和重叠式（B 和 C）阶段

资料来源：Takeuchi and Nonaka，1986。

波动与创造性混沌

推动知识螺旋上升的第三个组织条件是波动（fluctuation）与创造性混沌（creative chaos），它促进了组织与外部环境的相互作用。[24] 波动不同于完全无序，也不同于拥有属性的"无递归有序"，这是一个在开始时很难预测的秩序（Gleik，1987）。如果组织对环境信号采取开放的态度，它们可以利用这些信号的模糊性、冗余性或噪声，改善自己的知识体系。

当波动被引入一个组织时，它的成员面临常规、习惯或认知框架的"瓦解"。威诺格拉德和弗洛雷斯（Winograd and Flores，1986）强调了这种周期性故障对人类感知发展的重要性。瓦解（breakdown）是指我们习惯性的、舒适的存在状态的中断。当我们面对这样的瓦解时，我们有机会重新考虑我们的基本思想和观点。换句话说，我们开始质疑我们对世界的基本态度的正确性。这个过程需要个人做出深刻的承诺。瓦解要求我们将注意力转向对话，将其作为社会互动的一种手段，从而帮助我们创造新的概念。[25] 这种由组织成员对当前假设前提进行质疑和重新思考的"持续"过程，促进了组织知识的创造。环境的波动往往会引发组织内部的瓦解，从中可以创造出新的知识。有些人把这种现象称为"从噪声中创造秩序"或"从混沌中创造秩序"。[26]

当组织面临真正的危机时，混乱是自然产生的。例如，由于市场需求的变化或竞争对手的显著增长导致业绩迅速下降。当组织的领导者试图通过提出具有挑战性的目标在组织成员中唤起一种"危机感"时，也可以有意识地创造混乱。佳能董事贺来龙三郎（Ryuzaburo Kaku）经常说："最高管理层的角色要让员工有一种危机感，同时也要给员工一种崇高的理想。"（Nonaka，1985，p.142）。这种有意识的混乱，即所谓的"创造性混乱"，增加了组织内部的紧张气氛，并且集中了组织的注意力，是界定组织危机、化解组织危机的指导思想。这种方法与信息处理范式形成了鲜明的对比，后者只是简单地给出一个问题，然后通过基于预设算法的相关信息组合过程找到解决方案。这样的过程忽视了定义要解决的问题的重要性，为了得到这样的定义，问题必须从在某个时间点和背景下的现有知识中构建起来。

日本企业经常有目的地使用模糊性和"创造性混乱"。最高管理层经常采用模糊的愿景（或所谓的"战略模糊"），并有意制造组织内部的波动。例如，日产的前首席执行官久米丰（Yutaka Kume）创造了一个口号——让我们改变流程，他试图通过积极调查既定程序的替代方案提高创造力。当最高管理层的理念或愿景不明确时，这种不明确导致执行人员的"解读模糊"。

应当指出，只有当组织成员有能力反思自己的行动时，才能发挥"创造性混乱"的益处。没有反思，波动往往导致"破坏性"的混乱。舍恩（Schön，1983）抓住了这个关键点："当一个人在行动中反思时，他就成了实践环境中的研究者。他不依赖于既定理论和技术的范畴，而是构建了一个独特个案的新理论。"（p.68）创造知识的组织必须在其过程中将这种"在行动中反思"（reflection-in-action）制度化，使混乱真正具有"创造性"。

最高管理层在哲学或愿景方面的模糊性，可能导致组织成员对企业决策所依据的价值前提以及事实前提进行反思或质疑。从本质上讲，价值前提（value premises）是主观的，与人们的偏好有关，它们留下了更广泛的选择余地。而事实前提（factual premises）在本质上是客观的，处理的是现实世界的运作，它提供了一个具体的选择，但是选择的范围是有限的。

混沌的产生有时与最高管理层的哲学理念无关。一个独立的组织成员可以设置一个高目标，以提升自己或所属的团队的地位。渡边洋男对"理想"汽车的追求，挑战了"底特律的逻辑"，这是一个目标定得很高的例子。高目标，无论是由高层管理者还是一线员工设定，都会增强个人承诺。正如富士通前董事长小林大佑（Taiyu Kobayashi）所指出的，高目标可能也会增强个人智慧：

在舒适的地方放松，几乎不能敏锐地思考。智慧是从站在悬崖上挣扎求生的人身上榨取出来的，如果没有这样的挣扎，我们永远也赶不上 IBM。（Kobayashi，1985）

总之，组织的波动可以引发创造性混沌，这会激发和加强个人的主观承诺。在实际的日常运作中，组织成员并不经常面对这种情况。但日产的例子表明，高层管理者可能会有意带来波动，并允许"解读模糊"出现在组织的较低层次。这种模棱两可的状态可以推动个体成员改变他们的基本思维方式。这也有助于隐性知识的外显化。

冗余

冗余（redundancy）是使知识螺旋在组织上发生的第四个条件。对于那些专注于高效信息处理或减少不确定性想法的西方管理者来说，"冗余"一词听起来可能有害，因为它包含了不必要的重复、浪费或信息超载。我们在这里所说的冗余是指超出组织成员直接业务需求的信息的存在。在商业组织中，冗余是指关于商业活动、管理职责以及整个公司的有意识的信息重叠。

为了实现组织知识的创造，个人或团体创造的概念需要或也许暂时并不需要被他人共享。共享冗余信息促进了隐性知识的共享，因为个体可以感知到其他人试图表达的内容。从这个意义上说，信息的冗余加快了知识创造的过程。冗余在概念开发阶段尤其重要，因为在这个阶段，清晰地表达根植于隐性知识的意象至关重要。在这个阶段，冗余信息使个体能够"侵入"（invade）彼此的职能领域，并从不同的角度提供建议或提供新的信息。简而言之，信息的冗余会导致"入侵式学习"（learning by intrusion）进入每个人的感知领域。

信息冗余也是实现麦卡洛克（Mclulloch，1965）"潜在指挥冗余原则"（principle of redundancy of potential command）的先决条件，即整个系统的每个部分都具有同等重要性，并均有可能成为系统的领导者。即使在一个严格的分层组织，冗余的信息有助于建立不同寻常的沟通渠道。信息的冗余促进了等级制度和非等级制度之间的交流。[27]

分享额外的信息也有助于个人理解他们在组织中的位置，这反过来又控制了个人思想和行动的方向。个体之间并非没有联系，而是彼此松散地结合在一起，在整个组织环境中占据着有意义的位置。因此，信息冗余为组织提供了一种自我控制机制，使其保持在某个方向上前进。

在组织中建立冗余有以下几种方法。一种是采取重叠（overlapping）的方法，日本公司"橄榄球"式的产品开发就说明了这一点，不同的职能部门在一个"模糊"的分工中共同工作（Takeuchi and Nonaka，1986）。一些公司将产品开发团队划分为相互竞争的小组，针对同一个项目开发不同的方法。然后，各小组就各自提案的优点和缺点进行辩论。这个内部竞赛机制鼓励团队从不同的角度来看待一个项目。在团队领导者的指导下，团队最终对"最佳"方式达成共识。

另一种为组织建立冗余的方法是通过人员的"战略轮岗"（strategic rotation），特别是在技术或职能极为不同的领域之间，如研发和营销。这种轮岗有助于组织成员从多个角度了解其业务，从而使组织知识更加"流动"，更容易付诸实践。它还使每个员工能够使自己的技能和信息来源多样化。个人在不同职能部门拥有的额外信息有助于组织扩大其知识创造的能力。

　　与西方企业相比，日本企业最显著的特点之一是重视冗余信息。顶尖的日本企业已经在自己内部将冗余制度化，以便迅速开发新产品和服务，从而应对快速变化的市场和技术。日本企业还开发了许多其他组织方式，以增加和维护冗余。其中包括定期和不定期的频繁会议（例如，本田的"头脑风暴营"），以及正式和非正式的沟通网络（例如，下班后喝酒）。这些方式促进了隐性知识与显性知识的分享。

　　信息的冗余增加了需要处理的信息量，并可能导致信息超载的问题。它还增加了知识创造的成本，至少在短期内是这样的（例如，降低了运营效率）。因此，平衡信息的创造和处理是另一个重要问题。处理冗余可能带来的负面影响的一种方法，是明确信息的存放位置以及知识在组织中的存储位置。

必要多样性

　　第五个有助于推进知识螺旋的条件是必要多样性（requisite variety）。阿士比（Ashby，1956）认为，一个组织的内部多样性必须与环境的多样性和复杂性相匹配，以应对环境带来的挑战。必要多样性能够使组织成员应付许多突发事件。提高必要多样性可以通过利用不同的信息组合方式，灵活、快速地对信息进行综合以及在整个组织内部提高获取信息的平等性来实现。为了使多样性达到最大化，组织中的每个人都应该确保通过最少的步骤，最快地获得最广泛的必要信息（Numagami，Ohta and Nonaka，1989）。

　　当组织内部存在信息差异时，组织成员之间不能进行平等的互动，从而阻碍了对新信息进行不同解释的探索。日本洗涤剂等家用产品的领先制造商花王公司认为，所有员工都应该有平等的机会获得公司信息。为了达到这个目的，花王开发了一个计算机化的信息网络。它已成为不同观点的组织单位之间进行意见交流的基础。

花王公司还建造了一个组织结构（见图3-7），它允许不同的组织单位和计算机化的信息网络有机地、灵活地交织在一起，并将这种结构命名为"生物功能型"（bio-function-type）组织。在这种结构下，每个组织单元与其他单元协同工作，以应对各种环境因素和事件，就像活的有机体一样。例如，人体对瘙痒的反应是本能地抓挠受感染的身体部位。从皮肤传来的信息被大脑接收，大脑命令手的运动。如果有必要，淋巴结也会发挥作用。花王公司认为这种协同连锁反应是应对外部环境的理想方式，这种"生物功能型"结构有助于消除等级制度，促进组织知识创造。

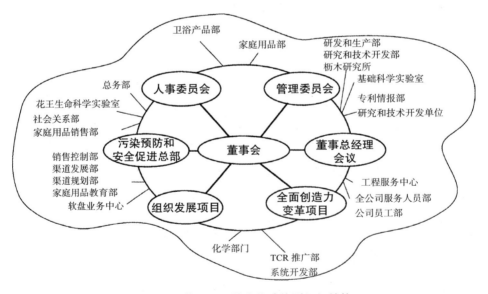

图 3-7　花王公司的生物功能型组织结构

开发一个扁平且灵活的组织结构，通过信息网络将不同单元彼此连接，是一种处理复杂的环境的方式。另一种快速应对环境意外波动和保持内部多样性的方法是经常改变组织结构。例如，松下公司在过去 10 年里对其事业部体系进行了 3 次重组。此外，人员的频繁轮岗能使员工获得多功能知识，这有助于他们应对多方面的问题和意想不到的环境变动。在日本国际贸易和工业部可以看到这种快速的人员轮岗，官员们每两年轮换一次工作。

组织知识创造过程的五阶段模型

截至目前，我们已经分别研究了 4 种知识转化模式和 5 种促进组织知识创造的有利条件。在这一部分，我们提出了一个组织知识创造过程的整合的五阶段模型，它使用了在理论框架内开发的基本结构，并将时间维度纳入我们的理论。该模型包括 5 个阶段：①共享隐性知识；②创造概念；③验证概念；④构建原型；⑤跨层转移知识（见图 3-8）。

组织的知识创造过程始于共享隐性知识，这相当于社会化，因为存在于个体身上的丰富且未被利用的知识必须先在组织内部进行放大。在第二阶段，自组织团队共享的隐性知识以新概念的形式转化为显性知识，这个过程类似于外显化。所创造的概念必须在第三阶段得到验证，在这一阶段，组织确定新概念是否真正值得追求。在第四阶段，这些概念被转化为原型（archetype），可以是"硬"产品开发里采用原型的形式，也可以是在"软"创新的情况下采用的运行机制（operating mechanism），如新的企业价值、新的管理系统或创新的组织结构。最后一个阶段将图 3-8 中创建的知识扩展到企业中其他部门的其他人，甚至扩展到组织的外部，我们称之为"知识的跨层转移"（cross-leveling of knowledge）。这些外部包括消费者、关联公司、大学和分销商。创造知识的企业不是在一个封闭的系统中运作，而是在一个开放的系统中运作。在这个系统中，知识不断地与外部环境进行交换。

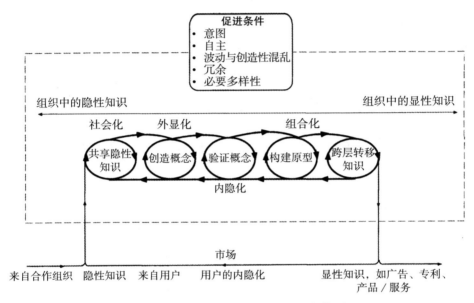

图 3-8   组织知识创造过程的五阶段模型

小结

回想一下，我们在本章开始构建我们的理论框架，指出了组织知识创造的两个维度——认识论和本体论（见图 3-1）。认识论维度，在纵轴上以图形方式表示，是隐性知识与显性知识之间发生知识转化的地方。我们讨论了知识转化的 4 种模式：社会化、外显化、组合化和内隐化。这些模式并不是相互独立的，但是当时间作为第三维度被引入时，它们之间的相互作用产生了螺旋。我们引入了 5 种组织条件——意图、自主、波动与创造性混乱、冗余和必要多样性，使这 4 种模式能够转化为知识螺旋。

本体论维度以横轴表示，是个体创造的知识在群体和组织层面转化为知识的地方。这些层次并不是彼此独立的，而是迭代地、连续地相互作用。我们再次引入时间作为第三维度来展开组织知识创造的五阶段模型——共享隐性知识，创造概念，验证概念，构建原型以及跨层转移知识。另一个螺旋上升发生在本体论层面。例如，在项目团队层级形成的知识在部门层级转化为知识，最终在公司或组织间层级转化为知识。这 5 个有利条件推动了整个进程，促进了知识的螺旋式上升。

这两个知识螺旋内部的转化过程是理解我们的理论的关键。如果我们有一个三维图表，它可以表明，知识螺旋在认识论层面上升，而知识螺旋在本体论层面上从左到右移动，然后再回到左，进行一个循环的运动。当然，我们理论的真正动态本质可以被描述为两个知识螺旋随时间的相互作用，而创新是从这些螺旋中涌现的。

第四章

作为一种综合过程的知识创造

野中郁次郎　丰山良子

如今，创造和利用知识的能力被认为是企业可持续竞争优势的最重要来源（Nonaka，1990，1991，1994；Drucker，1993；Nonaka and Takeuchi，1995；Grant，1996）。然而，我们似乎还远远没有理解一个组织创造和运用知识的过程。我们需要一种新的基于知识的理论，这种理论与现有的经济学和组织理论在某些方面有所不同。

建立新理论存在一定的困难，其困难之处在于管理学者和实践者往往不能理解知识创造过程的本质。我们将知识创造理解为一个辩证的过程。在这个过程中，各种矛盾通过个体、组织和环境之间的动态相互作用而综合起来（Nonaka and Toyama，2002）。知识是通过看似对立的概念（如秩序与混乱，微观与宏观，部分与整体，心智与身体，隐性与显性，自我与他人，演绎与归纳，创造力与效率）以螺旋形式产生的。我们认为，认识知识创造过程的关键是辩证思维和行动，它超越和综合了这种悖论。综合并不是一种妥协。相反，它是通过一个动态的对话和实践过程培养对立的特质。

如今，企业面临各种各样的矛盾。一个公司必须在全球市场上竞争，但它也必须适应当地的市场。它必须提供差异化的产品，以满足客户多样化的需求，它也必须在价格竞争中具有优势。建立隐性知识，使其成为企业的长期竞争力优势的良好基础，这需要时间和资源。但在当今世界，速度和效率是赢得竞争的关键。哈格尔（Hagel）和辛格（Singer）（1999）认为，公司应该"分拆"（unbundled），因为它们不能同时追求规模经济、范围经济和速度经济等矛盾的原则。这种观点是基于企业和个人的能力是不可改变的假设，而战略的作用是在相互矛盾的特征中找到最优解。

如果我们把企业和个人看作创造知识的实体，把他们看作成长的实体，就可以找到新的解决方案，用它来综合矛盾的特征。例如，在过去，人们认为高质量、产品多样化和低成本不可能同时实现。丰田开发了自己的生产系统，这是基于一个完全不同的思维方式，并实现了三者的综合。我们相信，企业可以通过知识创造追求综合经济，进一步推进企业的发展，而不仅仅是在现有的约束中找到一个最优解（见图4-1）。

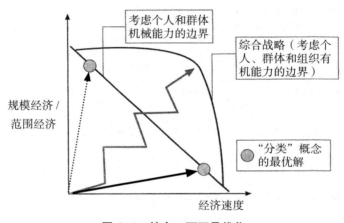

图4-1　综合，而不是优化

　　我们还需要理解，知识创造是一个超越的过程。通过这个过程，实体（个人、团体、组织等）通过获取新知识，超越旧自我的边界，进入新自我。在这个过程中，实体创建了新的概念性工件和交互结构，它们为随后的知识创建周期中的实体提供了可能性和约束。因此，实体与环境共存，因为它们受环境影响的程度不亚于环境受实体影响的程度。这种将实体和结构之间相互依存关系的概念化类似于结构化理论。现有的关于组织在某一时刻的静态状态的理论无法处理这样一个动态过程。在这一章，我们试图建立一个新的知识基础理论和组织，并解释知识创造和利用的动态过程。为此，我们通过 SECI 过程（Nonaka，1991；Nonaka and Takeuchi，1995）

和"场"（"ba"）（Nonaka，Toyama，and Konno，2000）重新审视知识创造理论，并试图通过结合黑格尔（Hegel）、东方哲学和结构化理论等辩证思维进一步推进它们（Giddens，1984）。其基本论点是，知识创造是一个组织通过与个人和环境的互动超越新出现的悖论的综合过程。

作为信息处理机器的组织与知识创造实体的组织

传统组织理论将组织视为信息处理机器，从环境中获取和处理信息以解决问题，并根据特定的目标适应环境。由于人类的理性是有限的，因此，创建一个组织来处理复杂的现实是必要的。现实被分解成小块的信息，对一个人来说，这些小块的信息足够简单。然后，组织成员对信息进行处理和重新组合，以便组织最终作为一个整体来处理复杂的现实。以汽车制造业为例，就可以很容易理解这一点。一个汽车制造过程被分解成各种简单的任务，每个工人被分配一个任务，即使一个不熟练的工人也能轻松地完成它。一个工人不需要知道其他人在做什么，或他的任务对整个汽车制造过程意味着什么。因此，组织面临的问题是如何将整个过程划分为小任务或模块，以及如何协调这些小任务或模块，以便最终可以制造出汽车。

这是一个静态和被动的组织观点，它不能捕捉组织与组织成员和环境相互作用的动态过程。组织不仅仅解决问题，更创造和定义问题，开发和应用知识解决问题，然后通过解决问题的行动进一步发展新的知识。组织和个人通过这样的过程得以成长。组织不仅仅是一个信息处理机器，更是一个通过行动和交互创造知识的实体（Nonaka，Toyama，and Nagata，2000）。在这个过程中，当参与者拥抱他们的环境，通过与他人和环境的相互作用综合隐性知识和显性知识时，辩证知识的创造就发生了。

　　如果我们把一个组织看作一个创造知识的实体，那么，仅仅处理一部分现实的个人的观点是不够的。知识不仅仅是现实的一部分，它也是一个现实，但需要从一定的角度来看。对于同样的现实，人们由于看待它的角度（情境，context）不同而得出不同的看法。在知识创造的过程中，一个人不能脱离自己的环境。对个人来说，社会、文化和历史背景都很重要（Vygotsky，1986），因为这些背景为人们解释信息以创造意义提供了基础。这就是为什么有限的环境相互作用和个人知识的外显化会导致本体论的弊病和谬误，因为一个给定现象的整体复杂性可能仍然没有被发现。因此，在知识创造的过程中，人们试图通过与那些看到现实的人互动，即通过分享他们的经验来看到现实的全貌。为了从其他角度看现实，丰田要求工人把他们的任务看作整个汽车制造过程的一部分，并且分享他们关于任务的知识，以便在过程中做出改进。在这里，重要的是要了解各个部分（个人、工作组等）之间的相互作用是如何动态地联系起来形成一个不断演变的整体，反过来又是如何影响汽车制造发生的环境的。

　　由于每个个体的目标和所处情境不同，因此，在个体与所处组织之间存在矛盾。传统的组织理论试图通过组织结构、激励系统、常规和／或组织文化的设计解决这些矛盾。然而，如果我们把一个组织看作一个创造知识的实体，就可以把这种矛盾看作创造知识的必要条件，而不是障碍。知识是通过矛盾的综合而产生的，而不是通过在矛盾之间找到最佳平衡而产生的。

知识创造与战略的作用

　　基于组织作为一个不断创造知识的实体的观点，我们也需要重新审视战略的作用，从而解决组织与环境之间的矛盾。战略的作用通常以安德鲁斯（Andrews，1971）提出的 SWOT 分析框架为代表，战略的作用是使组织适应环境中的威胁和机会，同时兼顾组织的优势和劣势。这样一个框架后来提炼为战略研究的两个主流——定位学派（the positioning school）和资源基础观（the resource-basriew）。定位学派主要集中在这个组织运作的环境（Poter，1980）。一个组织需要选择一个能够建立和维持其竞争优势的环境，即行业或战略组织。这个环境可以被看作一个移动的目标，公司正在不顾一切地试图改变它们的业务。定位学派倾向于强调对环境的分析，而忽视组织的内部过程。

　　企业的资源基础观则从企业内部的资源角度来看待企业。根据这种观点，企业是一个资源的集合，那些拥有优越资源的企业将获得租金（Penrose，1959；Wernerfelt，1984；Barney，1986）。然而，迄今为止，对企业资源基础观的实证和理论研究主要集中在企业如何通过不可模仿性、不可替代性和有限的资源流动性保持其独特的资源和由此产生的竞争优势。虽然它涉及公司的动态能力（Teece，Pisano and Shuen，1990），该公司的资源基础观未能解释动态的公司如何通过与环境的互动不断建设这些资源。除了最近将动态能力概念化为一系列具体的、可识别的过程，如产品开发、战略决策和结盟，对于企业如何积累优势资源的理论知识少之又少。

　　我们认为，知识是通过组织内部资源和环境之间矛盾的综合而产生的。因此，企业战略的辩证法可以概念化为内部资源和环境调整的结合。由此看来，我们需要一种新的理论，关注"既—和"（both-and），而不是"任何一个、或"（either-or）。下面的部分解释了知识是如何通过隐性知识与显性知识、组织与环境之间的相互作用而创造出来的。

作为一种综合过程的知识创造

我们如何综合环境和内部资源？我们利用吉登斯（Giddens，1984）的结构化理论（structuration theory）回答这个问题。结构化意味着研究社会系统是如何通过社会互动产生和再生产的。结构化理论认为，人类是角色扮演和规范履行的存在者，他们的行为是按照自己对现实的想象而产生的，把一切制度和社会实践都当作一种结构来对待。一方面，环境影响着人类；另一方面，人类通过社会互动（社会结构）继续再创造他们的环境，而不是让环境成为独立存在于人类之外的东西。相反，结构和人类是考虑社会行为的两种方式。二者在定义和复制对方方面相互作用。

知识是通过人类与其环境之间的这种相互作用而创建的。吉登斯认为，环境影响人们的观点和行为。相反，人们的观点和行为塑造了环境。换句话说，我们是环境的一部分，环境也是我们的一部分。周围的资源和机会塑造了我们的日常行为，而我们的行为最终创造了一个新的社会现实。

吉登斯认为，人们在日常生活中以"实践意识"（practical consciousness）和"话语意识"（discursive consciousness）来实施自己的行为。实践意识是指知道人们并没有真正思考的水平，这意味着人们知道的比他们可以说的更多。话语意识允许人们合理化他们的行为，可以被认为是知识的意识水平。在这个意义上，我们可以说隐性知识类似于实践意识，显性知识类似于话语意识。实践意识与隐性知识一样，在人与自然的整合过程中起着关键作用。

　　我们的行动和与环境的相互作用通过隐性知识和显性知识的转化过程创造和扩大知识，如图 4-2 所示（Nonaka，1990，1991，1994；Nonaka and Takeuchi，1995）。

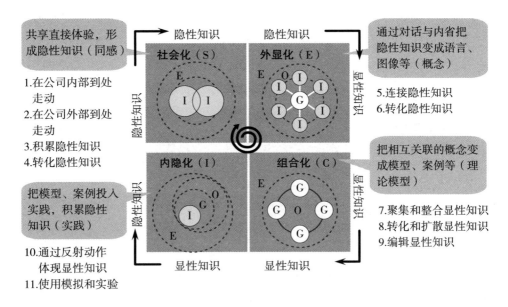

I = 个人（individual）；G = 集团（group）；O = 组织（organization）；E = 环境（environment）

图 4-2　知识创造的 SECI 模型

　　知识创造始于社会化过程，在这个过程中，新的隐性知识通过日常社会互动中的共享经验得以转化。由于隐性知识难以外显化，而且往往具有时间和空间特性，隐性知识只能通过共同的直接经验获得。例如，共处一段时间或生活在同一环境中，通常是传统的学徒制，学徒通过实践经验学习其手艺所需的隐性知识。因此，例行程序由一部分隐性知识组成，因为它们是随着时间的推移在密切的相互作用中发展起来的。

在社会化过程中，以现象学的方法看待事物的本来面目是有效的。个人通过"生活在"（living in）或"内居"（indwelling）世界，积累和分享有关他们周围世界的隐性知识。例如，一个人可以通过自己作为顾客的经历感知和积累有关顾客的隐性知识。在这里，个人接受而不是面对矛盾，使行为者能够通过行动和感知在他们的社会环境中吸收知识。因此，随着组织成员通过"实践意识"积累和分享对环境的隐性知识，环境和组织之间的二分法可以在社会化过程中加以综合，这种隐性知识指的是我们没有真正思考或理论化的生活水平。

这样的隐性知识通过外显化过程转化成显性知识。隐性知识外显化，因此可以与他人共享，并成为新知识的基础，如概念、图像和书面文件。在外显化阶段，个体使用他们的"话语""意识"，并试图使他们周围的世界变得合理化和清晰化。在这里，对话是一种有效的方法，可用来表达一个人的隐性知识，并与他人分享表达的知识。通过对话，隐性知识与隐性知识结构之间的矛盾或者隐性知识之间的矛盾变得明显和综合。为了使隐性知识中积累的隐性概念或机制更加明确，溯因法比归纳法或演绎法更有效。隐喻、类比和模型的连续使用是溯因法的基本方法（Lawson，1998）。

显性知识是从组织内部或外部收集的，然后通过组合过程进行合并、编辑或处理，形成一套更复杂、更系统的显性知识。然后，新的显性知识在组织成员之间传播。创造性地利用计算机通信网络和大型数据库可以促进这种知识转化模式。组合模式也可以包括概念的"分解"（breakdown），将一个概念，如企业愿景分解为可实践的业务或产品概念，创造出更加系统化的显性知识。在这里，矛盾是通过逻辑而不是综合来解决的。理性主义是一种有效的方法，可以结合、编辑和打破显性知识。

　　显性知识在整个组织中创建和共享，然后在内隐化过程中转化为隐性知识。这个阶段可以理解为实践，在实践中，知识被应用和使用，并成为新惯例的基础。因此，显性知识，如产品概念或制造程序，必须通过行动、实践和反思实现，只有这样，它才能真正成为一个人自己的知识。例如，培训计划可以帮助学员了解自己作为周围组织的一部分。通过阅读关于他们的工作和组织的文件或手册，并通过反思这些文件，受训者可以将这些文件中所写的显性知识内隐化，从而丰富他们的隐性知识库。显性知识也可以通过模拟或实验体现。实用主义的"做中学"（learning-by-doing）是一种有效的检测方法，将显性知识作为自己的隐性知识加以修改和体现。内隐化的知识影响人的能动性和结构，因为它改变了人的能动性和他们对结构的看法。个体和环境的合成也发生在这个层次。

　　值得注意的是，通过 4 种知识转化模式的运动形成的是一个螺旋，而不是一个圆。在创造知识的螺旋中，隐性知识与显性知识之间的相互作用通过知识转化的 4 种模式得到放大。螺旋在规模上变得更大，因为它向上移动本体论的水平。通过 SECI 进程创造的知识可以触发新的知识创造螺旋，在超越部门甚至组织界限的互动社区中横向扩展和纵向扩展。知识可以在组织边界之外转移，不同组织的知识在知识创造过程中相互作用（Badaracco，1991；Nonaka and Takeuchi，1995；Inkpen，1996）。通过个人之间的动态互动，组织创造的知识可以触发外部组成部分（如消费者、附属公司、大学或分销商）所持有的知识。例如，一个创新的制造工艺可能会改变供应商的制造工艺，从而引发组织中新一轮的产品更新和工艺创新。另一个例子是客户自己无法对隐性知识进行清晰表达。当消费者通过购买、调整、使用或不购买产品来赋予产品意义时，产品就是诱发隐性知识的触发器。它还可以触发客户世界观方面的行为变化，并可能最终重建环境。他们的行动反映在组织的创新过程中，这开启了创造知识的新螺旋。组织知识创造是一个不断升级、永无止境的过程。

如前所述，知识创造是一个自我超越的过程，在这个过程中，人们超越了自身存在的边界。在社会化阶段，自我的超越是最基本的，因为隐性知识只能通过直接的经验分享，这要求个体超越存在的自我，并且与他人产生共鸣。例如，在社会化过程中，人们同情他们的同事和客户，这样就减少了人与人之间的障碍。基本上，频繁的身体互动和知觉帮助个体创造共享的心理表现和惯例。在外显化阶段，个体通过承诺于群体并与之合一，从而超越自我的内在和外在界限。在这里，个人的意图和想法融合在一起，并与集体的心灵世界融为一体。这个阶段是不可分割的，因为知识的外显化常常帮助人们认识到，同样的现象可以用许多不同和对比的方式来看待。在组合化阶段，通过外显化产生的新知识超越了要组合的群体。最后，在内隐化阶段，个人反思自己，将自己置于新获得的知识和应该利用知识的环境中，这再次要求自我超越。

场：一个创造知识的地方

知识的创造需要一个物理环境。如前所述，知识是特定背景的，因为它取决于特定的时间和空间（Hayek, 1945）。与其说知识存在于一个人的认识中，不如说它是在情境行动中创造出来的（Suchman, 1987）。因此，知识的创造过程在时间、空间和与他人的关系方面必然具有语境特定性。

知识不能在真空中创造，需要一个地方，在那里，信息通过解释被赋予意义，从而成为知识。

许多哲学家讨论过地点在人类认知和行为中的重要性。柏拉图（Plato）把霍拉（Chora）称为"存在的起源之地"。亚里士多德（Aristotle）把物体存在的地方叫作"拓扑斯"（Topos）。海德格尔（Heidegger）称"欧特"（Ort）为"人的存在之地"。为了在包含这些概念的同时，具体到知识创造，我们引入了"场"的概念（ba，大致意思是"地方"）。基于日本哲学家喜田几多郎（Kitaro Nishida，1921，1970）最初提出的概念，我们将"场"定义为运动中的共享环境，其中知识是被共享、创造和利用的。"场"提供了能量、质量和场所来完成个体知识的转化，并沿着知识的螺旋上升。换句话说，"场"是一个现象学的时间和空间，在这里，知识作为"意义流"出现（Bohm，1996）。新知识是通过意义和语境的变化从现有知识中创造出来的。在本章中，"场"的概念化被扩展到包括个体和结构之间相互依赖的相互作用。

虽然把"场"看作会议室这样的物理空间比较容易，但应该把"场"理解为在特定时间和空间发生的相互作用。"场"既可以出现在个人、工作组、项目团队、非正式圈子、临时会议、虚拟空间（如电子邮件组）中，也可以出现在与客户的第一次接触中。"场"是一个存在主义的地方，参与者在这里分享他们的背景，通过相互作用创造新的意义。"场"的参与者通过与他人、与环境的互动以及"场"的背景、参与者和环境的变化展示他们自己的背景（见图4-3）。

"场"是一种组织意义创造的方式，而不是一种组织显性。一个企业可以被看作各种基础的有机结构。在这个结构中，人们基于他们所拥有的

知识和他们所创造的意义，相互之间以及与环境相互作用。当公司被视为
"场"的有机组合而不是组织结构时，我们可以看到应该创造什么样的知识
和能够创造什么样的知识，谁是拥有隐性知识的"正确的人"，以及他们之
间需要什么样的互动来创造知识而不受现有组织结构的限制。

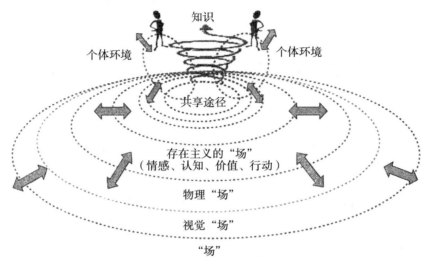

图 4-3 "场"知识的概念表示

　　我们还需要重新考虑组织的边界到底是什么。"场"不仅限于单个组织，
还可以跨组织边界进行创建。"场"可以作为与供应商的合资企业，作为与
竞争对手的联盟，或者作为与客户、大学、当地社区或政府的互动关系而
建立（见图4-4）。组织成员通过参与"场"而超越边界，当"场"与其他
"场"连接起来时，进一步超越"场"的边界。

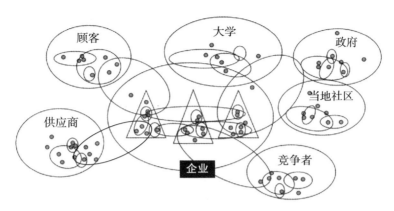

图 4-4 组织作为"场"的有机结构

让我们举例说明一家企业是如何通过各种方式创造知识的——以最有利可图的方式。以日本 7-11 便利店为例。由于日本 7-11 便利店的占地面积有限，销售顾客真正想要的东西很重要，而不是试图销售他们不想要的东西。单品级的库存管理是日本 7-11 便利店成功的关键。在一家典型的日本 7-11 便利店里，大约有 3000 件商品在售，其中 70% 的商品在一年内从商店货架上消失。为了找到滞销品并用热销品取而代之，日本 7-11 便利店强调了由门店员工建立和检验假设的重要性。这样的知识创造过程使得日本 7-11 便利店成为日本最成功的零售商。

日本 7-11 便利店将日本 7000 家门店的店面作为创造新知识的场所，门店员工通过面对面的互动，积累有关顾客需求的隐性知识。与顾客打交道的长期经验使店员对当地市场和顾客有了独特的了解和洞察力。他们经常说，他们只是"看到"（see）或"感觉到"（feel）某些商品在他们的商店里卖得有多好，尽管他们不能解释为什么。

日本 7-11 便利店强调其门店的重要性，因为"场"不断创造新知识，以适应不断变化的客户需求。日本 7-11 便利店在门店为员工提供广泛的在职培训。为了积累直接与顾客打交道和管理日本 7-11 便利店的经验，每位新员工都必须在日本 7-11 便利店的各种职能部门工作两年左右。在门店里积累隐性知识的另一个工具是"四处走动的员工"（burabura shain），他们的任务是在商店里四处走动，与顾客进行交流、互动，以获取该领域的新知识。

他们关于客户的隐性知识随后以市场需求的"场"的外显化为显性知识。由于本地员工对本地市场了如指掌，日本 7-11 总部让便利店负责人自己建立关于特定商品销售的假设，让他们负责订购商品，在他们的店里进行销售。例如，基于当地社区正在举行一个节日这个知识，便利店负责人可以订购比平时更多的啤酒。

为了促进假设的建立，日本 7-11 便利店积极建立和利用"场"，当地雇员的隐性知识通过与他人的对话以假设的外显化为显性知识。不仅仅是便利店负责人，其他几个员工也负责订购商品。每个员工负责某些商品类别，通过与负责其他类别的人员对话，他们可以建立适应市场变化需求的假设。

促进假设建立的另一个工具是利用现场顾问，他们定期访问当地便利店，与店主和店员进行对话，并就下订单和管理便利店向他们提供建议。其目标是清晰地表达业主和店员的隐性知识。如果一个现场顾问注意到一个独特的假设，比如在一家便利店展示商品的新方法，他或她可能会与其他便利店分享这个假设。

建立在车间地板上的假设让整个公司能够共同使用各种"场"。现场辅导员向他们的区域经理报告在便利店中积累的知识，然后由经理将这些知识传播给其他现场辅导员。日本 7-11 便利店各地的区域经理每周都会在东京的总部开会，与高层管理人员和其他区域经理分享当地便利店的成功故事和问题。外地顾问还会每周举行会议，让外地顾问和总部工作人员，包括最高管理层，一起分享知识。

维持这样管理机制的成本是不低的。为了每周在东京举行这样的会议，日本 7-11 便利店每年在差旅、住宿和相关费用上估计要花费 1800 万美元。然而，铃木敏夫（Toshio Suzuki），这个系统的首席执行官和领先的架构师，强调面对面互动的重要性。

建立的假设是通过收集、分析实际销售数据进行测试的，这个过程还利用了日本最先进的信息系统。销售数据库中的显性知识数据由总部和地方政府汇编、共享和使用，员工每天在自己的工作岗位上测试他们对市场的假设，这种方式创造和编辑的新知识通过与现实的比较，如果新获得的知识与现实之间存在差距，就会产生新一轮的知识创造。这个循环每天都在进行，正是这种无休止的假设构建和测试，使得日本 7-11 便利店不只是适应市场的变化，还有能力不断创造变化。

案例：丰田普锐斯

企业如何综合矛盾创造知识？在这一部分，我们通过分析丰田普锐斯（Toyota Prius）的案例关注领导力在组织知识创造中的作用——我们将在下一部分分析日本多科莫公司（NTT DoCoMo）的案例。从传统意义上讲，对知识进行管理是不可能的，企业也不可能真正地管理知识创造。管理者所能做的就是通过创造知识愿景领导组织，建立和激励"场"，连接"场"，并领导 SECI 这一知识转化模式发生的过程。

普锐斯是世界上第一款大规模生产的混合动力型汽车，于 1997 年 12 月上市，普锐斯因其创新的产品概念和技术获得了许多奖项，包括日本"年度最佳汽车"和日本汽车研究者与新闻工作者学会"年度最佳新车"。丰田宣称，普锐斯由汽油发动机和电动马达驱动，使燃油经济性提高了100%，发动机效率提高了80%。普锐斯排放的二氧化碳大约是传统汽油动力汽车的50%，一氧化碳、碳氢化合物和一氧化二氮的排放量是传统汽油动力汽车的1/10。

对丰田而言，普锐斯有3个革命性的创新。知识是在以下3个层面上创造出来的：产品、技术和产品过程。首先，它是一种创新产品，不适合任何现有的产品线。丰田有几条生产线，项目经理将每个产品都设计成与其他产品相互兼容的，这样，丰田的整个生产线就有了一个统一的模式。然而，普锐斯并不符合这种情况。从一开始，它就被设计成一种产品，这为丰田带来一个新的视角。

其次，普锐斯使用了许多创新技术，如引擎、发动机、电池、紧急驻动，以及将它们组合成一个混合动力系统的技术。这些技术非常重要，不仅对丰田的发展，而且对丰田的未来都很重要。丰田强调了"横轴"（yokoten）的重要性，大致意味着技术的"水平部署"。

最后，它是在创纪录的时间内发展起来的。丰田开发一款现有产品的新车型通常需要4年左右的时间，这仍然是该行业最短的周期之一。以普锐斯为例，它采用了全新的设计和新技术，从设计到开始生产只用了15个月。为了达到该项目所要求的速度和创新性，丰田的工程师不得不采取许多非常规的方法。在研发普锐斯时，混合动力系统仍处于研究阶段，因此，研发工作需要同时进行。

要实现这一创新，有效利用"场"就显得尤为重要。在普锐斯的整个开发过程中，高层和中层的领导者建造、利用和激励了混合动力汽车的开发。接下来的部分阐述了丰田如何建立和利用各种"场"来实现它们的创新。

普锐斯项目团队如何管理"场"

"场"可以有意识地或自发地创建，领导者可以"发现"和利用自发形成的"场"。因为它变化或消失得非常快，所以领导者必须根据组织成员之间以及与外部环境的互动方式即兴创作，以便迅速捕捉自然产生的"场"，并有效地形成"场"。

领导者可以通过提供时间、空间和关系来建立"场"。领导者也可以提供物理空间（如会议室）、网络空间（如计算机网络）或心灵空间（如共同的目标），以促进互动和创造。培养组织成员之间的爱、关心、信任和承诺的心灵空间非常重要，因为它构成了知识创造的基础（Krogh，1998；Krogh，Ichio，and Nonaka，2000）。

组成一个任务组是有意去建立"场"的典型例子。普锐斯项目始于1993年9月，是一个名为G21的小型研究小组，意思是21世纪的一代，这得到了高层管理人员的大力支持。起初，G21是一个研究"21世纪汽车"的工作组。成员们在正常工作的同时，每周举行一次会议，讨论围绕21世纪汽车概念发展的各种问题。

要建立"场"，领导者还必须选择正确的人员来参与，并促进他们之间的互动。重要的是要选择具有不同背景和观点的参与者，使他们根据自己的经验把自己的背景带入"场"，使共同的背景更加丰富。因此，重要的是，领导者必须知道在哪里可以找到所需要的知识和拥有这种知识的人。

对一个大型组织来说，确切地知道它所知道的东西通常是困难的。最高管理层必须培养能够发现、利用所需知识的人员，以及知识的生产者。

G21 的第二阶段始于 1994 年 1 月，内山田竹志（Takeshi Uchiyamada）被选为项目负责人。内山田是治理并控制噪声和振动方面的专家，他首次领导了一个新模型的开发。然而，在被选为普锐斯项目负责人之前，内山田已经负责重组丰田的研发实验室达两年之久。他的任务是重新思考"为了研究目的，我们是如何拆卸汽车的"。这个项目让他对丰田正在研究的技术有了广泛的了解，也让他知道在哪里可以找到他所需要的人才和技能。内山田还参观了丰田的几个部门，特别是研究先进技术的东富士研究实验室（Higashi Fuji Research Lab），目的是了解当他参与普锐斯项目时，丰田拥有哪些技术。内山田决定建立一个自给自足的团队，其中包含所有必要的能力，旨在开发一辆汽车。

在通常的产品开发中，产品开发团队在开始时就已经有了产品概念。例如，已经有了花冠（Corolla）的概念，因此，开发团队只是做了一些改进并选择了必要的组件，就开发出了新的花冠模型。开发团队向相关部门（如发动机部门）发出"命令"（order），开发必要的组件。引擎部门选择一个适合开发团队计划的引擎。尽管发动机部门将把自己的想法加入新的发动机，但发动机很可能是开发团队想要的，而不是最适合汽车的发动机。这种开发方式需要一定的时间，便于开发团队与其他部门进行沟通和协调。

G21 项目在开发团队成立时还没有产品概念。为了使用最好的技术以适应汽车并快速开发汽车，内山田决定引进代表所有必要技术的成员。最终他从车身、底盘、发动机、驱动系统和生产技术等 8 个方面挑选了 10 名成员，使团队在开发新车时能够自给自足。他们都是 30 岁出头，既足够成熟、经验丰富又思想活跃，能够灵活地进行沟通与工作。

开发团队做的第一件事就是为自己获得实体空间。团队"购买"了一个房间作为基地，在那里安装了两个 CAD 系统和个人计算机。这是丰田第一次让一个项目团队在一个房间里共同开发一款产品。

该团队还利用了一个虚拟空间作为"场"，邮件列表在信息的迅速传播方面尤其有效。成员们通过邮件列表交换必要的信息，最终将团队成员扩大到 300 人。

在 G21 项目中，团队成员被要求超越自己的界限。内山田为这个项目制定了指导方针，他把指导方针写在笔记本的第一页，并且总是带到会议上。它列出了诸如"每个人都应该对技术进行评估，不管他的专业是什么""人们应该考虑什么对产品是最好的，而不是代表自己部门的利益"，以及"在讨论技术时，人们不应该关心自己的年龄或级别"。团队成员紧密合作，互相学习。

知识管理案例：日本多科莫公司

有效使用"场"对日本电报电话公司（NTT）的分公司日本多科莫公司（NTT DoCoMo）开发 i-mode 服务也很重要。由于日本多科莫公司继承了 NTT 的企业文化，i-mode 的开发对日本多科莫公司来说是一种独特的经验，因为开发过程不符合 NTT 和日本多科莫公司的传统做事方式。

这项 i-mode 服务允许用户通过移动电话连接到互联网，使日本多科莫公司成为日本最大的互联网供应商，也是世界上最有价值和最大的单国移动电话公司。使用手机时，用户可以享受各种服务，如查看股票价格、进行银行交易、阅读新闻和玩游戏。

以日本多科莫公司的 i-mode 为例，1997 年 1 月，时任日本多科莫首席执行官的奥波希（Koji Oboshi）让时任栃木（Tochigi）分公司经理的伊诺基（Keichi Enoki）参与一个新的移动电话项目，从那时起，构建"场"的过程就开始了。奥波希之所以选择伊诺基作为项目负责人，是因为伊诺基具备必要的领导素质。他毫不犹豫地表达自己的观点，对市场的需求拥有敏锐的洞察力。这些品质使得伊诺基在企业文化偏官僚和保守的 NTT 中脱颖而出。此外，伊诺基对无线技术没有任何专业知识。然而，奥波希相信伊诺基是在日本多科莫公司产生独特想法并开创新业务的合适人选。

一家咨询公司向伊诺基提交了一份报告，建议通过手机提供互联网服务。然而，该报告并未载有任何实现这一想法的具体建议。此外，伊诺基没有合作伙伴，因此他不得不建立自己的团队。

伊诺基公开邀请日本多科莫公司的员工申请进入该项目研发团队，这是日本多科莫公司首次进行这样的公开招聘。大约有 20 人申请了，伊诺基根据他们迎接新挑战的意愿和承受压力的能力，挑选了 5 名年轻员工。

其他团队成员则是从公司以外的地方招聘而来的。川端正孝（Masaki Kawabata）从 NEC 跳槽到 i-mode 工作。松永真理（Mari Matsunaga）曾是一家面向女性的分类广告杂志的主编，她被聘用从事 i-mode 服务内容的工作。互联网企业家夏野刚（Tsuyoshi Natsuno）也因为对互联网的了解而被聘用。

这些成员将不同的背景融入项目之中，他们一起工作，彼此分享他们的背景。"因为我们来自各行各业，所以可以做一些与 NTT 文化不同的事情，虽然我们之间也会产生许多冲突"，伊诺基说道。[1] 基于作为杂志编辑所积累的丰富经验，以及一个对科技并不是很了解的消费者的观点，松永真理带来了她对年轻消费者的认知和洞察。夏野刚带来了他关于互联网的技术知识，并利用互联网的特点建立了一个商业模式。松永真理将这种招募外来人员的过程比作电影《七武士》。伊诺基招募了一群"不适应环境的人"，他们每个人都有不同的才能和技能，这些才能和技能是实现共同目标所必需的。

根据他在互联网行业的经验，伊诺基非常了解自己的网络外部性，并建立了 i-mode 的商业模式，将 i-mode 视为一个门户网站。该网站会对一些可以直接从日本多科莫公司的 i-mode 菜单访问的"官方网站"收取费用。日本多科莫公司代表内容提供商收取费用，作为其每月账单的一部分，并收取 9% 的佣金。订阅者被 i-mode 吸引是因为内容提供者，而内容提供者被 i-mode 吸引是因为他们可以通过 i-mode 接触到订阅者的数量。在这个过程中，日本多科莫公司和内容提供商都可以从中获益。夏野刚称之为"双赢"的局面。一开始很难实现"双赢"，因为公司对投资这种新型服务犹豫不决。夏野刚认为，从事电子商务的公司更愿意投资 i-mode 服务，因为它们非常了解业务的性质。夏野刚充分利用自己的经验来培养愿意成为官方网站的内容提供者。他去了刚刚开始提供网上银行服务的日本银行。在日本银行同意成为内容提供商之后，说服其他公司就变得更加容易，因为日本银行的参与向潜在的内容提供商发出了一个信号，即 i-mode 业务的风险并不高，否则日本银行也不会加入。

除了选拔"场"的参与者，伊诺基还设置了"场"的边界。"场"需要界限，因为每个人的背景都有无限可能，所以有意义的共享背景的出现需要一定的边界。"场"应该受到外部环境的保护，这样它才能成长为自己的环境。结茧（Cocooning）是建立一个独特世界的实用方法。领导者应该设定界限，在必要时保护"场"。在日本多科莫公司中，伊诺基作为项目和其他部门之间的接口，在避免项目成员与其他部门发生冲突方面发挥了重要作用。伊诺基招募的"不适应环境的人"所处的环境与日本多科莫公司截然不同，日本多科莫公司从 NTT 那里继承了强大的企业文化，因此他们之间必然会发生一些冲突。"没有伊诺基的保护，我们什么都做不了"，夏野刚说。

然而，"场"仍然是一个开放的地方，在这里，参与者可以根据自己的知识背景选择加入或退出，共享的背景（即"场"）可以不断进化。"场"让参与者分享时间和空间，但它超越了时间和空间。"场"还让参与者超越自我。参与意味着加入并超越自己有限的视野或界限。参与者可以同时是局内人和局外人。通过提供运动中的共享环境，"场"为参与者设置了约束条件，因为共享情境限制了参与者作为世界内部人士看待世界的方式。然而，它给参与者提供了比他们自己更高的视角，让他们从外部看待事物。领导者只有保持"场"的边界的可渗透性，才能保持这种开放性。

赋能"场"

建立"场"知识库对于企业管理动态知识创造过程是远远不够的，还应该"充满活力"（energized），为知识创造过程提供能量和质量。"场"需要成为一个自我组织的地方，有它自己的意图、方向、兴趣或使命。没有意图（可以给予，或者最终可以给予），能量就无法定向，只有混沌。

从一开始，普锐斯项目就有一个明确的目标：为 21 世纪打造一款汽车，并将其推向市场。这个项目的任务是寻找一种新的产品开发方式。这项任务的重要性贯穿于整个公司，因为这个项目是由当时的执行副总裁菅原义雄（Yoshio Kanahara）组建的，并得到了当时的总裁丰田正一郎（Shoichiro Toyota）的大力支持。丰田董事长丰田英治（Eiji Toyota）也对这个项目表示赞同，他说："如果再我年轻一点，这是我想做的一个项目。"

丰田汽车的最高管理层决定在汽车制造商中处理环境问题上发挥领导作用。作为世界上第一辆大规模生产的混合动力型汽车，普锐斯被视为将决定丰田未来的项目。丰田开发混合动力型汽车的挑战始于 1991 年左右，当时，丰田的电动汽车开发部门开始研究混合动力系统，该系统既使用发动机，也使用电动机。但经过几个原型后，丰田意识到它没有技术可以用来制造混合动力系统的主要部件，如电池、电机、变频器和逆变器。就混合动力系统而言，丰田只是外部公司提供的零部件的装配工。以汽车制造商自豪的丰田公司将此视为一个严重的威胁。认识到它缺乏决定公司未来的知识资产，最高管理层认真、主动地在内部研究、开发和生产混合系统。

以日本多科莫公司为例，奥波希提供了"从容量到价值"的知识视野，因为他认为日本多科莫公司需要扩展到语音通信之外的数据通信。语音通信市场预计在不久的将来饱和，日本多科莫公司不得不寻找其他业务来维持其增长。伊诺基构建了一个基于此愿景的开发 i-mode 服务的基础。

"场"的能量是由它的自组织性质决定的。为了建立一个自组织的地方，领导者需要提供必要的条件，如自主、波动与创造性混沌、冗余、必要的多样性、爱、关心、信任和承诺。通过提供这些条件，领导者可以建立一个良好的"场"。内山田建立了几个特别工作组来处理普锐斯项目中的特定问题，领导者被赋予了完全的自主权。

普锐斯项目有效地利用了波动与创造性混沌。丰田公司的高层管理人员通过设定极具挑战性的目标，给普锐斯项目引入了波动与创造性混沌。这个项目的目标之一就是寻找一种开发汽车的新方法，为此，内山田要求他的团队成员质疑每一个关于新车开发的规范。

为 21 世纪制造一辆汽车的目标已经足够具有挑战性。丰田执行副总裁田秋广设定了一个提高燃油效率的新目标，团队想出一个更合理的计划，将燃油效率提高 50%。这实际上让团队陷入混乱，他们最终放弃了原来的计划，改用直接喷射引擎，由此决定改用混合动力系统。

此外，高层管理人员将项目团队置于巨大的时间压力之下。普锐斯原计划在 1998 年 12 月上市，鉴于在现有线路上开发一款新车通常需要 4 年的时间，这是一个很难实现的最后期限。然而，董事长奥田宽（Hiroshi Okuda）指示团队将最后期限提前一年，至 1997 年 12 月。奥田强调了尽早推出普锐斯的重要性，他说这款车可能是汽车工业的未来，更不用说是丰田的未来。因此，团队面临更大的时间压力，以在新的最后期限完成。因此，项目团队为了赶工压缩开发时间而采取了许多非常规的方法，如极端使用同步工程。

"平等获取信息"（Equal access to information）是内山田为 G21 项目制定的行动准则之一。正如前面提到的，邮件列表被有效地用于快速的信息交换。在丰田公司的一个普通产品开发项目中，如果员工发现问题，就会向上司汇报。如果找不到解决问题的办法，就报告给总工程师。然后总工程师通知其他可能遇到这个问题的工程师，这对于信息的传播和问题的解决是一个需要煞费苦心的漫长过程。在普锐斯项目中，工程师在发现问题后立即向邮件列表中的人员发送一封电子邮件。名单上的任何人都可以在方便的时候阅读它，并随时发布问题的解决方案。

在优秀的"场"中，"场"的参与者不能只是旁观者。相反，他们必须积极参与"场"的目标和"场"正在发生的事情。参与者的承诺给予了行动和互动的能量，从而决定了知识的质量。承诺是人类创造知识活动的基础（Polanyi，1958）。

在"场"中，实现综合的一种方法是参与者之间的辩证对话，他们从不同的背景中引入不同的观点。正如布伯（Buber，1923）所说，对话是一种存在方式。在"场"中，参与者反思、分享自己的观点，实现跨主体性。诸如"这件事/事件的本质是什么？"或者"我们为什么要这么做？"这样的问题能有效地促进辩证对话。一些公司在创造知识的过程中，经常会遇到这样的问题。尽管这些问题似乎与他们眼前的问题无关，但这些公司表示，提出这样的问题对于它们创造知识的过程是绝对必要的。这些问题使广大参与者能够从根植于他们自身信仰和价值观的观点，以及同时从他人的观点出发，反思自己看待事物和他们自己的观点。

联结"场"

在创造知识的过程中，一个"场"是不够的。知识创新需要多个"场"，这些"场"是多层次、有机地联系在一起的。各种本体论层面上的"场"相互作用，连接着一个更大的"场"。一个组织是一个"场"的有机结构，其中各个"场"形成了一个分形。"场"如何相互联系、相互作用，决定了所创造知识的质量。

因此，领导者必须促进各种"场"之间的相互作用，综合各种"场"所创造的知识。换句话说，连接"场"需要重新范畴化和重新语境化。在许多情况下，"场"之间的关系并非如此预设。哪个"场"应该以哪种方式连接通常不清楚。因此，领导者必须把握形势，把各个"场"联系起来，随着各个"场"之间关系的展开即兴发挥。

连接"场"是十分重要的。领导者知道在哪里找到必要的知识和拥有这种知识的个人。对一个大型组织来说，确切地知道它所知道的东西通常是困难的。最高管理层必须培养和利用知识生产者，通过了解他们可以找到必要的人员和知识，对情况进行分析和解读。在普锐斯的案例中，内山田有这样的知识，因为他拥有曾在重组丰田的研发组织的经验。他能够引进那些具备必要知识的人来解决他们手头的问题，并为普锐斯项目创造和连接各种"场"。

在 6 个月的时间里，这个团队开发了他们的 21 世纪概念车。研究小组认为，高燃油效率至关重要，因为预计未来会出现石油危机，而且人们对环境问题的意识在不断提高。当 G21 团队想出一个开发小型轿车的计划时，高层管理人员拒绝了这个计划，该计划将比同类车型提高燃油效率 50%。燃油经济性提高 50% 还不够，为了使数量翻一番，另一个一直在处理混合技术的项目被引入，以便对项目进行重新分类和重新组合。

将燃油效率提高一倍的新目标使内山田别无选择，只能使用仍处于研究阶段的混合动力系统。在 G21 项目研究"21 世纪汽车"的时候，电动汽车开发部成立了自己的混合动力系统研究小组。与此同时，丰田还成立了一个新部门，即生产技术部，负责开发新混合动力系统及其部件的生产技术。这些举措是基于这样一个痛苦的认识：丰田没有足够的知识资产来领导混合动力型汽车的生产。内山田不确定这项技术是否可以得到发展，且发展速度足以使 G21 在 1995 年的丰田汽车展上作为一款概念车展出。丰田混合动力开发项目负责人，雅加西（Takehisa Yaegashi）解释了这一情况。

从那时起，雅加西和他的 15 名工程师组成的团队共同承担了快速交付结果的压力。

与此同时，内山田和其他三人开始协调整个项目：一个协调员负责混合系统；另一位负责车体成本和重量等方面的问题；第三个人负责监管问题、生产计划和市场营销。这样做的目的是尽早设定参数，尽快做出关键决策。内山田解释说：“如果你想快速开发一种汽车，你必须保持低数量。”

一旦设定了基本标准，内山田就去每个部门，如停车驻动系统、电气系统等，招募他所需要的工程师。事实上，高级管理层坚定地支持普锐斯，这使得内山田得到了他所需要的人才，而不会与人才原来所属部门的管理者发生冲突。“奥田敬二（Okuda）非常担心会出现地方主义”，内山田说，“他鼓励项目中的所有人充分合作”。大约 1000 名丰田员工最终参与了这款车的研发，其中大部分人是兼职工作。

因为这款车（为东京车展命名为“普锐斯”）必须在这样的时间压力下开发，每个人都必须了解对方的工作，以便有效地执行自己的任务。丰田以其“同步工程”（simultaneous engineering）而闻名，但普锐斯将同步工程推向了极限。例如，丰田通常利用“常驻工程师”留在制造工厂解决任何与新开发车辆生产有关的问题。就普锐斯而言，“逆向驻厂工程师”（reverse resident engineers）参与了普锐斯的开发，以确保当普锐斯进入制造阶段时，问题会减少。

因为混合动力系统的组成部分，如发动机、马达和电池必须无缝衔接地工作，工程师们不得不密切合作。例如，负责发动机的工程师还必须了解发动机、发电机和电池等技术，并与负责这些技术的人员协调。改进发动机可能会降低燃油经济性，进而对其他部分产生负面的影响。此外，由于混合系统仍处于研究阶段，工程师不得不从头开始找出是哪个部件导致了问题。为了普锐斯项目的成功，工程师们必须超越他们自己的界限和专业化。

在日本多科莫公司的案例中，连接"场"也很重要。将跨越组织边界的各个领域联系起来尤其重要。起初，顾问们建议日本多科莫公司从外部供应商那里购买内容。回过头来，日本多科莫公司的德宏清吉（Kiyoshi Tokuhiro）说："内容就是知识。如果你购买了这些内容，互动就结束了。因为我们建立了一个双赢的局面，内容提供商加入流程，他们也可以从中获益，所以日本多科莫公司和提供商之间的互动不会结束。"

i-mode 使用称为压缩超文本标记语言（HTML）的 HTML 潜文本，使用紧凑型 HTML 使内容提供者可以轻松地将现有 Web 页面转换为 i-mode 页面。当时已经有一个叫作无线应用协议（WAP）的国际标准，但是伊诺基决定不使用它。"在无线网络的世界里，不使用 WAP 意味着日本多科莫公司是个孤儿。然而，在互联网世界，WAP 是一个孤儿"，伊诺基说，强调了外部内容提供商的重要性。"无线部分可以由日本多科莫公司的资金和技术来管理。但是对于内容部分，我们无能为力。内容存在于互联网上。因此，我们必须适应互联网世界。"

通过使用紧凑的 HTML，i-mode 能够利用互联网世界中的大量内容。除了官方内容提供商，目前还有近 4000 个网站可以通过 i-mode 访问。内容提供商不断与日本多科莫公司互动，以收取费用和改善他们的服务。知识是从这种相互作用中产生的。日本多科莫公司通过这种交互构建"场"并将其与内容提供者连接起来，而不是在内部进行所有的知识创造。"我的角色是找到正确的时机"，伊诺基表示。当项目需要来自日本多科莫公司内部和外部其他团体的合作时，伊诺基和德博（Tokuhiro）扮演了对接的角色，从而负责协调和调解互动的工作。

促进创造知识的过程

促进发生在"场"上的创造知识的过程，"看到事物的本来面目"（seeing things as it is）或"让现实出现"（letting the reality emerge）的现象学方法可能是有用的。第一步，参与者可以暂停对事物"客观"意义的判断，这就是现象学的还原方法。通过实事求是地看待事物，人们可以分享和表达自己高质量的隐性知识，而不会受到任何先入为主的观念的阻碍。第二步，参与者反思事物对自己生活的"意义"（means），并将"意义"化为文字。第三步，参与者反思这个"意义"（essence）是否可以普遍适用于他人（想象变异，imaginative variation）。

在日本多科莫公司的案例中，每个参与者在不同的环境中以不同的方式感受到新手机业务正在出现的现实，意识到这是日本多科莫公司电信业务的演变。在一家互联网公司工作过的夏野刚感觉到，移动电话将进化为给用户提供互联网连接的工具，而不再是个人电脑。松永真理觉得这是一件有趣的事。尽管顾问们最初提出的概念是为商务人士提供专有内容的服务，松永真理坚持认为这项服务应该是为普通人服务的，因此，即使对科技一无所知的消费者本人也应该易于使用。就像新闻，内容应该是"你有时间就可以享受"的东西，而不仅仅是"有用"的内容。

参与"场"，他们反思自己的观点并分享它们，以实现跨主观性。为此，第一个人、第二个人和第三个人的角色非常重要。第一个人扮演创新者的角色，他是第一个感觉到新现实的人；第二个人扮演教练的角色，他通过与第一个人的互动达到主体间性（inter-subjectivity），并引入他自己的观点；第三个人通过第一个人和第二个人扮演一个积极的再认识角色，他获得了跨主体性，使新的现实变得可以被他人理解和接触。此外，积极分子扮演了引爆流行的角色，将各个"场"连接起来，形成一个"场"的有机结构［正如瓦特（Watts）在 2003 年的网络理论中所描述的那样］。第三个人的另一个重要作用是保护团队不受外界影响，以便第一个人和第二个人能够保持自己的观点。就日本多科莫公司而言，夏野刚和松永真理分别是第一个人和第二个人，伊诺基则是第三个人。他们共同创造了一个新的现实——i-mode 服务。这种共同感知和共同创建过程也发生在日本多科莫公司及其内容提供商之间。

　　日本多科莫公司的例子表明，在集体现象学中可以扮演 3 种不同的角色，而不是说一个团队中只有 3 个人。以丰田为例，汽油发动机团队和电动汽车团队分别扮演了第一个人和第二个人的角色，内山田则扮演了第三个人的角色，创造了混合动力系统的新现实。领导者需要能够创造自己的概念，并用自己的语言表达，因此应该能够有效地使用创造性和象征性的语言。这里的语言包括隐喻、转喻、提喻等修辞，"语法"和"语境"代表知识，以及非语言的视觉语言和人工制品，如设计和原型。隐喻、转喻、提喻等修辞手法能有效地从大量的隐性知识中创造概念。因此，领导者应该根据创造知识的过程，慎重选择和使用语言。

　　在日本多科莫公司的案例中，松永真理在项目中有效地使用了符号语言。她对语言的敏感是基于她作为一个杂志编辑的经验，对这个项目而言，这是一个非常宝贵的资产。松永真理用"我的礼宾"（my concierge）作为一个比喻来解释 i-mode 服务的概念，作为帮助用户迅速找到用户想要的东西的人，"礼宾"（concierge）的比喻比"秘书"（secretary）或"代理人"

（agent）更好地描述了 i-mode 服务的普通客户。

小结

在本章中，我们重新审视了知识创造理论，它被概念化为一个辩证过程。在这个过程中，各种矛盾通过个人、组织和环境之间的动态相互作用被综合起来。正如我们前面所说，知识是通过人类和环境之间的相互作用而产生的。因此，这个辩证的过程是由人类与环境之间，以及隐性知识与显性知识之间的二元本质属性所驱动的。隐性知识和显性知识在个体中连续共存，同时，这两种类型的知识具有不同的性质，并作为两级连续地相互作用。这两种类型知识的分离为隐性知识和显性知识之间的持续互动提供了基础。本章的主要思路是，企业是一个辩证的存在，它通过 SECI 和"场"综合各种矛盾。

SECI 模型有助于理解隐性知识和显性知识的辩证作用。这是因为在不同的背景下，经验的外显化造成了隐性知识和显性知识之间的对比。由于互动的新边界受到矛盾的进一步影响，创造知识的过程可以被概念化为一个永无止境的螺旋。把企业看作一个辩证的存在，意味着我们需要考查企业的知识创造活动过程，而不仅仅是结果。在创造知识的过程中，辩证法是一种思维方法和行动方法。这是一种接近现实，从中找到真理的方式和过程。绝对真理可能永远不会被发现，它可能永远不会存在。然而，辩证法试图通过对一系列"相对真理"的审视和否定，接近难以捉摸的"绝对真理"。重要的是这个过程，而不是一个人是否能够达到绝对的真理。

在辩证法中，创造知识的情境是"场"，可以概念化为运动中的共享情境。创造知识的空间随着行为者之间的相互作用而演变，并通过时间和空间创造出相互作用模式的趋势。"场"还受到环境的影响，因为它有松散和可渗透的边界。由于这些特性，一个企业可以被看作一个有机结构的各种"场"，其中，人们基于他们的知识和他们创造的意义，与环境相互交流。因为"场"并不局限于组织边界，它可以与外部团体（如供应商、大学等）共存。

将知识创造概念化为一个辩证过程，是对把企业视为信息处理机器的静态理论的背离。本文建构的框架有助于进一步重新审视两大战略流派——定位学派（the positioning school）和资源基础观（the resource-based view）。人与人、企业与环境之间的动态互动，使得我们能够从一个整体的角度重新审视战略。辩证企业的战略可以概念化为内部资源和环境调整的结果。在结束本章之前，我们要指出，这是将辩证法观点纳入知识创造理论的第一次尝试，在发展创造知识的辩证法模型及其对公司战略的影响方面还有许多工作要做。

第五章

HITOTSUBASHI ON
KNOWLEDGE MANAGEMENT

从管理知识到赋能知识[1]

一条和生

:

引言

　　20 世纪 90 年代初以来，知识管理（knowledge management）成为一个热点问题。来自全球各地的商业研究人员、咨询顾问和媒体专家劝告当今的企业将知识创造视为竞争优势的来源，关注知识工作者的需求，即不断增长的工程师、科学家、医生、作家、软件设计师和其他创造性思维者的需求，以建立一个满足后工业信息经济需求的学习环境。诸如斯堪地亚集团 [○]（Skandia）、GE、联合利华、西门子和诺基亚这样的著名企业，不仅通过它们的成功提高了人们对知识管理的兴趣，而且大大改变了它们的运营方式。然而，尽管说"创造一种重视学习的文化"或者笼统地讨论知识经济很容易，但人类的创造力、对话、判断力、教学以及其中涉及的过程都是如此，是很难量化的。根据我所知道的和了解到的关于那些在这些问题上挣扎的公司，我认为，知识管理的概念本身存在局限性。在许多组织中，对知识创造的合理兴趣已经减少到过分强调信息技术或其他衡量工具。事实上，"管理"（management）意味着对过程的控制，从本质上讲，这些过程可能是不可控的，或者至少是被严厉的指挥（heavy-handed direction）扼杀的。

　　今天的许多管理者都乐于承认，知识创造对他们的公司很重要，尤其是如果他们服务于依赖创新的高科技公司时。他们甚至表示，他们的公司已经通过专门的车间、新的程序、指派一名知识官员、广泛部署信息技术等方式，将知识创造作为优先事项。但是，支持和维持知识创造比听起来

○ 瑞典第一大保险和金融服务公司。——编者注

难得多，而且常常会成为组织内部工作氛围剑拔弩张的源头。无论高管们对知识管理感到沮丧，还是对其持怀疑态度，他们最终会陷入困境。知识创造是一个脆弱的过程，鉴于知识本身的特点，传统的管理技术无法改变这一过程。知识既是显性的，也是隐性的。知识是人与人之间密切互动而产生的社会产品。因此，知识必须在一个真正具有同理心的环境中产生，在这种环境中，人们关心个人独特的经历。然而，正如后文所描述的，在组织创造知识方面存在个体障碍和组织障碍。由于个体在其创造知识方面存在障碍，他们可能不愿意甚至无法接受新的经验教训、见解、想法或观察。此外，因为组织在知识创造方面的组织障碍，组织可以挑战创造新知识的舞台。组织的成员可能不得不克服与他人分享知识的严重障碍，包括如果他们表达了不受欢迎的观点，就会遭到上司或其他高管的反对。这两种类型的障碍，即个体障碍和组织障碍，既不同又相互关联，企业需要一体化的机制来化解这两种障碍。无论管理风格如何，知识创造的许多障碍都会突然出现，原因很简单，这个过程在很大程度上取决于变幻莫测的人际关系和不同的智力能力。

在本章中，我主张知识创造（knowledge creation）必须伴随着知识赋能（knowledge enabling）。考虑到知识的脆弱性以及知识创造的各种障碍，我们应该采取一些有力的措施。意识到知识赋能的必要性的管理者，能够认识到这些基本的人为因素是组织创造知识的障碍，而不是忽视它们，将人际交往的挑战转化为新的力量。为此，我将深入描述在创造知识的过程中组织和个体的知识障碍，从而证明知识赋能的必要性，也将会对知识赋能的概念进行描述。

创造知识的障碍

个体障碍：改变自我认知的阻力

我们可以找到创造知识的各种障碍，无论个体的还是组织的。让我们从个体的障碍开始。个人层面的知识创造包括处理新情况、新事件、新信息和新环境的能力。那些希望将知识管理整合到业务更新的整体计划中的管理人员，往往对人们处理新体验的能力持非常乐观的看法。下面是一位经理关于一个计划的陈述，该计划旨在将他工作的公司转变为一个学习型组织。

［我们的计划］是通过一个更新的过程，将整个组织从旧的做事方式转变为新的做事方式。其成功之处在于，它能够激励全体员工创造一个新的未来，不仅仅是为了他们自己，也是为了整个组织。它正在释放未被开发的能力，在不增加成本的情况下维持主要的增长。[2]

在其他公司也可以听到类似的描述，这些乐观的管理者认为组织是相当积极主动的。在这种乐观的情况下，员工完全有能力应对新情况，因此有人声称，这些"未被开发的能力"（unexplored capabilities）不会带来"附加成本"（added costs）。然而，我通过观察发现，许多公司意识到它们很难克服个体的知识障碍。它们提出的成功计划往往只会增加个体的不安全感。那么，为什么个体接受或整合新知识如此困难呢？我认为，至少有两个个体障碍（有限的空间和对自我形象的威胁）可能对管理水平造成严重的破坏。

首先，知识被定义为"真实的信念"（true belief）（Nonaka and Takeuchi，

1995）。人类不断地用自己的经验来证明他们的信仰是正确的（Varela，Thompson，and Rosch，1992）。在一生中，个体的信念是通过以下途径获得的：成长和融入家庭、教育和培训、社会期望、情绪状态和转折点、与工作有关的任务，以及许多实验所产生的品位和偏好。[3] 每当有人面对新的感官输入时，无论是同事的声明、参观工厂、电子邮件还是音乐曲调，他们都会用自己对世界的经历和信念来接近新的感官输入（Maturana and Varela，1987）。

用著名发展心理学家皮亚杰（Jean Piaget，1960）的术语来说，人们通过同化和调节的双重过程处理感觉输入。人类的大脑"渴望"来自环境的输入，同化（assimilation）是个体将这些数据整合到他们现有经验中的过程。[4] 换句话说，个体通过同化理解这个世界。例如，在自动化工厂中，当控制面板显示机器过热时，有经验的工程师就会接收这种信号并予以反应，他的反应来自多年的训练，这是一个例行的表现结果。

在其他情况下，个体遇到新的情况，他们没有形成明确的反应或惯例。适应（accommodation）是人们对新输入的信号进行定义，以将它们和他们已知的东西进行区分的过程。如果需要回应，他们必须在这些新情况下尝试新的行动。例如，一个学习商业战略的学生可以使用过去的案例研究来解释一个新案例的元素。但是，如果一个案例与他们的经验不匹配，那么他们将不得不考虑新的因素，如行业因素、技术或不断变化的客户基础，以此制定适当的管理决策，也就是说，他们将不得不在学习商业战略的经验中纳入这些新的因素。当适应变得过于具有挑战性时，个体对新知识的障碍就产生了。当个体面对新情况时，比如一项非常复杂的任务、一组技术术语或者同事情绪的爆发，他可能会表现出经验不足。他还可能面临一系列新的客户需求，而这些需求超出了他所能承受的最大限度，或者在没有事先通知和没有培训的情况下突然出现在他面前的新技术。在这种情况下，人们会觉得自己陷入了困境，这种情绪反应在他们获取新知识方面形成了强大的心理障碍。一个人的正当信念通常通过一系列事件建立起来，但是在一个全新的和不同的情况下，正当化过程可能会崩溃（Goldman，1992）。一个人越是难以适应，他就会感到越有压力和焦虑（Harvey and Brown，1992）。在某些情况下，他会对新情况完全失去兴趣，或者转向其他更容易接受的任务和印象。

　　新知识也会对自我形象造成威胁。为了适应新的知识，人们必须在存在的变化中做出改变（Polanyi，1958）。[5] 例如语音控制的文字处理，速记员必须认真地重新考虑他的职业。他可能被迫适应与另一行业相关的新惯例和技术要求。对大多数人来说，工作和职业的这种变化涉及"我们是谁"的一个重大转变。事实上，我们所知道的以及这些知识如何影响我们的行为，往往是个体同一性的根源。因为知识与自我形象如此紧密地联系在一起，因此，人们常常抵制任何新的东西。摆脱已知的习惯会让人感到非常危险。例如，当首席执行官希望每个人都能有效地使用 Lotus Notes⊖ 时，许多人的反应是唤起他们的自我形象："你知道的，我不擅长计算机操作"或者"我宁愿与人交谈，也不愿使用那些高科技的东西"。这些可能是借口，但是隐藏在这些借口之下的自我信念可能是强有力的阻碍因素。

　　当高层管理者展示了一个公司未来知识创造的新愿景时，类似的障碍

⊖ Lotus Notes 是一个世界领先的企业级通信、协同工作及 Internet/Intranet 平台；具有完善的工作流控制、数据库复制技术和完善可靠的安全机制；尤其适合于处理各种非结构化与半结构化的文档数据、建立工作流应用、建立各类基于 Web 的应用。它全面实现了对非结构化信息的管理和共享，内含强大的电子邮件功能及工作流软件开发环境，是实现群组协同工作、办公自动化的最佳开发环境。——编者注

可能会出现。有些人会认为需要适应新的知识，从而促使发生深刻的变化，其他人只会发现其潜在的威胁。许多权威人士认为，新的组织结构可能会允许个体直接从事创造知识的任务，并且通常是以团队形式进行的，这是未来的变革浪潮。然而，这种做法并不奏效，它同时将人们置于不同的环境之中，他们必须适应非常不同的经验和知识。营销人员可能不得不与制造业工人合作，销售人员可能不得不与科学家合作。尽管有很好的理由相信这种交叉平衡对于知识创造是必要的，但是管理者不应该假设它会毫无障碍地发生。

在所有这些社交场合中，人们很可能通过故事或个人叙述向他人展示自己。他们讲述自己的生活、事业、梦想、愿望、希望和转折点。有时候，他们会强调某些时刻，淡化其他时刻，以此给听众留下深刻的印象。[6] 他们讲这些故事是为了安慰自己，为自己的行为辩护，传达自己的价值观和信仰，让自己看起来有能力而不是在同事眼里显得无能。[7] 特别是，人们会为自己的专业知识编造优美的故事。同事们对你的专业知识的了解，将有助于他们在需要的时候利用你的知识；他们对你的业绩纪录的了解，将使经理能够指派你去完成适合你的任务。尽管如此，这些故事也代表了新知识的个体障碍。人们讨厌包容那些破坏或违背他们故事的新知识，特别是如果这些知识是由其他不同背景的参与者传播的。一个训练有素的工程师很难和年轻的销售代表热情地讨论技术新发展。这样，团队成员知识的多样性——创造力和成功完成任务的源泉，可能成为有效团队工作的主要障碍。[8]

当参与组织知识工作极大地改变了个体叙述的基础时，保持严肃的自我形象以及必要的自我尊重可能是困难的。"在我加入这个团队之前，我被认为是一个有能力的人。"这些员工可能会将合作关系缩减到最低限度。在这里，我说的是心理上的退缩，而不是身体上的退缩，如不去参加工作坊、团队或微小的社区，尽管如此，这种心理上的"退出"（checking out）是在团队环境中创造知识的严重障碍，个体干扰了共享知识的过程，对于错误的地方，他只是选择默认。

组织障碍：公司范式的问题

一个社区的每个成员都有独特的个人的知识，其中至少有一部分是隐性的，不容易向其他人解释。当管理者把员工聚集在一起进行一个项目时，每个人都面临的挑战是如何利用这种潜力的挑战，这种潜力超过单个成员所知道的总和。每当个体在一个群体中分享他们的知识时，他们必须公开证明他们的信仰。我们已经注意到，这可能相当困难，因为会充满自我怀疑、害怕违反社区规范或破坏已建立的关系，以及需要在总体上捍卫自己的想法。事实上，证明（justification）在创造知识的过程中所起的关键作用，正是使其成为一个高度脆弱的过程的原因。

在任何组织中，有 4 个严重的证明障碍：①合法语言的需要；②组织故事；③程序；④公司范式。[9]与个体知识障碍一样，组织障碍常常是因人类的自然倾向而产生的。但是，这些障碍也可能因为对知识的错误管理态度而得到加强，特别是在程序和有限公司范式的接受方面。

首先，语言是个体学习和反思的关键。然而，为了分享个体所知道的东西，隐性知识必须通过一种社区成员和公司普遍接受的共同语言表达。其关键在于，一些个体知识只能用其他组织成员可能不熟悉的词语来表达。事实上，对新的商业机会的认知可能需要一个创新的词汇表，包括"中性营销""信息娱乐""教育娱乐"和"网上购物"。

一旦这些创新性的词语被认可，它们很快就会成为公司工作词汇的一部分，但是它们会被合法化为正确的语言事务。知识和区分（distinction-making）是密切相关的，阐明新知识需要一个过程，在这个过程中，人们从广泛的区分走向越来越精细的区分（von Krogh and Roos，1995）。如果这种细微的区分消失了，你可能就失去了新的知识。例如，对制药工业来说，它依赖于寻找植物来提取可能成为新产品的物质，许多南美洲原住民语言的迅速解体是个问题。生活在热带雨林或其他植物丰富的环境中的群体，传统上使用的这种语言，在命名具有不同遗传结构的植物科时存在非常细微的区别。在外行看来，这些植物似乎只是与同科植物略有不同。药物研究人员可能没有时间或耐心做出如此细微的区分，然而，如果他们的母语不再说旧的语言，就意味着一个宝贵的知识来源已经丢失。

另外，如果区分过于细微，那么更大的问题可能被忽略。也就是说，有关人员可能"只见树木，不见森林"。社区中对理性思维的合法推动可能成为新知识创造和更广泛区分的主要障碍（Weick and Westley，1996）。想象一下，打字机公司里的一群工程师。议程上的议题是在技术解决方案中找到竞争优势。由于了解行业和可能的技术，团队领导者推动精确和理性的论证。该集团做出了细微的区分，孤立了其核心技术和竞争对手的支撑系统。然而，这种高度消除了竞争的背景，也就是说，整个打字机行业即将消失。当社区陷入对术语越来越挑剔的讨论时，个体就很难证明个人对真实情况的看法是正确的。谁愿意告诉这些忠诚的工程师，他们将在几年内失业？

至于第二个障碍，所有的组织都有各种各样的故事。它们构成了组织记忆，或者说是对事物如何运作的常识性理解，使得个体能够调节自己的行为。这样的故事帮助人们找到方向，包括与他人建立联系（与他人建立联系和什么时候建立联系），以及理解组织的价值体系。[10] 然而，故事是创造新知识的另一个障碍，因为它们使个体难以表达自相矛盾的想法。有时候，流传的故事大部分都是负面的，比如失败的企业家、失败的营销活动，以及失败的技术实施尝试。他可能会被告知："你不记得那个叫芬奇的家伙吗？他自己也曾试图做这样的事，他已经离开我们了。"

组织故事和公司神话会使新知识两极化，并将注意力引向别处。故事可能会突出新知识和已经存在的知识之间的差异，从而使新知识看起来不那么合理化。例如，在20世纪70年代早期，在一些欧洲制药公司，对生物技术感兴趣的化学工程师有一段艰难的时期。当时，关于其他公司在生物技术开发上花费数百万美元却没有任何实际成果的报道流传开来。实际上，这种有组织的"常识"将生物技术知识与其他关于激素的自然提取、化学合成、天然物质的净化等研究隔离开来，打击了年轻工程师的积极性，将他们的注意力转向了传统的制药工艺。

第三个知识障碍涉及程序这一知识管理的双刃剑。一方面，程序代表了复杂任务的深入经验和成功解决方案，以及组织内各种任务之间解决方案的协调。它使组织在当前的运作中更加有效和高效。另一方面，通过指导沟通，定义计划步骤，并设置绩效控制措施，它可以违背公众对信仰的正当性。[11] 知识的创造和创新过程也需要超出每个微社区[⊖]控制范围的预算。然而，在大多数公司，现有的程序不允许以这种方式跨越纪律或职能界限。它们也不允许个人在新的知识创造项目上投入足够的时间或资源。员工很

⊖ 微社区由分享每个隐性知识以及创造显性知识的人组成。

少有动力去反对一个无效的程序，因为他们知道，越勤奋地遵循它，越不可能承担反抗体制的负面后果，例如坏名声、较少的经济激励或者暗淡的职业前景（Barnes，1988）。

此外，质疑一个组织程序的个体知识是很难被分享的，因为它违背了被认为使其有效的机制——程序，这通常出现在技术"宝典"或一套明确的指导方针中。例如，在施乐（Xerox），布朗（Brown）和杜吉德（Duguid）（1991）发现，为了成功地修复复印机，服务技术人员往往不得不超越技术手册，在他们之间分享知识——通过一个非官方的微观社区成为解决高度复杂问题的主要途径。使这种方法合法化，并允许员工把手册放在一边，这是使公开正当理由过程更容易的一部分。

最后一个知识创造的主要组织障碍是最基本和最全面的——公司范式。一个公司的战略意图、愿景或使命陈述，以及核心价值观构成了它的范式或世界观。范式根植于任何组织；它们定义了管理会议上讨论的主题、使用的语言、讲述的关键故事以及遵循的惯例。范式甚至影响员工可能搜索的数据和信息（如竞争对手的信息、客户调查或供应商研究），以及他们应该如何解释这些数据（Schwandt，1997；Prahalad and Bettis，1986）。

一般来讲，新的组织成员的范式社会化，是让他们接受公司当前的思想。为了保持连贯性，任何组织都需要共同的目标、价值观和规范，并再次强调，这些都是社会化的自然组成部分（它使人类在群体中运作）。然而，正如首席执行官和顾问愈发强调的那样，纵观公司愿景、相互关联的商业战略和企业文化，很明显，这样的范式有能力创造或破坏知识创造。我对知识战略和愿景的讨论（将在本章后文中介绍），表明了它们可以发挥积极的作用。但是，范式决定了组织内个体知识的合法性。符合范式的个体知识会很快被同事接受，不遵循公司传统规定的人试图证明个体信念常常遭到怀疑。

当 4 个组织障碍中的任何一个或全部存在时，个体的洞察力可能永远不会贯穿知识创造的全过程。伟大的想法、伟大的论点、伟大的概念被扼杀，从来没有转化为成功的产品或服务。共享隐性知识是不可能的，因为没有人会接受新的、创新的语言；或者，其他组织成员可能会被过去失败的故事麻痹。经过反复思考后，个体常常决定停止贡献新的想法。他们加入了当今许多公司的大型被动参与者行列。或者，最优秀的员工感到疲惫，离开公司——只是为了从外部与公司竞争。

知识赋能观点

新范式：从管理到实现知识创造

在研究了组织中存在的各种创造知识的障碍之后，我们必须考虑如何持续有效地培养企业的知识能力。为此，我认为管理者需要支持而不是控制知识的创造。这就是所谓的知识赋能（knowledge enabling），即在下面描述的 5 个子过程中，对知识创造产生积极影响的组织活动的总体集合。组织知识创造包括 5 个主要子过程。如果知识创造这样一个宏大的概念没有被分解成不同的子过程，管理者和员工可能会发现整个努力过程过于艰巨，最糟糕的情况是，关于知识创造或组织学习的执行讨论将变得毫无意义。我在这里强调的 5 个知识创造子过程是：①共享隐性知识；②创造概念；③证明概念；④构建原型；⑤知识的交叉均衡。[12] 总的来说，知识赋能应该以一种循环的方式来思考，它始终旨在沿着这 5 个子过程提高公司的知识创造潜力。当然，将这些不同的组织过程，不管是有意的还是无意的，分成不同的类别是有用的。

当团队成员聚在一起分享他们对某个特定产品领域的知识时，这个过程就开始了。这些知识大多是隐性的，可以包括对客户需求的洞察、新技术的信息，以及执行复杂任务所需的个人技能。基于共享这种隐性知识的能力，团队创建了一个新的产品概念。在这个阶段，概念可能是功能的规范、算法、制造工艺描述、绘图等。在下一个阶段，团队，通常包括外部参与者，证明这个概念。成员使用市场研究、标杆管理、客户焦点小组、趋势研究、公司的愿景和战略，以及任何其他方法建立支持或反对它的论据。经过这样仔细地审查，一个被选择用于进一步开发的概念被转化为一个原型。在这个例子中，这意味着一个产品的原型，尽管其他知识创造的努力可能会产生一个新的营销活动的草案，一个新的金融服务的描述或者其他一些不是实体表现的东西。总体目标是创造一个团队知识的具体体现。最后，团队负责与整个组织分享其知识，包括可以提供新产品反馈的制造部门和营销或销售团队。

在这 5 个子过程中，知识创造既是一个社会过程，也是一个个体过程。共享隐性知识取决于个体与其他团队成员分享他们对某种情况的个体信念。在这一点上，正当性变得公开了。每个人都面临在其他人面前证明自己的真实信仰的巨大挑战，即证明自己的正当性、解释性、说服性和人际关系性，这使知识创造成为一个高度脆弱的过程。[13]

因此，鉴于知识创造的脆弱性，我主张有效的知识创造取决于一个有利的环境。通过促成环境形成一个共享空间，促进组织成员之间的新兴关系。根据日本的"场"（或"地点"）的理念，这样的组织环境可以是动态的、关联的、基于人类行为的，它取决于所涉及的人，而不是绝对的真理或确凿的事实。管理者必须记住的一点是，所有的知识，而不是信息或数据，都取决于它的背景。你可能会说，知识是嵌在基础中的，支持知识创造的整个过程需要必要的背景或"知识空间"。

促进知识包括促进关系和对话，以及跨组织或跨越地理和文化边界分享当地知识。然而，在更深层次上，它依赖于组织中一种新的情感知识和关怀，这种知识和关怀突出了人们如何相互对待，鼓励创造力，甚至是玩乐精神。知识创造的最终成功归结于这些成员和其他组织成员如何通过知识创造的不同子过程相互联系。虽然这似乎显而易见，但迄今为止，很少有公司把关系作为优先事项；他们可能会在使命宣言中讨论他们对"关怀"工作场所的承诺，但大多数公司并没有实践它们所鼓吹的，往往是因为关怀、关联和促成关系的语言在商业环境中听起来太外行。没有人可以否认，当代全球市场上的竞争比以往任何时候都更加激烈。具有讽刺意味的是，一家公司可能需要改变一下这种态度，以便在长期内保持竞争优势。不能强迫知识工作者发挥创造力或分享信息，传统显性的补偿和组织层次结构不足以激励人们建立持续创造知识所需的牢固关系。换句话说，是时候让管理者把主要精力放在他们的日程表上了。在经历了一段艰难的裁员和重构之后，大多数公司都需要振兴他们人性的一面。他们需要振兴知识创造的脆弱过程，他们可以从培育组织关系入手，这是创造知识的本质。

5 种知识赋能器

根据我过去研究和参与的组织知识创造活动，我认为以下 5 种知识赋能器是最重要的：①灌输知识愿景；②管理对话；③动员知识积极分子；④创造正确的环境；⑤地方知识的全球化。通过假定知识赋能概念，我们将能够超越目前知识管理理论的局限性，讨论实用方法，以进入不定型的、不断发展的人类知识领域。在下面的小节中，将更详细地对这 5 个知识赋能器进行讨论。

1. 灌输知识愿景

灌输知识愿景（knowledge vision）强调每个组织从商业战略机制转向创造全面知识愿景的必要性，传达组织愿景，直到成员开始执行灌输的愿景。当管理者灌输一个有效的知识愿景时，他们帮助鼓励在整个组织中形成微型社区、理解概念和交叉平衡知识。知识愿景也可以促进概念的创造和原型建设。它们对微观社区内部共享隐性知识的影响较小，但灌输知识愿景的过程最终确实依赖于释放隐性知识来推动创新。至少，愿景必须考虑到这样一个事实——并非所有的组织知识的出现都具有明确的显性特征。

从战略的角度来说，一个公司的知识愿景为商业计划提供了一个全心全意的发展战略，即通过战略性地利用组织的核心能力发展企业的战略。从另一个角度来看，这是一种进步战略，需要知识创造，即竞争条件。为了获得未来的竞争优势和业绩，我们需要把发展战略与知识愿景紧密地结合起来，这样才能为发展战略提供更多的实质内容。这种愿景支持知识的类型和内容，从而为组织内部的微观群体提供了明确的方向。一个良好的知识愿景将激励公司在某些领域搜索知识并建立一个知识库，从而可以应对未来的业务挑战。更重要的是，它将强调知识创造作为一项活动，把它放在最高管理层的议程上。事实上，这样的愿景必须表达公司高层的承诺。

2. 管理对话

第二种知识赋能器是管理对话（managing conversation），它可以促进组织成员之间的交流。组织活动的本质在于沟通——组织成员之间的沟通，以及与组织外部的沟通。例如，与供应商、利益相关者和客户的沟通。因此，寻找如何促进组织活动方面的沟通，例如，使用共同语言，澄清和避免任何误解和误解，鼓励组织成员之间的积极沟通，最终为沟通创造基础或背景，是知识创造的关键促进因素。

在当代的商业环境中，对话仍然是创造社会的舞台（或现代的集会）。首先，对话有助于协调个体行动和洞察力。概述一个新的战略，制定一个知识愿景，证明一个新产品的商业成功的信念都需要与其他人交谈。其次，对话为参与者提供了一面镜子。当一个群体发现个体行为不可接受时，他们会通过肢体语言、纠正性评论等方式来回应。正如正在讨论的想法在演变，进行对话的规则也在演变。良好的对话需要正确的节奏和礼仪，以实现上面讨论的那种相互洞察力。然而，对话技巧在当前的管理圈子里似乎是一门冷门的艺术。在商业环境中的对话往往充满了隐藏的议程、问题的销售、毫无疑问的倡导、霸道的态度和恐吓。尽管对话技巧对于长期的商业成功至关重要，但在商业教育中，对话技巧并不是管理培训的一部分。关于竞争的军事比喻和过时的假设仍然占据主导地位：对话就是战斗。关于使用蛮力，传统的常识告诉我们，管理者进入战场是为了赢得胜利，让同事们陷入困惑、迷惑和破败的状态，希望他们再也不用面对胜利者。

然而，最自然和平常的人类活动——对话（conversations），往往以管理层讨论知识为背景。具有讽刺意味的是，尽管管理人员和知识官员坚持把重点放在昂贵的信息技术系统、可量化的数据库和测量工具上，但在他们的公司内部已经存在分享和创造知识的最佳手段之一。我们怎么强调对话的重要性都不为过。在任何组织中，良好的对话都是社会知识的摇篮。通过扩展讨论，可以包括个人的天马行空以及仔细的论述想法，个体知识被转化为其他人可用的主题。每个参与者都可以探索新的想法并反思其他人的观点。相互交换想法、观点和信念，对话所带来的是知识创造的第一个也是最基本的步骤：在微型社区内共享隐性知识。

让我们花一点时间考虑一下对话的力量。你可以把自己的想法和其他参与者的想法联系起来，体验一下某些想法是如何独立存在的。例如，一个人关于使用互联网的困难的评论可能会加强小组讨论，从而产生一个用户友好界面的新概念。忘记最初是谁"拥有"这个想法或者它在哪里实现；社区成员为一个进化过程提供能量，在这个过程中，松散的构想变成了概念，概念被证明是正确的，并且变成了原型，这些最终可能变成创新的产品和服务。换句话说，管理对话——第二个知识赋能器不仅影响隐性知识的共享，而且影响创造知识的过程中的所有其他子过程。因此，第二个赋能器在使知识创造成为现实方面发挥着至关重要的作用。

3. 动员知识积极分子

假设你是某个团队中的一员，这个团队正在为你当地的客户群体开发一项新服务。随着时间的推移，你预感这个项目注定会失败。你的上司告诉你，他听说另一个团队为不同的客户群体做了类似的尝试，但是没有成功。你打电话给这个团队中的一员，她告诉你，是的，他们两年前尝试过同样的事情，但是没有成功。她讽刺地补充道，她可以准确地告诉你失败的原因，但是为什么还要麻烦呢？这是个糟糕的主意。气馁的你回到你的团队，告诉他们这个消息。你的队友叹息、皱眉，并表达了对浪费这么多时间的愤怒。其中一人甚至嘟囔着："这个世纪再也没有知识创造了！"不管你说什么，他们都已经失去了使命感。所有人都觉得公司没有为全面的知识创造设定方向，更不用说在你们自己的项目了。你会因为创新的协调如此零星和无效而感到气馁。这个团队迫切需要的是一个能够调动知识创造活动的知识积极分子。

第三种知识赋能器——动员知识积极分子（mobilizing knowledge activists），讨论了积极的组织变革推动者可以为激发知识创造做些什么。知识能动主义有6个目的：①启动和集中知识创造；②减少知识创造所需的时间和降低成本；③在整个公司范围内利用知识创造举措；④改善从事知识创造的人的条件，将他们的活动与公司的大局联系起来；⑤使知识创造的参与者为需要他们的知识的新任务做好准备；⑥将微型社区的观点纳入组织转型的大辩论中。知识积极分子是至少4个创造知识的子过程的主要参与者。在这个过程的开始，他们经常形成知识的微型社区。他们为创造和证明概念以及构建原型铺平了道路。知识积极分子是知识交叉的关键水平，因为他们为激励和连接整个公司的知识创造而努力。虽然知识积极分子很少直接参与微型社区和较小团体内部隐性知识的分享，但他们帮助建立正确的有利环境，即允许隐性知识得以释放的基本空间和关系。

换句话说，知识积极分子是公司的知识传播者，他们向每个人传播信息。知识能动主义既可以存在于一个特定的部门，也可以存在于一个特定的人身上；它既可以存在于已经存在的部门和职能中，也可以作为个人或部门的一项特殊任务。尽管有远见的高管肯定扮演了这个角色，但是这不一定是一个高级经理的工作。

中层管理者也可能是知识积极分子。事实上，他们可以帮助形成共享隐性知识的微型社区。尽管在当前的知识经济中，中层管理和分层组织管理的整个概念正在发生转变，但公司各级管理者在激励员工、让员工相互交流、协调创造性专业人员的不同努力方面仍然比虚拟网络或其他显性的计算机交流做得好多了。另外，创新对竞争日益重要，这表明知识能动主义不仅仅是管理者的责任。从这个意义上讲，上面例子中的团队成员需要激励自己，同时期待更大的知识视野。

4. 创造正确的环境

第四种知识赋能器是创造正确的环境（creating the right context），即考察组织结构、战略和知识促成因素之间的密切联系。正如阿尔弗雷德·钱德勒（Alfred Chandler）争辩的那样——结构遵循策略，组织必须有促进知识创造的组织结构。在这里，通过假设第四种知识赋能器，我讨论了支撑所有这些因素的知识创造的结构性赋能环境。创造合适的环境需要建立牢固的关系和组织结构的有效合作。鉴于"后现代"时代知识的跨学科性质，作为创造知识的有利条件的组织结构应当是为跨职能和跨业务单位活动提供便利的组织结构。为了支持这种跨职能和跨业务单位的活动，最高管理层对知识创造举措的坚定承诺是必不可少的。

随着知识和创新成为竞争性成功的核心，许多高管对传统组织结构越来越不满也就不足为奇了。自 20 世纪 80 年代中期以来，企业开始通过各种替代方案进行转型。举个简单例子：跨职能的产品开发项目（Nonaka and Takeuchi, 1995）；以过程为基础的组织安排取代以功能为基础的组织安排（Hammer and Champy, 1993）；追求超越传统企业界限的跨组织活动的虚拟企业（Goldman，Nagel，and Preiss, 1995）；夏普的紧急项目团队（Urgent Project Team of Sharp），这是一个跨越小企业单位界限的"超文本"式组织

（Nonaka and Takeuchi，1995）。组织行为学家丹尼森（Denison，1997）总结了这种安排的最新发展，试图设计新的结构形式，从而提供前所未有的灵活性和适应性。换句话说，传统的组织结构图，由于其僵化的层次结构和纵向一体化，在一个边界模糊、关系更加复杂、竞争环境不断变化的世界里，再也无法协调业务活动。

每个公司都必须努力应对独特的商业、文化和人际关系条件；即使一个跨部门的单位可以帮助企业创造新知识的风险资源，这种安排可能不适用于其他企业或采用不同战略的公司。关键是要建立一个组织，以便在整个过程中更有效和高效地创造知识，尽可能多地消除个体障碍和组织障碍。事实上，创造知识的整个过程依赖于敏感和有意识的管理者，他们鼓励创造一个知识不断增长的社会环境。因为启用语境结构非常适合公司战略和商业，为所有的知识创造努力提供了基础，第四种知识赋能器影响了隐性知识在微社区内的共享、概念的创建，以及由此产生的原型的构建。但是，创造正确的环境最能影响概念在组织上的合理性，也就是说，这个环境是否使用广泛的视角来匹配新概念与公司的战略目标，以及在环境中新知识是如何贯穿始终的。此外，组织间可以创造新的知识，正如最近虚拟企业和战略联盟的增长所表明的那样。因此，在知识创造方面，组织结构应该加强跨越许多不同边界的隐性知识与显性知识之间的相互作用。

5. 地方知识的全球化

第五种知识赋能器是地方知识的全球化（globalizing local knowledge），它考虑了全球范围内知识传播的复杂问题。在这个全球化的时代，在某个地方单位创造的知识迅速和有效地传播给其他地方单位，这对企业的竞争优势至关重要。鉴于满足当地独特需要的必要性，不应在不考虑当地独特性和适用条件的情况下立即使用传播的知识。然而，通过将地方知识全球化，企业将能够缩短知识创造活动的时间和降低知识创造活动的成本。

毫无疑问，许多中型公司已经不再局限于国界之内的竞争。公司继续将它们的业务全球化，这有几个令人信服的原因。通过将制造业务设在工厂成本较低的地方，企业可以获得相对于竞争对手的成本优势；通过与一些技术先进、要求高的客户密切合作，企业可以为未来的产品开发获得有价值的信息，从而获得差异化优势；通过在海外开展业务，企业可以专注于业务不断增长的海外市场；通过将研发设施设在一个具有良好教育和科学传统的国家，企业可以获得新的专业知识、技术和产品概念。有时，管理人员也会选择国外的一个地点与当地合伙人开发做生意的机会。在其他时候，将企业业务设在海外可能是为了吸引最好的管理人才。[14]

不论出于何种动机，企业越来越多地将任务分配给不断扩大的地理、社会政治、人口和文化领域。任务以两种方式分散。首先，它们被统一分布在一个大的地理区域，导致在不同的地方平行积累当地知识。这种平行的积累可能是必要的，因为它被视为销售技能；在某些合作的安排下，本地创新和最佳实践也可能提供知识转移的最佳途径。尽管如此，在一个特定的学科，如微生物学或流体动力学，高度专业化的知识发展是昂贵的。为此，一些跨国公司建立了"专业知识中心"（centers of expertise），由一个专家团队开发解决当地任务的专业知识，并在全球组织中进行适当的分配。然而，在实践中，这并不总是最好的解决方案，尤其是当地管理人员拒绝强加于他们的变革时。

其次，任务可以分散在整个业务操作系统中。一家公司可以通过创造知识和在当地与尖端客户一起开发产品建立竞争优势。由此产生的产品可能非常成功，以至于有可能在其他国家表现良好，但随后该公司将需要在其全球业务运营体系中分配这种竞争优势来源（Bartlett and Ghoshal，1986，1990）。不同跨国公司的高层管理人员不仅必须关注当地知识，还必须建立使这些知识易于获取和积累的途径。其他作者认识到，当地的商业活动需要进入公司可能提供当地竞争优势的知识领域（Gupta and Govindarajan，1994，1991）。当各个单位一个接一个地使用这些知识并使之适应自己的情况时，整个组织的竞争优势就会增强。

这似乎是一个好主意，但是在全球知识转移中建立互惠互利的关系要比实践容易得多。跨国公司不断调整它们的组织结构。随着商业环境的变化，知识管理改变了公司控制与本地灵活性之间的平衡。地方知识的全球化确实是一个重大挑战，这是公司总部经理和那些必须合作才能实现这一目标的地方管理人员最重要的责任之一。因此，管理人员需要解决一些问题：知识应该如何全球化？知识可以像其他商品一样转移吗？知识能被包装吗？在新的地点，谁来保持对知识的控制？地方知识的全球化是我在本章中讨论的最后一个赋能因素，它与交叉水平（cross-leveling）密切相关，交叉水平是知识创造过程的最后一个子过程。第五种知识赋能器对微型社区的形成产生了积极的影响，特别是在目标地点上所创造的知识。然而，地方知识的全球化并不直接影响微观社区内隐性知识的共享、概念的创建、概念的论证或原型的构建，因为这些通常是自成一体的过程。

知识赋能与知识创造之间的联系

事实上，知识创造的脆弱性（fragility）意味着它必须得到一系列活动的全力支持，这些活动使知识创造能够不惧障碍地进行。正如我已经提到的，知识支持包含了这些组织活动；因此，我主要指的是在组织环境中发生的活动，但是客户、供应商或其他合作伙伴也可能是过程的一部分。例如，当一家公司正在开发它所需要的未来知识的愿景时，管理者可能必须咨询外部专家，如供应商、大学或研究实验室。我还想强调的是，知识赋能涉及那些可以由管理活动规划和指导的知识（预期的意外后果），以及在某一特定活动促进知识创造之后出现的行动或发现。表 5-1 显示了每个促成因素何时以及在何种程度上影响知识创造，以及前面描述的创造知识的过程。

表 5-1　知识赋能的 5×5 网格

知识创造的步骤					
知识赋能	共享隐性知识	创造概念	证明概念	建立原型	知识交叉平衡
灌输愿景		√	√√	√	√√
管理对话	√√	√√	√√	√√	√√
动员知识积极分子		√	√	√	√√
创造正确的环境	√	√	√√	√	√√
地方知识的全球化					√√

　　表 5-1 中的"5×5"网格显示了知识创造和知识赋能之间的两个明显联系。首先，所有 5 个促成因素对知识的交叉平衡都有很大的影响，它们有助于在整个组织内加速信息的传播，并消除沟通障碍。其次，与组织中的关系和关心密切相关的赋能者（管理对话）强烈地影响知识创造的所有 5 个步骤。

　　在我看来，后者是一个关键的见解。对于任何一个项目，知识创造都必须在一个充满关怀的氛围中进行，在这种氛围中，组织成员积极地应用他人提供的见解。无论知识创造处于哪个阶段，良好的关系都能消除不信任和恐惧，打破个体障碍和组织障碍。有效的对话可以带来更强大的创造力；促进隐性知识的共享、概念的创造和证明，对于开发一个强大的原型至关重要，并且促进知识在不同组织层面的流动。例如，跨国消费品公司联合利华已经认识到，创新需要运作良好的跨学科团队，当团队成员相互之间采取宽容和帮助的态度，新的想法很容易流动，甚至可以创造出完全不同的知识。在联合利华，这促成了许多烹饪产品的成功发展。公司通过激励优秀的团队在产品开发和精心安排的社交活动来支持这种关爱关系。[15] 它的企业宗旨是：长期的成功需要全面的考虑、有效地合作，并愿意接受新思想，不断学习。[16]

至于其他促成因素，灌输知识愿景使整个公司的知识创造计划合法化。这种促成因素对隐性知识共享的影响相对较小，因为社区成员之间的社会相互作用在这种情况下更为重要。然而，一个明确的愿景可能有助于社区更有效地阐明它们创造的概念；这在概念—说明理由阶段非常重要，因为必须选择最终有助于公司实现其知识愿景的概念。树立远见还将鼓励员工更好地利用知识，并有助于使知识转化过程本身合法化。

第三种知识赋能器，即动员知识积极分子，它强调触发和协调创造知识的过程的人。这种动员有助于更广泛地参与概念的正当化和原型的建立，在这里，微型知识社区得到各种类型的专门知识的补充（制造、销售、法律）。这个赋能器也影响概念的创造，因为知识积极分子可以激发微社区参与，以及协调创造知识的过程的几个社区或团队。知识积极分子可以发现潜在的冗余和／或协同作用于显性知识的创建，从而帮助每个社区更好地调整它们的工作与整体愿景。

第四种知识赋能器，即创造正确的环境，它与公司的结构紧密相关，因为项目团队是如何组建的，以及他们在跨国组织的更大范围内的互动方式决定了知识的价值。启用“场”必须建立在组织中的关怀之上。事实上，建立正确的环境才是知识赋能的一切，尤其是当它基于一个支持性的组织

结构并与战略保持一致时。因此，创建正确的环境会影响到知识创造的 5
个步骤，特别是概念验证和知识交叉平衡。

最后，地方知识的全球化强调在许多组织层面上的传播。虽然团队或
微型社区的成员必须共享隐性知识，参与概念的创建、论证以及原型的构
建，但这些步骤对于将现有知识提供给合适的人或团体并不是必不可少的。
当知识的创造和利用在时间和空间上分离时，这个促进因素最为重要，并
且它有助于利用组织知识。

小结

知识赋能包括深思熟虑的决定和顺其自然。尽管管理者可以理所当然
地影响过程，但他们可能需要重新评估自己的工作风格和社会互动。但
是这里有一个回报——长期的增长、可持续的竞争优势，以及我们提出的
具体的创新文化可以确保公司未来处理棘手、复杂任务的方法。西门子
（Siemens）和 3M 等公司认识到有必要开发其组织中的知识潜力，因此允许
员工参与知识创造项目，并关心他们个人的知识发展。在 3M 公司，工程师
可以把 15% 的时间花在他们自己选择的创意和创新项目上。虽然不是每个
员工都能利用这个“空闲时间”，但公司的管理层表示，这是允许的，甚至
是可取的，目的是在超越传统的主题上工作。[17]

真正的问题是，虽然你可能能够管理相关的组织过程，如社区建设和
知识交流，但你不能管理知识本身。那些试图控制知识创造的人是在冒险，
他们常常为自己设置障碍或使自己陷入陷阱。

第六章

HITOTSUBASHI ON
KNOWLEDGE MANAGEMENT

价值差异化：面向产品概念创新的知识型组织

楠木建

·
·
·

产品概念创新

索尼随身听是产品概念创新的一个典型例子。在引进之前，盒式磁带播放机的概念是"播放录制在盒式磁带上的音乐的设备"，使用者的主要兴趣是音质的维度。当然，随身听是"给用户一个全新的环境，让他们享受音乐"，对用户来说，便携性和电池寿命已经成为比声音质量更重要的评价标准。

本田思迪的"高个子男孩"概念也是产品概念的创新。[1] 由于本田的思域和雅阁车型变得越来越普遍，本田的高层管理人员开始开发一款新概念车——短而高的车。这样的汽车可以自重量更轻、价格更便宜，但也比传统汽车更舒适、更结实。这个想法完全违背了当时汽车设计的传统，即强调长而低的轿车。本田思迪的革命性造型和工程改变了传统的评估小型汽车的观念。本田思迪最终创造了"人最大化，机器最小化"的概念，这是现在相当普遍的汽车工业。另一个典型的例子是佳能的迷你复印机，这个产品不但使佳能成功地从照相机业务转移到更具市场前景的办公电子产品领域，还创造了个人复印机市场。[2]

产品概念抓住了产品的基本客户价值。这是对"产品对顾客而言究竟意味着什么"这个问题的回答。产品概念创新是一种不同于功能创新的现象，无论渐进式创新还是激进式创新，都存在一定的评价维度。从当时占主导地位的音质维度来看，随身听不如现有的磁带播放机。然而，产品概念创新的本质包括用户评价产品的维度的变化。从随身听创造的新概念的角度来看，它相对较差的音质根本算不上是一个重要的问题。同样，佳能的迷你复印机在质量、速度等现有功能方面也没有取得实质性的进展。它改变了复印机被使用的情境。本田思迪并没有在"底特律的逻辑"上做出任何改进，即便如此，它还是成功地打开了关于"什么是一辆好车"的新思路。

这些经典的案例——随身听、本田思迪和微型复印机，抓住了战略管理中一个非常现代的问题：产品概念创新对创造和维持竞争优势正变得越来越重要。大量的创新研究已经或明或暗地集中在"产品规格创新"上，这回答了这样一个问题：如何将产品的功能性推向一个特定的评价维度？然而，基于规格的创新已经在许多产品领域达到物理极限。一个基于规格的创新可能会呈现一个"缺口"（gap），这一缺口可以在供应方面得到清晰的认识。然而，对消费者而言，它可能不会提供任何真正的产品差异。因为产品竞争在一个给定的尺度上就像一个 100 米的短跑，所有参赛者最终都会达到一个自然的极限。即使一个产品开发出了更好的功能，客户可能也无法识别其中的差异。此外，总是存在竞争对手很快超越自己的危险。消费电子产品的竞争是"行业中最小的和最轻的"，这是一个典型的例子——竞争沿着特定的功能迁移。

在许多产品领域，现有的评价维度已经达到令客户满意的水平。例如，纵观历史，个人计算机行业是被驱动的。英特尔和微软之间的创新循环，沿着传统的维度前进。处理速度更快的计算机意味着更快的销售。但现在，个人计算机的运行速度已经足够快了。对于许多个人计算机用户来说，一个更好看的显示器或一个容纳更多信息的硬盘驱动器可能并不是必需的。如果消费者不是根据速度或其他传统标准来购买个人计算机，计算机行业则认为他们会按价格的高低来购买。在给定的评估维度下，竞争对手越是努力改进产品功能，他们就越会勒紧自己脖子上的绳索。这种创新竞赛具有最终走向商品化的自毁特性。产品创新的目标必须从功能、规格转向产品概念。

如何组织和管理产品理念的创新？本章提出了一个组织架构的产品概念创新。本章提出的框架核心是价值差异化（value differentiation）的概念。价值差异化是组织系统形成的原则之一，而功能差异化（function differentiation）是许多现有组织明确或默认的前提。[3] 本章将比较功能差异化和价值差异化，以强调价值差异化在创造新产品概念方面的作用。

许多关于创新管理的文献都对功能差异化组织进行了论述，这对获取管理概念创新的洞察力产生了严重的限制作用。原因很简单，创建新产品的概念并没有被认为是"管理"的对象。在传统的功能差异化观点中，产品概念的创造是少数"个人"（individuals）的工作，他们有能力创造新的概念，而不直接涉及组织中的"普通人"（ordinary）。换句话说，这个概念只是组织中人员的一个给定条件。与此相反，价值差异化模型明确地将概念的演变和创建合并到组织及其管理中。价值差异化为组织产品概念创新的过程开辟了新的视野。

创新与知识的 3 个维度

所有产品由一个或多个组成部分组成的系统构成。在这里，我们称构成系统的元素为"功能"（functions）。在传真机的例子中，需要许多功能，包括扫描、数据压缩、记录、传输、控制、包装、控制软件、原型设计和测试。此外，为了实现创新，企业不仅需要研究和开发，还需要制造和营销。

功能可以理解为知识的集合，称为"原理知识"（知其所以然），它是一个关于因果关系的知识体系，它使用一定数量的变量，形成对组成部分如何工作及其产生的影响的原理的理解。同样地，例如传真机，在多大程度上，数据压缩的效率可以提高使用某种类型的算法，这是原理知识。原理知识是通过学习形成的——通过反复的实验和模拟研究控制各种影响源。因此，原理知识是特定领域的知识，并且很容易被编纂成普遍的代码。原理知识是创新的源泉。专有技术的演变往往是对组成产品系统的某一特定要素的创新，这种创新被称为"模块化创新"。技术进步带来模块化创新的例子包括提高个人计算机速度的新的微处理器，以及具有新燃烧机制的发动机，从而生产出节能型汽车。

创新不仅发生在组件层面，还涉及组件之间组合和联系的变化。[4]以汽车为例，一些创新提高了汽车的"舒适性"（比如，减少噪声和振动），而没有在部件层面做出实质性的改变。这些被称为"架构创新"。仅仅知道组件级别的原因是不可能为架构创新创造机会的。架构创新需要知识，以将组件集成到系统中。

这里提到的第二种关于一体化的知识称为"专业知识"，即了解在各组件之间建立组合和联系的过程和程序，从而使系统作为一个整体发挥作用。专业知识是通过边做边学获得的。换句话说，专业知识是依赖于试错经验的知识。与"知道为什么"相反，专业知识是与情境相关的知识，而且往往难以编纂。专业知识通常作为组织常规嵌入组织结构的沟通渠道、解决问题的方法以及规划和管理系统。专业知识是如此的路径依赖和常规化，以至于它往往很难在组织之间转移。

第三类知识是"事实知识"。事实知识是了解一个产品系统应该有什么配置，以满足客户的价值观。事实知识是关于一个产品对客户的价值以及它应该朝哪个方向发展的知识。产品概念是公司对某一产品的知识的浓缩表达。产品概念包括许多变量和评价维度，以及这些维度的优先顺序。

创新管理研究着眼于创新特征的两个维度。首先是创新的规模：激进还是渐进。第二个维度是"模块化与结构化"（或整合），这与产品系统内部结构的变化有关。此维度侧重于变更是否位于系统组件内部或组件之间的联系。需要强调的是，产品概念层面的创新是独立于这两个维度的。当然，不论是激进的概念创新还是渐进的概念创新都存在差异，如果概念发生变化，产品系统的内部结构也可能发生变化。然而，对产品系统内部结构的研究并没有从系统外客户的角度直接讨论价值观的变化。

在知识的 3 种形式中，知识是产品概念创新的核心。以路径依赖的方式积累原理知识和（尤其是）专业知识，在给定的当前客户价值定义下，可以加强现有的产品概念，但很可能破坏概念创新。基于这个逻辑，现有的研究解释了为什么概念创新往往是困难的。例如，克里斯坦森（Christensens）在面对破坏性技术变革时提出的"创新者的窘境"（innovator's dilemma）的观点[5]、莱维特和马奇提出的"能力陷阱"（competency traps）[6]、伦纳德-巴顿（Leonard-Barton）[7]提出的"核心刚性"（core ridigties）表明，在给定的客户价值观下，知识和能力的积累会产生负面影响。

管理层如何促进观念创新？克里斯坦森认为，组织是价值网络的一部分，不断受到产品概念定义的约束。因此，为了避免"创新者的窘境"，为新的顾客价值创造产品，必须在不同的价值网络中寻找一个新的独立、自给自足的组织。然而，有趣的是，除了克里斯坦森建议创建一个独立单元，关于如何管理概念创新的理论很少。为什么？究其原因，许多现有的研究都有意无意地采用了传统的功能差异化的概念。功能差异化组织模式在管理和组织产品概念创新方面存在局限性。

功能差异化

现有的大多数关于创新管理的研究都是以传统的组织差异化思想为前提的，这种思想形成了一个"近乎可分解的系统"（nearly decomposable system）。[8] 从这个角度出发，将整个组织系统划分为若干子系统，以减少子系统之间的相互依赖性，而每个子系统本身都包含着强烈的相互依赖性。功能差异化组织预先假定了这种类型的组织差异化。从功能差异化的观点来看，系统如何划分为功能部件的问题是组织一体化的一个前提条件。每个人的领域功能部件是预先设定好的，作为一种聚焦机制，通过这种方式在每个框架中积累知识，组成整个系统的功能单元就像拼图游戏中的一块块被分割的拼图。在这种情况下，最终产品的外观类似于拼图游戏中的图片，必须基于特定的产品概念提前绘制。功能差异化组织的领导者负责绘制拼图中的整体图景，并将各个功能区域提供的各个部分组合在一起。换句话说，在功能差异化组织中，某些个人创造了产品概念。下属们无法提出这些概念。因此，功能差异化组织假定概念创造活动高度集中于少数有特殊才能的个人。

这种集中概念创造的一个很好的例子就是好莱坞的电影制作。不仅有导演、编剧、摄影、编辑、演员、特效、服装、艺术的主要功能，还有各种各样的功能，包括专门决定服装和布景颜色的染色师、处理特定类型动作的特技演员（这也进一步划分为专门的动作类型）、不说话的临时演员（电影中哪怕只说一个词的人都属于完全不同的"演员"类别，他们的薪水也按类别划分）等。即使在拍摄过程中，摄影师也是"拍摄电影"的专家，他们不知道电影最终会是什么样子。最后一点是"编辑"的工作，为了让剪辑充分利用其专业化的潜力，电影工作人员必须从每一个可以想象的角度拍摄许多场景。然后，编辑人员选择他们认为是最好的画面，再利用这些画面来创造最终的产品。

如上所述，功能差异化假设存在一个强大的概念创造者。例如斯蒂芬·斯皮尔伯格（Steven Spielberg），他首先提出了一个完整的概念；然后，通过功能区分，将概念图划分为若干单元，并将负责执行其专门工作的人员分配给这些单元。然后，斯皮尔伯格将这些部分重新组合，创造出整部电影。

如果一个功能差异化组织要进行概念创新，那么它就需要一个新的领导者来承担概念创造。新的领导者可能会构想一个新的概念，开辟一个新的功能差异化模式，从而产生一个新的产品与创新的概念。上文提到的克里斯坦森"建立独立的自我维持单位"，也提出了将包括评价方面变化的概念创新商业化的这种方法。在这里，与其说概念创造是组织能力的问题，不如说它是个人能力的问题。

价值差异化

从功能差异化的角度来看，系统是由"盒子"和"线"组成的，这里的方框对应着"原理知识"和"专业知识"。然而，产品系统也具有"透视"的维度，这个维度与"事实知识"相对应。所有的产品系统在系统视角下都会有一些不同，这就是所谓的系统视角多样性。产品系统的视角多样性强调了这样一个事实，即"产品到底是什么"的系统视角中存在多样性。

功能差异化将系统解释为盒子（由功能区分的单位）和线（这些单位之间的相互依赖性），它默认了产品系统的观点独特性。然而，产品概念被严格固定的情况实际上是一个例外。对某些人来说，汽车可能是一种"便利的交通工具"，而对另一些人来说，它可能是"家庭幸福时光的容器"。对于开法拉利的人来说，这可能是一种"自我表达"，即使是一个技术成熟的产品系统，如汽车，也因此具有系统视角多样性。

如果产品本质上具有某种系统视角多样性，那么，系统的各种"面貌"可以成为区分的一个关键方面，这意味着各个组织和活动根据不同的系统视角而有所区别。每个差异化单元对产品概念都有自己的看法，利用自己的知识来打造更好的产品。这种差异类型被称为价值差异化，它划分了一个特定的产品（服务）系统，或基于客户价值实现这一目标的活动的潜在提供系统。

图 6-1 对价值差异化与功能差异化进行了比较。从顾客价值观的角度来看，差异化模式的形成，使得价值差异下的劳动分工处于不断变化的状态。系统作为一个整体，通过价值差异化，被划分为数量有限的系统视角，在每个差异化单元内部都可以找到一个针对特定客户价值的统一概念；功能差异化是知识的聚焦机制，价值差异化是促进新产品概念学习的知识聚焦机制。

价值差异化不但不同于功能差异化的概念（功能差异化的概念假定了

功能单元的稳定可分性）而且与其不是一个"整体系统"（holistic system），因为每个部分都拥有关于整体的所有信息。它可以被认为是介于这二者之间的一个"专门的整体系统"（specialized holistic system），在价值差异化单元内部，关注不同客户价值的一个方面可以降低复杂性。同时，虽然它是单面的，但每个单元都包含与系统视角相对应的系统级知识，这与功能差异化有所不同。这里的组织单位可以被认为是为产品的特定客户价值进行一组活动的人。

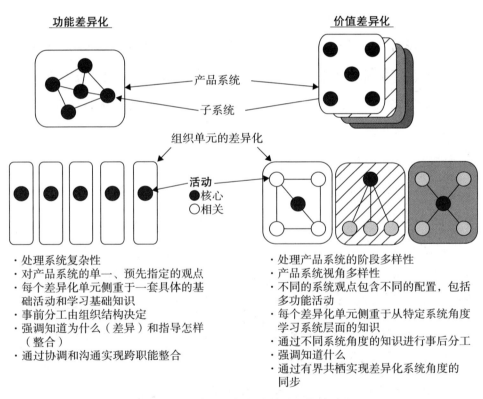

图6-1 功能差异化与价值差异化的对比

有界共栖

如果产品概念是已知的，那么功能差异化可以成为系统地创造技术知识和诀窍的有效途径。然而，如果产品概念的理想类型是未知的或流动的，功能差异化将面临限制创造新的产品概念的知识。

以谋杀案调查为例，便很容易理解这一概念。如果现场的情况或证人的证词在早期阶段明确表明犯罪的目的是入室盗窃，则可以在功能上加以区分，组建调查组织。该组织可以根据职能将任务分解，例如调查犯罪现场、在现场周围进行调查、对血液测试进行科学调查以及调查过去的重罪犯。然而，让我们来看一个谋杀案件，其中的"概念"的犯罪是不明确的，没有固定的知识。该谋杀案发生在一座上锁的办公楼里，尽管被害人遇害前没有挣扎的迹象，但房间已经被搜查过，也没有发现被害人的自杀遗言。在这种情况下，功能差异化组织可能会遇到一些困难。

根据案件的各种"概念"划分的组织将更有效地开展工作，一个调查小组假定这是一起自杀事件，另一个调查小组假定这是一起凶杀事件，凶手来自同一栋楼，认识被害人，并且另一种说法是，这是一个有入室盗窃意图的入侵者。在这种情况下，很难突然组织调查小组，前提是这个概念必须从一开始就确定下来。如果有一个非常熟练的侦探能力，准确和立即构想的调查概念，这是有可能的。如上所述，功能差异化隐含地假设超人作为概念创造者的存在。

价值差异化最终可能与功能差异化重叠。以上面的案件为例，调查"自杀观点"的团队将根据他们的概念，把调查重点放在被害人过去和现在的生活方式上，而调查"最后的观点"的团队则将重点放在调查公司内部的关系和调查被害人的人际关系上。调查"入侵者观点"的小组将参考过去重罪犯的名单，大范围地寻找目击者非常重要。然而，尽管这可能看起来是一种功能上的区分，但并没有根据事先设计的功能上的区分来分配任务。在价值差异化组织中，每个单元所执行的"活动内容"不能事先决定。每个部分半独立地决定根据其构想的概念认为重要的活动。即使在价值差异化下所做的实际工作可能与功能差异化重叠，它在逻辑上也是一个完全不同的原则。

当一个新概念有足够的空间时，价值差异化是有效的，因为它可以是一种组织上鼓励概念创新的机制。再次使用上面的例子，由不同概念指导调查的团队可以通过并行调查看出哪个概念更接近事实。在某些情况下，所有的概念和调查过程都会停滞不前，并且逐渐明确了一个事实，"没有一个概念是正确的"。然而，即使"没有一个概念是正确的"这一事实变得清楚，也可以发展出一个新的概念，因为每个组织单元都致力于一个特定的概念。

创造一个新的产品概念，就其本质而言，开始于非常隐性的个人知识。如果我们假设创造知识的过程中的关键组成部分包括共享隐性知识和将隐性知识转化为显性知识，使其能够与内部人员和外部人员共享，那么，一个价值差异化组织就可以成为创造知识的工具。首先，在每个价值差异化单元中，人们可以直观地分享他们对产品应该是什么样的信念，因为他们构想出或多或少相似的概念，即使这些概念是原始的、隐含的。其次，通过探索他们的知识与其他价值差异化单元的知识有何不同，这个单元的人能够提出并阐明他们实际追求的概念，这有助于他们的隐性知识转化为更多的显性知识。

价值差异化组织通过使不同的知识相互关联的过程有效地促进概念的产生和发展，这里需要具备 3 个重要条件。第一个是组织中的每个人都必须共享一个"更大的目标"，比如上面例子中的"解决问题"。换句话说，必须确保"更高的概念"。差异化群体中的人们从高层次的、超纵向的概念中提取不同的概念，就会产生价值差异化。第二个是"场"的存在，这是一个交互场，允许不同单元之间持续而密切的互动。追求不同概念的人们必须理解他们的概念之间的差异以及由此产生的不同方法和过程。相互作用使各种不同的概念相互关联。一旦将各种概念相对化到一定程度，这些概念的比较优势就会变得更加清晰，有时可能促使新的视角的出现。第三个是这种互动的基础必须有明显的约束。

在前面的例子中，调查小组之间必须存在一种"竞争"，这种竞争是概念优越的"比较"（在这种情况下，这种竞争是对案件真相的最佳把握）。然而，更重要的是，没有一个团队对解决这个案件的最后一点提出异议。例如，如果一个特定团队的概念是正确的，并且在这个团队的领导下，案件得以破获，这就是一个成功的事件，对其他团队的成员也是如此，而不是应该成为避免的事情。正是由于这种微妙的紧张关系，产生了建设性的对抗，概念相对化，促使更好的概念的创造。然而，案件只有一种情况，只有一个真相。组织被分成 3 个小组并不意味着有 3 个不同的案件，也不意味着有 3 个凶手。必须指出，这种价值差异化不同于建立自成一体的组织，例如多部门结构，其中每个部门负责一个具体的产品市场。

通过价值差异化产生的各种产品概念必须被推入时间、物理和空间的边界，以探索最有效的概念。再看谋杀案的例子，调查人员的人数和预算都是有限的——除了起诉之前的时间。在产品开发的例子中，开发预算、研发人员的数量以及产品上市前的最后期限都是限制性条件。正是由于这些强烈的限制，一种紧张的、竞争性的关系诞生了，关于哪个价值差异化单元抓住了最好的概念。限制的存在产生了对自己概念的承诺。没有强有力的承诺作为每个概念的后盾，概念之间就不可能发生冲突，概念的演变也就不会发生。虽然"更高的概念"的存在是将承诺推向一个概念的一个因素，但限制性界限将是这一承诺的推动因素。在一种竞争关系中，各种价值差异化单元同时受到某种物理约束，同时又保持一个共同的终极目标，这种情况被称为"有界共栖"。

产品概念的产生与演化

有界共栖使不同的产品概念之间的差异和区别更加明显，这反过来又导致了新概念的产生和演变。的确如此，创造意义、关系化、评价和排序的过程是由市场中的用户进行的（通过使用学习）。在产品真正投放市场之前，我们的价值观、价值差异和有界共栖在组织内部面临各种不同的用户观点。价值差异化单元还包括虚拟用户。他们是一群把自己放在特定类型用户的位置上，并思考如何使产品价值最大化的人。与功能差异化相反，概念创造集中在类似超人的个人身上，概念创造在价值差异化方面更加分散，并通过相关人员的互动以更有组织的方式实现。

让我们看一个关于电影的例子。导演马丁·斯科塞斯（Martin Scorsese）、演员罗伯特·德尼罗（Robert De Niro）和作家保罗·施拉德（Paul Schrader）联手制作了他们早期的电影，如《出租车司机》（*Taxi Driver*）和《愤怒的公牛》（*Raging Bull*），他们采用了与好莱坞完全不同的方法。虽然他们的"功能"不同，但他们都发展了自己想要拍摄的电影的概念，然后提出了这些概念。[9]斯科塞斯的电影项目以价值差异化来组织。价值差异化组织并不负责拼图游戏中预先确定的部分。每个人都根据自己的专业知识赋予产品系统特定的含义，并从这里制定一个特定的产品概念。

因此，价值差异化组织不是一个分化和整合的过程，实际上，二者不可分割地包含在每个单元的活动中。换句话说，在某种程度上，产品概念的整合在每个差异化单元中是"内置的"。价值差异化组织的领导者不是积极地提出产品概念，而是扮演一个更加"被动"的角色。领导者的角色是精心管理有效合作的条件，保持有界共栖关系中的价值差异部分。

在产品开发的例子中，与其说领导者是各种功能活动的"集成者"，不如说他是一个"限制者"和"条件制定者"，他为内部竞争提供背景和规则，并且是评委们选出内部选手的获胜者。在这里，领导者的职责不是做决定或给意见，而是精心为穿着"整体服装"的人们提供互动的场所。组织中的所有成员都穿着设计过的服装，而不是向每个成员发放一套标准的衣服，就像一个普通的口袋，借鉴概念，知道如何设计和搭配他们自己的整体服装。然而，在这一点上，一个人并不知道他们所设计的整套衣服的真正优点和缺点。只有当人们穿着不同设计或颜色的衣服时，他们才能理解他们自己的衣服是什么，他们的本质是什么。最好的衣服类型可以通过不同"衣服"的个体之间的有界共栖发现，而且，这些衣服也在不断地演变。

索尼 MAV-555 型硬盘录像机的研制

硬盘录像机

本章的引言部分描述了索尼公司的随身听实现概念创新的一个案例，旨在说明经验情境下的价值差异化和有界共栖的框架。MAV-555 作为录制和编辑视频的专业设备于 1999 年 6 月上市。MAV-555 的主要用户是电视台和节目制作公司。MAV-555 有一个局域网接口，可以在线接收数字视频，同时将其保存到硬盘上而不是磁带上。MAV-555 有 4 个输入和输出通道，使其能够在编辑过程中接收新的视频材料，并同时将编辑后的材料发送到电视台服务器上。所有这些动作都是在直播时使用同一个设备进行的。我们以棒球广播为例，一个有争议的判罚或一场激烈的比赛自动需要重播。如果这是一个录像机，录制必须停止，以便重新播放。如果这段时间还有一场好戏，那就错过了。最初，电视台使用多个录像机来避免这种情况。作为微型飞行器，可以在录制过程中回放另一部分，三四个录像机的工作可以只用一台机器完成。

同时，MAV-555 也具有"非线性编辑器"的特点，非线性编辑取代了传统的使用磁带的线性编辑。通常，线性编辑需要使用两台 VTR（播放器和录音机）和一台编辑机器。非线性编辑是通过将视频直接发送到硬盘上进行的。将视频发送到硬盘上可以进行随机访问、复杂的视频编辑（比如观看某个场景），以及无须使用倒带或快进就能有效地改变场景的顺序。

然而，从一个"非线性编辑器"的角度来看，MAV-555 被视为一个有点不寻常的产品。非线性编辑器被认为是在视频的最终编辑过程中或在

"后期制作"中使用的产品。电影、电视节目和商业电影的创作者和编辑是其主要用户。用户将在服务器上收集视频数据，并在视频处理专用软件上使用键盘和鼠标进行编辑，同时在计算机上监控这一过程。仅仅看看用户在做什么，似乎大部分的工作都是在计算机上完成的。实质上，非线性编辑器是一个视频数据的计算机系统。

美国艾维科技公司（Avid Technologiy）是非线性编辑器的领先制造商，成立于1987年。它在1989年发布了第一个非线性编辑系统——Avid/l。当索尼在1999年发布MAV-555时，艾维科技公司的主力机型MC9000在后期制作领域被广泛应用。除了艾维科技公司，美国Techtronics公司和欧洲EVS公司也发布了它们自己的非线性编辑系统。Techtronics公司最初是一家制造测量仪器的公司，凭借其在计算机和硬盘驱动器方面的先进技术进入了非线性编辑器市场。1999年，非线性编辑器市场的规模估计为5亿美元。

尽管如此，类似计算机系统的非线性编辑器不同于基于VTR的线性编辑器，它是通过点击和拖动鼠标操作的。由于这个原因，它们没有被广泛地应用于新闻制作和体育直播广播中。现有的线性编辑器通过专业控制面板进行操作。经验丰富的生产编辑具有一定的技能，他们可以非常有效地操作这个控制面板。相比之下，那些需要鼠标和屏幕监控的非线性编辑器不适用于繁忙的新闻和体育直播制作现场，因为它们需要很长时间才能运行。特别是在新闻制作方面，对于习惯于控制面板的老用户来说，看着手指点击鼠标的正确位置感觉非常麻烦。此外，在编辑完成后，现有的非线性编辑器要求将视频发送到机器上，用来在实际播出前播放，这导致在经过编辑的材料播出之前有7分钟的时间差。非线性编辑器仅仅是一个视频处理的"计算机系统"，供后期制作编辑查看计算机显示器使用。产品系统的许多部分由与计算机相同的通用软件（如操作系统）和硬件（微处理器和硬盘驱动器）组成，这使得产品进入这一市场的障碍很小，也使产品难以在同类产品中脱颖而出。

虽然 MAV-555 在结构上是非线性的，但它的用户界面与线性型录像机非常相似。它继承了一个类似于录像机的控制面板，包括一个慢跑拨号盘和一个穿梭拨号盘，使它的操作更简单，就像录像机一样。MAV-555 不仅具有录像机的外观，而且与录像机功能相似，因为它可以直接录制和播放输入的视频，因此可以取代录像机。例如，由于它的大小与专业录像机相同，它可以安装在直播车上。就与电视台使用的各种编辑设备的接口而言，MAV-555 可以使用其他 VTR 的硬件和资源。不同于计算机般的编辑机器，MAV-555 编辑后的视频可以直接执行，编辑结果可以播放大约 10 秒。

简而言之，MAV-555 是一个新概念的产品。从外观上看，它像一个录像机，但它具有数字非线性编辑的功能。然而，这也是其在本质上不同于上述基于计算机的非线性编辑系统的地方。它可以记录并存储视频到硬盘上，但它也是一个非常不同的产品非线性编辑视频服务器。在客户看来，MAV-555 既不是编辑器，又不是录像机，也不是视频服务器。因此，MAV-555 被称为"硬盘录像机"，这创造了一个没有直接竞争者的新类别。这种新概念的硬盘录像机吸引了生产现场体育和新闻节目的用户的注意。由于其价格，MAV-555 被定位为高端产品，但在现场体育报道领域，它获得了压倒性的市场份额。

背景

让我们看看 MAV-555 开发所涉及的组织过程。这里出现的主要演员有 3 个：小岛雄一（Yuichi Kojima）是负责处理索尼专业广播设备业务的硬盘系统部门的主管；伊藤德市（Tokuichi Ito）长期致力于平行图像处理的研究，他被选为索尼公司当时仅有的 18 位"系统架构师"之一；进入该部门以来，神山一夫（Kazuo Kamiyama）一直从事专业数字录像机的开发和设计工作。开发一种新型录像机的想法在索尼已经流传了一段时间。然而，由于这是一个全新的产品类别，该项目在 1994 年左右被中止了一段时间。

事实上，当时市场上没有类似的机器，这与随身听的情况类似。随身听就像一个盒式磁带播放机，但缺乏录音功能，并与耳机包装在一起。MAV-555 看起来类似于录像机，但是没有磁带槽，并且有一个局域网接口。有人争辩说，这样一个奇怪的产品，不会有市场，该项目曾一度中止，然后才去商业化。（Kojima）[10]

在 MAV-555 项目全面展开之前，硬盘系统部门的开发组织分为开发组和设计组。开发组是一个"部门实验室"，致力于视频处理设备和数据压缩等关键技术。通常，原型是根据开发组开发的技术制作的，然后送到设计组进行进一步的改进和商业化。换句话说，在这个时候，硬盘系统部门有一个传统的功能差异化职能。

在开发组中，伊藤德市正在考虑开发一个名为"这是开发组第一次有机会开发最终产品"的主机视频服务器。在 MAV-2000 的开发过程中，伊藤及其团队唯一的目标是开发一款主机视频服务器，其中扩展数据容量是一个主要的挑战。他们还致力于开发新的 RAID 技术（一种允许对阵列中的多个硬盘进行并行访问的技术），以提高主机服务器的可靠性。像 MAV-

555 这样的产品的开发是他们最不关心的事情。他们不打算制造一个具有编辑功能的产品，或者一个在功能上和物理上取代现有 VTR 的产品。

另外，设计组的神山一夫正在考虑从 1997 年年底开始更换带有编辑功能的录像机。他们正在考虑制造一种设备，这种设备已经小型化，既可以在物理上取代录像机，也可以用于广播制作现场，并且无须大型计算机系统的控制。

GCD 计划

1998 年 3 月，小岛雄一将两个独立工作的小组合并为一个名为 GCD 的项目。通过巩固这些团队的思想完全不同的产品，小岛雄一打算开发一个新概念产品。在 GCD 项目的整合过程中，小岛雄一建议伊藤德市和神山一夫把他们不变的理念融入项目中。研发工作仍在继续，神山一夫所在的小组正在研制“一种具有编辑功能的录像机，可以使用硬盘而不是 VTR 磁带进行多通道输入和输出”，伊藤德市所在的小组正在研制“一种具有存储功能的专用计算机，可以实时输入和输出视频和音频”。总之，GCD 项目采用的是价值差异化，而不是传统的功能分工。

当时不仅没有 MAV-555 这样的产品，而且制造商或潜在用户也不清楚该产品是什么以及如何使用。正因为如此，对于 MAV-555 应该是什么类型的产品有许多不同的意见。我所能做的就是让伊藤德市和神山一夫发表他们对这个产品的看法，让他们在开发过程中接触，使它成为一个完美的东西。神山一夫有使用 VTRs 和磁盘编辑用户界面的经验，我建议他认识到这一点的重要性。我指示他在使用 MAV-555 的难易程度方面不要做出任何妥协。另外，我指示伊藤德市在索尼公司充分发挥他在这一领域的顶级经验和知识。关于核心架构，我建议他远离 MAV-2000，同时采取预防措施。特别是，由于 MAV-555 将配备以太网接口，我强调，从连接到网络的用户的角度来看，MAV-555 将是伊藤团队的一个重要突破口。(Kojima)

项目内部几乎立即发生了严重的冲突。神山一夫的团队正在研究一种与 VTR 相同的用户界面。然而，对伊藤德市来说，他的工作是从制作服务器的角度出发，其中包含了太多的功能。伊藤的团队致力于开发一个稳定运行的系统，即使这意味着服务器不会承受高负载，而神山一夫认为应减少功能的数量，响应速度是一个关键特性。伊藤德市认为提高响应速度会导致硬盘超负荷运行，从而影响系统的稳定性。

相比之下，神山一夫坚持帧数最大化。当建立一个基于类似计算机的思维模式的系统时，为了保证系统的稳定性，帧数必须减少。当神山一夫访问美国一个冰球项目的编辑网站时，他注意到冰球弹跳的声音和视频的移动之间有一个细微的差距。这个问题的根源在于非线性编辑中使用的帧数很少。由于慢动作播放的画面质量标准是由之前索尼的专业 VTRs 决定的，神山一夫认为有必要达到同样的水平：

无论一个产品使用了多少数字技术，都是人们在使用这个产品，也是人们在观看这个画面。我们可以充分利用自己的优势，将人们的模拟感觉转为数字感觉，还有模拟和数字音频转换的问题。例如，当录像机快进时，就会发出吱吱声。如果存在这个声音，编辑器的工作就更容易完成。当使用快进搜索一个场景时，一台类似计算机的机器只读取一些帧，并且不可能在特定的时刻停止。在新闻节目中，很难准确地捕捉到犯罪分子被闪光灯照亮的时刻。考虑到易用性，MAV-555 将没有独特的价值，除非我们认真考虑用户在工作环境中如何实际使用机器。面向计算机的人会说"这不

是计算机所做的事情"，但是我们并没有把计算机放在心里。（Kamiyama）

这两个团队试图以辩证的方式解决神山一夫团队坚持用户智能化与伊藤德市团队坚持系统化的冲突。针对两个相互冲突的概念（即正题与对题）之间的问题，他们试图找到一种综合的方法。通过寻求比正题或对题更高层次的解决方案，他们采取了"二者兼顾"（both-and）的方法，而不是"非此即彼"（either-or）的方法。此外，他们没有寻求妥协介于两个相互冲突的概念之间或"在中间"的东西。

神山一夫建议的帧数似乎对系统的可靠性具有潜在威胁。我们进行中的 MAV-2000 的开发落后于时间表，很难调动团队的积极性。然而，神山一夫知道广播现场的情况，甚至威胁说用户不会看这个产品。他坚持要增加慢跑功能的帧速率，但是这样做是有限度的。由此，穿梭技术（一种在不增加硬盘负载的情况下提高帧速率的方法）得到了发展。我们得到的模拟结果表明，这使他相信，穿梭技术将更好地为用户提供服务。为了满足神山一夫的要求，我们改变了很多部件，但我们并不认为这是一种妥协。我们开始明白，如果我们响应神山一夫的建议，我们也可以从服务器的角度为未来的可扩展性做出贡献。另外，我们保持了关于架构的基本想法。神山一夫可能觉得一个先进的架构被强加在他的身上，但是我们继续说服他接受这部分，并说我们也在做我们的工作。（Ito）

1999 年 6 月发布的 MAV-555 与伊藤德市和神山一夫各自最初设想的产品大不相同。在结合各种概念的过程中，"磁盘录像机"的概念逐渐浮出水面。如上所述，MAV-555 成功地在市场上创造了一个全新的产品概念，这是直到那时才看到的。

由于计算机的编辑系统和视频服务器在结构上越来越接近个人计算机，

使用通用软件和硬件可以更容易地开发他们所谓的非线性机器。然而，新的概念不能作为这种方法的扩展而产生。MAV-555既不是线性录像机，也不是行业所说的非线性编辑视频服务器。它的长处在于，用户开始称这种机器为"MAV-555"或"磁盘录像机"，就像人们称新型录音机为"随身听"一样（Kojima）。

有界共栖的领导

作为这个项目的领导者，小岛雄一提出了创造有界共栖（bounded cohabitation）的一些重要的领导元素。他的兴趣并不在于自己定义产品概念、分配目标规格和综合各种功能所得到的结果，而是将两个具有不同系统视角的群体放入一个有效的有限共栖场所。简而言之，小岛起到了管理场的作用，在项目中起到了间接领导的作用。

首先，小岛雄一清楚地建立了边界条件，通过提前MAV-555的上市日期给项目团队一个强烈的时间限制。小岛雄一努力消除工作场所的这种感觉："如果是一个全新的产品，推迟发布是很常见的。"一直做两次的设计原型被减少到一次。除了严格遵守时间表，小岛雄一还鼓励制造厂和质量保证部门了解事情是如何进行的。

小岛雄一强烈建议在MAV-555和MAV-2000上采用通用的架构和软件。这些都将形成物理上的限制条件。

我把重点放在最后期限上。尽管如此，我还是打算从商业战略的角度恰当地解释原因。一旦时间允许，我就利用实际数字解释说，通过使用通用的架构和软件，MAV-555的快速发布和成功将大大提高该部门的利润。（Kojima）

其次，伊藤团队和神山团队接受了一个矛盾，培育了它，并最终以辩证的方式发展出两个对立概念之间的综合。神山团队正朝着从一开始就制造像磁盘录像机这样的产品的方向前进，并且有着强烈的愿望，希望自己做所有的事情。他们有一种直觉上的不满，伊藤团队所做出的架构不是他们所希望的。与此同时，伊藤的团队感到不满，因为如果他们接受神山团队的方法，即使软件与 MAV-2000 共享，他们的工作量也会增加，并且 MAV-2000 作为计算机的功能也会受限。在这场冲突的计划中，小岛雄一实际上没有对技术问题进行任何干预。然而，关于"响应能力"（responsiveness）和"穿梭能力"（shuttle capability），他指示伊藤德市找到一个解决方案。小岛雄一积极参与了这次讨论，并帮助说服神山团队接受了伊藤团队的解决方案。为了解决冲突，小岛有时在处理冲突方面发挥了积极的作用，以促进建设性对抗。

最后，小岛雄一致力于促进两个团队之间的互动，以鼓励不同的方法相互靠近。例如，小岛雄一亲自安排座位，一些人惊讶于他是如此一丝不苟的部门主管。他把分在不同楼层的两组人放在同一层楼上办公，同时让他们保持足够的距离，即使他们确实抱怨对方，也不会打架。为了减少对项目细节的任何干扰或影响，小岛雄一将自己的座位安排在离团队最远的位置。

伊藤德市和神山一夫都对自己的研发方向很有信心，所以一开始就有一种"我不想和他们一起工作"的气氛，如果我闯进来，他们不是那种会听我说话的人。他们对 MAV-555 应该是什么样子持有不同的看法，所以问题不仅仅是协调。我试图让他们意识到他们自己的原创想法，并意识到他人的想法。我选择的不是"做朋友"，而是"相处"。在这种对抗中，他们应该了解对方方法的优缺点。如果发生这种情况，事情就会顺其自然地发展。我的角色是一个仲裁者，只设定诸如架构的持续时间和标准化等条件，并且只在事情因为特定的冲突而陷入僵局时才进行干预。（Kojima）

价值差异化的有利条件

价值差异化和功能差异化都是组织系统的"原则"（principles）。这并不是说一个优于另一个。我们已经强调，价值差异化将促进产品概念的创造和演变。然而，这两项原则都需要外部条件和内部条件的刺激才能有效运作。

让我们先看看外部条件。为了使价值差异化组织有效地工作，产品概念的演变必须具有实质性的可能性，如磁盘录像机的情况，它不断创造新的客户价值。总之，系统视角的多样性水平是一个重要的变量。由于基于价值差异的组织不可避免地存在冗余，因此可能会牺牲资源的有效分配和利用。一个产品系统的潜在多样性越小，公司就越容易专注于一个明确定义的单一概念。在这种情况下，价值差异化不仅不能显示其有效性，反而会导致无效率。相反，功能差异化在系统透视度低的地区表现出多样性的优势。制药产品系统可以被看作系统透视品种相对较少的产品的一个例子。每一种药品，如抗癌剂或治疗高血压的药物，都对应于一个特定的目标。"抗癌剂"的价值在于控制癌细胞的扩散，而不是其他任何东西，概念清晰明确，减少了产品系统的多样性。金融产品是另一个系统视角多样性较低的产品的例子。金融服务的客户价值很容易理解，只需要一个数字，如投资回报率。

一个概念的成熟并不一定与产品的成熟同步。例如，虽然一辆汽车可能在技术上已经成熟，但它具有更高的产品概念创新的可能性。最近的消费者信息终端，如移动电话，具有潜在的大量的客户价值，这使得它们的产品概念非常流畅。即使在金融业，私人银行业务追求客户价值的各个方面，可能是一个相对较高水平的系统——拥有视角多样性。在这些领域，产品概念的不断演变成为一个关键的竞争维度。系统视角的潜在多样性必须通过价值差异化原则纳入组织。相比之下，功能差异化将面临其限制，因为它预先假定了事先定义的固定概念。

应该注意系统的动态方面——特定产品的视角多样性水平。系统视角的多样性水平可以随着时间的变化而变化。我们可以在个人计算机行业看到一个经典的例子。最初，个人计算机和许多消费电子产品一样，是一个高水平的系统视角多样性的产品。然而，由微软和英特尔建立的行业标准导致了系统视角多样性的迅速减少。标准化不仅降低了系统的复杂性，而且使产品系统具有独特性。一个强大的标准的存在往往会冻结概念的创新。在这种情况下，应对系统视角多样性和价值差异化的需求将不再那么有效。然而，20世纪90年代末以来，个人计算机市场已经开始恢复其多样化的系统观。个人计算机已经开始展示各种各样的面孔，如桌面计算机、移动计算机、个人网络终端，甚至内部组件，每一个都包含不同的客户价值。

从内部条件来看，如果价值差异化不遵循有界共栖的过程，就会失去其有效性。没有有界共栖的价值差异化将导致混乱和妥协。在产品开发的例子中，以下3种情况可以被认为是有界共栖的失败。首先，它可能导致一个不成熟的、一般的产品，在多个不同的概念之间有许多妥协。其次，它可能涉及所有差异化的概念被强加到产品中，导致产品没有明确的概念，将使客户混淆。最后，多个概念可能朝着它们自己的方向运行，结果，多个产品被释放到市场上，导致低效率的产品激增。对许多日本公司来说，在资源过剩的泡沫经济时期，所有这些情景都是现实。MAV-555 的案例说明了辩证思维的力量，辩证思维试图通过拥抱和培养冲突实现更高的目标。

有界共栖的另一个简单但重要的条件是组织的规模。随着规模的扩大，价值差异化单元和为内部竞争创造一个健康的环境变得更加困难。对于有界共栖关系，他们应该是"面对面"的关系，允许密切的互动。组织越大，满足条件就越困难。为了能够有效地进行有界共栖，企业必须仔细地管理项目团队或部门的规模，以创造一个新的产品概念。

另一个重要的促成因素是有界共栖的领导能力。领导者在价值差异化中的作用显得如此被动，因此不一定需要"强有力的领导"。然而，这并不意味着没有领导力。如果没有对有界共栖的领导，价值差异化就失去了意义。领导者必须勾勒出一个更高层次的概念，让组织的所有成员都要有足够的责任感，让这个更高的概念渗透到组织的所有成员中。所有价值差异化单元和人们始终认识到这种凝聚的概念是至高无上的。如果不在整个组织内部共享，概念相对化和有界共栖内部矛盾就不可能发生。随着价值差异化的推进，企业必须严格控制可利用的资源。特别是在有界共栖关系中，领导力的一个基本要素就是僵化以及不同制度视角之间内部竞争的持续评价。如果没有这种领导力，价值差异化就会变得低效。这种无效性远比功能差异化严重。

本章提出了一个通过价值差异化和有界共栖组织产品概念创新的框架。产品概念创新并不总是需要一个价值差异化组织。然而，在传统的功能差异化观念下，概念创新依赖于个人能力而非组织能力。在这种假设下，只有当一个新的概念创新者作为领导者出现时，概念创新才能发生。功能差异化可能更适合在一个非常新的行业从零开始创造根本性的创新。然而，这样的概念创造在定义上是罕见的。

随着产品概念创新，作为可持续竞争优势的来源将变得越来越重要，为概念创新建立组织能力将是一个比仅仅获得"聪明"的个人更重要的战略问题。基于以上 3 种显性知识，传统的组织模式可以促进创造前两种显性的知识——原理知识和专业知识。组织内部的功能专门化可以促进知识创造，跨职能团队有助于探索知识。当我们谈论一个新概念的产生和潜在的知识进化时，传统的组织模式似乎失去了它的解释力和管理洞察力。价值差异化是开辟创新管理新视野的一个视角。

第七章

HITOTSUBASHI ON
KNOWLEDGE MANAGEMENT

知识管理与全球竞争：奥林巴斯在数码相机产业中的全球知识管理路径

石仓洋子

引言

在如今这个"没有疆界"的世界里，优势企业在全球范围内的竞争是众多行业的现实状况。随着网络与信息技术的发展以及购买商品的渠道增加，国家、行业与企业之间的竞争壁垒正在逐步瓦解，传统由"边界"带来的竞争优势渐渐消失。现如今，竞争对手往往出现在最难以预料的国家、地区甚至领域。身处融合性行业的企业，如通信和电子企业，更要面对多方竞争者。与此同时，战略联盟遍地开花，价值链活动被广泛外包，企业变革的步伐日益加快，在此背景下，如何划定"企业"的边界成了争论的焦点。

在这个充满了"无界式"竞争的世界环境中，企业无法将其价值链活动固定在一地，众多企业选择外包其价值链活动的某一部分，或者与其他企业开展合作。如何协调这些在地域上彼此分散的活动，以便获得并保持国际竞争优势，对于众多参与全球竞争的企业而言，是一个至关重要的课题。

与此同时，由于越来越多的价值体现在无形资产而非有形硬件上，作为竞争利器的知识的重要性与日俱增。当今企业最不可或缺的资产并非厂房和机器设备，而是日积月累的知识和知识拥有者。

对众多行业而言，如何通过知识管理获取并保持竞争优势，已经成为竞争战略中的焦点问题。知识内容的界定、类型的划分以及管理框架的构建等问题成了人们关注的热点，近年来有关知识管理领域问题的研究也进步迅速。尽管如此，全球竞争与知识管理之间的关系问题仍缺乏探讨。例如，全球规模的知识管理应该如何运行？如何筹谋并实施全球化的学习活动，使其成为竞争利器？这些问题极为重要，但是目前仍没有得到充分的解决。

本章试图通过日本奥林巴斯株式会社（Olympus Co., Ltd.，以下称"奥林巴斯"）开发数码相机（Digital Still Camera，DSC）的实例解答全球产业的知识管理问题。下文将详细探究奥林巴斯的知识管理是如何随着数码相机产业的兴起在全球范围内形成并不断演进的。

首先，作者会对有关全球竞争、价值链活动的地区分布，以及知识管理理论一一进行回顾。接下来阐述数码相机产业的诞生及发展历程，最后，以奥林巴斯为例，通过追溯这家企业在挑战中脱颖而出的历史，总结由其创造出的全球知识管理新路径，希望能为广大管理者提供些许实用的参考。

全球竞争、区位及知识的相关理论

作者会在这一部分回顾全球知识管理的相关文献。首先介绍的是迈克尔·波特（Michael E. Porter）的"集群"（cluster）概念和他的"钻石理论模型"（Diamond Model）。接下来讨论野中郁次郎等人的知识转化理论和"场"（ba）理论（"场"指情境、相互作用力）。关于跨国企业的价值链活动管理，作者会重点探讨波特提出的"配置"（configuration）与"协调"（coordination）概念，并对巴特利特和戈沙尔（Bartlett & Ghoshal）的超国界企业模型略作评述。最后，作者将尝试在三者之间构建联系，从而深入讨论本章关注的知识管理及全球竞争问题。

集群

数字信息技术和传输技术的发展进步使海量信息的积累、压缩及分析速度加快，知识被更迅速地传送到全球各地。在经济全球化的现实之下，无论是物理的距离还是传统的国家疆界，都失去了往日的意义。在此情况下，跨国企业更应发挥其全球触角的作用，更好地从世界各个角落获取资源和知识。

然而，无论成功企业群体还是新兴企业群体，常将自己围于世界的某些特定区域之内。波特（1998）指出，在特定行业中具有较好表现的企业往往聚集在某个地点，而不是分散在世界各地。他将这种地点称为"集群"，即由特定领域内取得非凡成功企业组成的群落。波特所说的"集群"是由竞争性行业和企业组成的，它们之间形成了垂直关系（供应商、渠道和购买者）和/或横向关系（共通的技能、技术和/或原材料），这些企业在地域上相对集中。硅谷和好莱坞就是区域集群的典型例子，意大利的时尚及皮革制品行业则是国家集群的典型代表。

地点（location）在国际竞争中遭到了极大的忽视，相关文献也缺少记载。尽管如此，波特提出，无论全球化进程如何，区位优势依然存在。他提出了4个衡量地点优劣程度的因素，具体如下。

要素状况：投入（input）的成本、数量和质量，包括人力资源、原材料、知识和资金资源等各项投入要素。

需求状况：国内对该行业产品或服务需求的先进程度。

关联产业/配套产业：参与国际竞争的供应商以及其他关联产业在该国的存在情况。

企业战略及竞争环境：控制这些企业创建、结构和管理体系的国内条件，以及国内竞争对手的特征（4种因素的详细介绍见图7-1）。

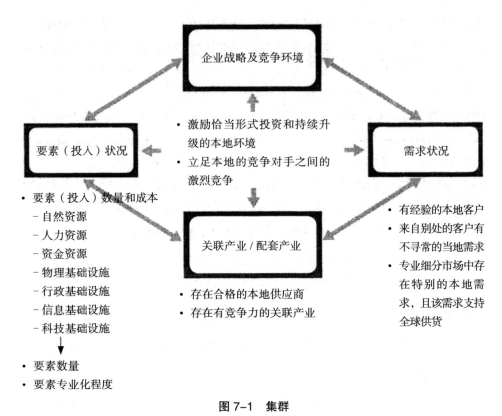

图 7-1   集群

资料来源：Michael E. Porter, *On Competition* (Boston: Harvard Business School Press, 1998), p. 211.

波特指出，这 4 种关于地点的因素相互作用，并形成了关于生产力和创新的"钻石体系"（Diamond System），它促使企业保持竞争优势，实现可持续发展。

尽管全球战略的特点是在全球许多国家自由和灵活地定位价值链活动，但波特强调："战略规划等核心活动应尽可能在彼此邻近的地点开展。"他把价值链中核心活动的发生地称为"大本营"（home base）。波特认为，企业可以自由选择竞争环境。这也反映了他对地点在全球战略与竞争中作用重要程度的认识。

知识转化

野中郁次郎等人（Nonaka et al. 2000）把知识分为两大类——隐性知识和显性知识。其中，隐性知识是高度个人化、主观性、非正式的。它得自经验，常常不拘泥于形式。隐性知识包括直觉、预感等，以及对初露端倪的客户和市场需求的感知力。隐性知识还包括对某一特定领域日积月累的主观认识；显性知识可以通过正式的、体系化的语言表达，包括客户关系管理（CRM）系统中的客户数据库和供应链关系管理（SCM）系统中的供应商数据等，它通常通过 IT 系统实现建档、传输、存储和维护。

野中郁次郎和他的同事认为，企业可以通过显性知识与隐性知识之间的相互作用创造新的知识。他们把这一过程称为知识转化（knowledge conversion）。知识转化具体包括 4 个过程：①社会化；②外显化；③组合化；④内隐化（见图 7-2）。

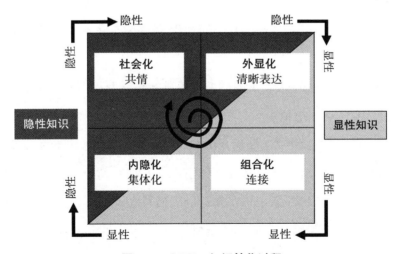

图 7-2　SECI：知识转化过程

资料来源：I.Nonaka and H.Takeuchi，*The Knowledge-Creating Company*，（New York：Oxford University Press，1995）。

社会化是指隐性知识向隐性知识转化的过程。它通常发生在非正式社交场合，可能超出组织边界，例如与客户或供应商之间的互动等。社会化过程的关键是培养感同身受地体会他人处境的共情能力。

外显化是指隐性知识向显性知识转化的过程。隐性知识要依赖清晰的语言来表达和共享。新产品开发过程中的概念创造就是一个外显化的例子，比喻和类比是外显化过程中最常用的工具。

组合化是指将各自拥有的独立显性知识碎片串联起来，形成成套显性知识体系的过程，它还包括体系化知识在组织成员间传播的过程。在这一过程中，数据库发挥着重要作用。

内隐化是指显性知识得到具体表达并转化为隐性知识的过程，它与"干中学"（learning by doing）密不可分。产品概念和生产流程等显性知识，通过行为和实践得以实现，就是内隐化，类似流程等知识变成技术工艺诀窍的过程。

经过上述转化过程，两种类型的知识都将在质量和数量上实现提升，即知识的螺旋上升。

野中郁次郎和他的同事强调，为了促进知识转化，"场"的力量不容忽视。它包括实体场、虚拟场和心理空间等（见图7-3）。

在知识创造的过程中，谁参与、如何参与是依情境而异的，知识创造离不开物理环境。"场"被定义为一种情境，知识在"场"中创造、分享并使用。"场"的构造和再造是知识创造的关键所在，它提供了力量、质量标准，以及知识实现螺旋上升的具体场所。"场"使信息得到编译并最终转化为知识。

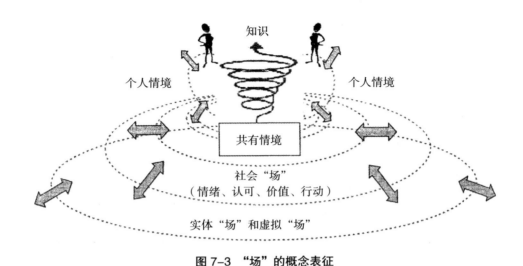

图 7-3 "场"的概念表征

资料来源：Nonaka and Toyama, 2000.

全球产业中的价值链活动管理

随着产业的不断发展和全球化水平的提高，销售和服务等市场终端活动会在多个国家和地区的市场中展开，不再物理性地局限于某个地点。一旦"地点"的 4 个因素条件得到满足，该行业中的企业就会脱离"集群"，将业务拓展至世界各地。

波特（1998）建议跨国企业应对这些在地理上分散发生的活动统一管理，以便在全球竞争中保持竞争优势。企业通常通过协同活动地点和价值链，整合分散的信息、技术和知识，并将其反映在产品、制作流程和其他活动之中，"大本营"在这一过程中发挥着决定性作用。波特强调了这一作用，并进一步指出，知识管理活动应该集中发生在同一地点。

巴特利特和戈歇尔（Bartlett & Ghoshal，1998）提出了"超国界"（transnational）企业模型。他们认为，企业应该认真思考价值链的活动等级，以此分别判断每项活动应当采取集中化还是分散化措施。

以上两种方法共同强调知识管理应当是高度集中式的。技术性、战略性知识和突破性创意应首先在知识管理中心集中和积累，再传递至外围单位。同样地，两种方法认为可以利用沟通和其他信息传播工具来提升分享最佳实践（best practice）的效率。

全球产业中的知识管理

从知识管理的角度来看，一旦某个行业实现了全球化，行业内的企业需要面对的工作任务就会变得更加复杂。

一方面，全球运营的跨国公司可以借助人的力量在全球范围内分享和传送知识。这一点被视为全球化运营的一项优势，也被称为"全球触角"（global reach）。另一方面，物理距离可能损害知识转化的质量。

只要熟悉两种类型知识的概念，我们就会发现，究其本质，隐性知识只有通过具体实践经验才能得到"创造"和传播。当考虑到人和组织需要物理性的接近来创造隐性知识时，集群的近距离性物理优势会得到突出强调。触发隐性知识的创造的是彼此接近的两个人之间非正式的、开放性的相互作用后的结果。通常，隐性知识是独立于运用信息技术的文献和全球沟通而存在的。我们不可能做到直觉的标准化和文档化。相反地，信息和市场"感知力"的碎片是在人们彼此接近时，以一种近乎无意识的方式完成交换的，同时描绘出即将发生之事的清晰样貌。从某种程度上讲，只有艺术大师才能熟练地掌控隐性知识，隐性知识的利用离不开其存在的"场"。

以初露端倪的市场变革信号为例：一家企业如何做到在本地市场刚刚显露一些微小变化迹象时，就探测到变革的信号，而不是等到传统的"先导"市场或者"集群"效应遍布全球时方才觉悟？微澜可以化作巨浪，顷刻间吞没整个世界。由于微澜往往只能被接近微澜的人"感觉到"，所以系统化地存储和传输这类市场知识是非常困难的。为此，企业需要识别数之不尽的信号，从信号中判断正在变化的市场需求，还需要在其价值链市场营销过程中完成隐性知识的共享。

跨价值链活动的知识转化，如市场开发和市场营销，可能成为更大的挑战。在市场开发的初期阶段，集群理论强调的物理邻近性原则值得重视。原因在于许多试验和探索需要面对市场和产品技术规范的需要，信息也必须不断地先从市场收集，再分享到整个价值链活动中。不仅仅是需求条件的知识，企业积累的行业知识和与关联行业、配套行业相关的知识都要被大量用到，知识在反复运行中完成试错。知识需要经过不断的积累和转化才能成为保持集群竞争力的关键要素条件。假如所有的活动彼此距离很近，这一工作就会变得容易得多。

然而，随着行业的发展和全球化速度加快，企业应当如何满足散布于全球各地的价值链活动中的知识转化需求？当信息在全球范围内同步传播时，企业应当如何确保知识转化效率？如何及时制定竞争战略决策？知识转化的情境或曰"场"可能是虚拟形式的。考虑到当今的变革速度，为了保持笑傲全球市场的速度，跨国企业应当如何在地点分散的市场活动中管理知识？

在为了全球竞争而管理知识的过程中，需要考虑到不同的知识类型，这是知识共享与转化的必然要求。此外，还要考虑到行业市场的发展阶段和企业的价值链活动的发生地点。

本章采用了奥林巴斯公司开发数码相机的案例，力图解决有关全球产业的知识管理及"场"的相关问题。

数码相机产业

何谓数码相机

数码相机市场由两种大众消费市场和一种专业市场组成。大众市场又可以进一步细分，包括简单VGA[⊖]相机（Video Graphics Array）和全自动相机（point-and-shoot），本章提到的数码相机市场仅指全自动相机市场。全自动相机不同系列的性能和分辨率水平不同。分辨率最低的是 VGA 相机（例如索尼公司的 Mavica 相机），分辨率最高的相机能达到 500 万像素。所有型号的相机都带有液晶显示屏（liquid crystal display，LCD）和外置记忆卡。

数码相机配有图像传感器（image sensor），例如电荷耦合器件（charge coupled device，CCD），它能把镜头采集的光信号转化成电信号。模拟数字转换器负责将信号数字化，以电子方式处理信号使其成为一张照片。数码相机最关键的元器件包括光单元（镜头）、CCD 和专用集成电路（application-specific integrated circuit，ASIC）等。

数码相机的光单元与卤化银相机的光单元没什么两样。如何使用更少的元器件达到需要的精密度才是真正的工程挑战。最大的挑战是在照片质量和镜头尺寸之间取得平衡。CCD 技术的进步使得生产出更高分辨率的数码相机成为可能。

⊖ 视频图形阵列（VGA）是 IBM 于 1987 年提出的一个使用模拟信号的计算机显示标准，具有分辨率高、显示速率快、颜色丰富等优点，在彩色显示器领域得到了广泛的应用。关于 VGA 相机，一般是指：① VGA 接口的相机，它直接可以连接有 VGA 接口的标准显示设备；② VGA 分辨率的相机，它是指 640×480 分辨率芯片做的图像捕捉设备，一般用于手机摄像方面和随身便携录影摄像设备。此处是指第二种。——编者注

数码相机产业的历史变革之路

初期扩张（1995 年至 1997 年年初）

1995 年 3 月，卡西欧（Casio）推出了世界上第一款 LCD 数码相机。这款型号为 QV10 的相机配备了一块 25 万像素的 CCD，十分轻巧。它的分辨率是 VGA 相机的 1/4，QV10 的定价是 6.5 万日元。卡西欧公司原本计划每月生产 3000 台，结果产品一上市销量就达到目标产量的 10 倍之多，QV10 成了爆款产品。它的成功主要可以归结为以下 3 点因素。

- 产品定位为输入设备——个人计算机的周边设备之一。

- 售价不到 10 万日元。

- 配备 LCD，消费者拍照后可以立即查验照片。

这次成功的尝试直接引发了日本数码相机市场的爆炸式增长。1995 年，日本市场的数码相机总量为 20 万台，到了 1997 年，这个数字暴涨到 100 万台以上。

截至 1995 年年底，在数码相机行业中角逐的只有 8 家企业；1996 年，众多其他行业厂商纷纷进军数码相机行业，包括索尼、松下（Matsushita）、三洋（Sanyo）、夏普等消费电子企业，以及奥林巴斯、佳能和富士（Fuji Film）等光学产品企业。到 1997 年，数码相机行业中的竞争厂商达到 27 家，其中 12 家来自相机相关领域，15 家来自消费电子领域。

1996—1997 年间，数码相机行业新品迭出、更新换代迅速，但其中的绝大多数依然定位为个人计算机的周边设备，CCD 的分辨率水平也从 30 万像素提高到 35 万像素。数码相机主要用户为 30~40 岁的男性，他们既是个人计算机用户，又是数码相机用户。随着个人计算机渗透率的不断提高和互联网的飞速普及，越来越多的消费者习惯将照片用于个人网站和电子邮件，日本的数码相机市场得以迅猛增长。

"照相机"定位触发的市场增长

1997年年末，数码相机市场迎来了第二轮快速扩张。全球数码相机出货量从1998年的293.4万台迅速增长到1999年的529万台。其中，中高端市场（100万像素以上的数码相机市场）主要由日本市场主导（见表7-1）。市场上的产品型号也从1994年的5款跳升到1997年的49款。

第二轮快速扩张是由数码相机的全新定位引发的。也是经此，数码相机被视为真正的照相机，而不再是计算机的周边设备。除此之外，秉持新型战略的竞争者群体的加入加速了这一轮的市场增长，其中的领军企业正是奥林巴斯。

表7-1　全自动数码相机出货量

（单位：千台）

地区	时间（年）	1998	1999	2000	2001	2002
美国	VGA	330.5	224.0	512.3	470.0	415.0
	美国占比（%）	31.9	7.1	6.5	5.5	4.2
	全球占比（%）	34.0	58.6	70.1	66.2	61.7
	XGA[1]	—	336.0	245.6	79.1	54.0
	美国占比（%）	—	10.7	3.1	0.9	0.5
	全球占比（%）	—	59.3	65.0	63.7	74.0
	100万像素	—	1075.2	1904.8	2190.0	2732.0
	美国占比（%）	—	34.3	24.3	25.4	27.4
	全球占比（%）	—	37.7	44.1	42.6	1.8
	200万像素	—	604.8	1502.6	1789.0	2208.0

（续）

地区 \ 时间（年）	1998	1999	2000	2001	2002
美国 美国占比（%）	—	19.3	19.2	20.8	22.1
全球占比（%）	—	40.6	42.0	42.9	41.9
300 万像素	—	—	750.8	760.0	789.3
美国占比（%）	—	—	9.6	8.8	7.9
全球占比（%）	—	—	33.5	32.0	30.8
300 万像素	—	—	—	25.1	93.0
美国占比（%）	—	—	—	0.3	0.9
全球占比（%）	—	—	—	25.7	43.1
总出货量	330.5	2240.0	4916.1	5313.2	6291.3
日本 VGA	437.4	57.0	65.0	78.0	87.0
日本占比（%）	33.1	2.8	1.8	2.0	2.0
全球占比（%）	45.0	14.9	8.9	11.0	12.9
XGA	—	114.0	32.0	0.0	0.0
日本占比（%）	—	5.6	0.9	0.0	0.0
全球占比（%）	—	20.1	8.5	0.0	—
100 万像素	—	1064.0	1102.5	1199.9	1310.0
日本占比（%）	—	51.9	31.3	31.0	30.7
全球占比（%）	—	37.3	25.5	23.3	20.0
200 万像素	—	665.0	1122.0	1209.0	1360.0
日本占比（%）	—	32.4	31.8	31.3	31.9
全球占比（%）	—	44.6	31.4	29.0	25.8
300 万像素	—	—	1007.1	1097.7	1201.0
日本占比（%）	—	—	28.6	28.4	28.1
全球占比（%）	—	—	44.9	46.2	46.9
400 万像素	—	—	—	30.5	61.0
日本占比（%）	—	—	—	0.8	1.4

（续）

地区 \ 时间（年）		1998	1999	2000	2001	2002
日本	全球占比（%）	—	—	—	31.3	28.2
	总出货量	437.4	1900.0	3328.6	3615.1	4019.0
西欧	VGA	126.4	56.0	96.1	86.7	80.0
	西欧占比（%）	34.9	7.0	4.3	3.4	3.0
	全球占比（%）	13.0	14.7	13.2	12.2	11.9
	XGA	—	63.0	60.0	25.0	10.0
	西欧占比（%）	—	7.9	2.7	1.0	0.4
	全球占比（%）	—	11.1	15.9	29.1	13.7
	100 万像素	—	427.0	800.6	980.0	1104.0
	西欧占比（%）	—	53.4	35.5	38.9	40.9
	全球占比（%）	—	15.0	18.5	19.1	16.9
	200 万像素	—	154.0	694.6	731.0	784.0
	西欧占比（%）	—	19.3	30.8	29.0	29.0
	全球占比（%）	—	10.3	19.4	17.5	14.9
	300 万像素	—	—	345.8	356.0	361.0
	西欧占比（%）	—	—	15.4	14.1	13.4
	全球占比（%）	—	—	15.4	15.0	14.1
	400 万像素	—	—	—	20.0	32.0
	西欧占比（%）	—	—	—	0.8	1.2
	全球占比（%）	—	—	—	20.5	14.8
	总出货量	126.4	700.0	1997.1	2198.7	2371.0

注：① XGA（Extended Graphics Array）是一种计算机显示模式，特指最大色彩数及最大的图像分辨率，也叫真实分辨率和物理分辨率。

资料来源："Worldwide Digital Camera Market Forecast and Analysis, 2000-2005," Analyst: Chris Chute.

奥林巴斯 Camedia 系列数码相机的初期开发

概述

早在 20 世纪 70 年代，奥林巴斯就开始着手研发电子影像系统，由于这一系统在当时的盈利能力过于低下，奥林巴斯一度退出影像行业。

1981 年，索尼公司宣布正式推出 Mavica 系列电子相机，极大地震动了奥林巴斯，它开始继续 80 年代初未竟的电子相机研发工作。1992 年 3 月，奥林巴斯 VC100 上市，这是该公司历史上第一款电子静态相机（模拟型）；一年之后，奥林巴斯又推出了 VC-1000 系列（数字型），售价为 52 万日元。

20 世纪 90 年代初，奥林巴斯产品遭遇了市场业绩下滑的困境，涉及产品包括内窥镜、显微镜和卤化银相机等。以内窥镜为例，这种产品初期盈利能力极强，几乎占公司总体销售收入的一半。但从 1993 财年开始，内窥镜销量下滑，这直接导致奥林巴斯公司该财年利润的剧降。

1993 年，为了探索潜在的新业务，新任总裁岸本正寿（Masatoshi Kishimoto）成立了新业务拓展部门，数码相机正是该部门的候选新业务领域之一。当时日本的数码相机开发工作正处于起步阶段。在奥林巴斯决定进军数码相机市场之后，岸本正寿即刻任命菊川刚（Tsuyoshi Kikukawa）牵头负责数字影像（digital imaging，DI）部门。岸本正寿的目标是打造出价值 100 亿日元的数码相机业务。1995 年 6 月，该部门开始筹建；1996 年 4 月，DI 项目团队正式成立，该团队采取独立运营模式，直接向总裁汇报工作。

卡西欧 QV10 的推出引发了消费市场的腾飞，也在奥林巴斯内部引起了激烈的争论。争论的一个焦点是公司是否应该趁势进入新市场，毕竟当时数码相机市场潜力尚存在太多的不确定性；另一个焦点是公司应该聚焦专业相机市场还是大众消费市场。在当时，大部分相机厂商趋向于聚焦专业市场，以便充分发挥其技术能力、挖掘该市场盈利潜力。菊川刚（当时已升任奥林巴斯总裁）力排众议，决定把大众消费市场作为关注重点。用他本人的话来说："专业市场已经被竞争对手攻占了，而大众消费市场潜力要大得多。"[1] 他的目标是 3 年之内实现 100 亿日元的销售额，这也是奥林巴斯公司当时单项业务最低销售水平。

菊川刚为此聘用了小岛祐介，后者在日本相机市场拥有丰富销售经验。小岛祐介是一位公认的个性人物，项目团队需要的正是性格强势、精力旺盛的新成员。在小岛祐介的带领下，项目团队针对消费者预期、设备技术进步、通信及个人计算机基础设施等问题开展了大量的市场调研。菊川刚和小岛祐介随后确信，面向大众消费者的数码相机市场具有极大的发展潜力，消费者对高质量影像的需求极其旺盛。他们决定开发一款像素数更高、专注"生产优质照片"的新型相机。这一定位与卡西欧截然不同，后者仍将自己定义为个人计算机的周边设备。

选择这一定位的原因是希望充分发挥奥林巴斯作为一家相机厂商的技术优势。菊川刚和他的团队认为，人们会更多地浏览打印出来的照片而不是在计算机屏幕上的照片，计算机上的往往 30 万 ~40 万像素就足够了。因此，用户会要求更高的分辨率。在当时的市场上，卡西欧产品的分辨率是30 万像素，佳能的产品达到 60 万像素。

菊川刚决定退出专业数码相机市场。在开发初期，技术部门团队成员对数码相机的照片质量深表怀疑，制造部门对该项目也没抱太大的热情。

然而，短短一年之内，团队就成功地推出了 Camedia 系列的第一款相机。1996 年 10 月，拥有 80 万像素的奥林巴斯 C800L 上市，分辨率达到 XGA 等级。

Camedia 系列的开发工作得益于几个极为关键的决定，包括重视提升开发工作速度、提早部署大众消费市场等。奥林巴斯是数码相机大众消费市场的新人，它们从确立了目标发布日期到发布了第一款产品只用了一年时间。公司鼓励与其他厂商合作，以缩短产品的上市时间，这与奥林巴斯的传统工作方式大相径庭。

项目团队一开始决定设计一款通用型 CCD，它的原型是三洋公司为一款 8 毫米格式 ⊖ 摄像机开发的，奥林巴斯独立开发了它的产品概念、技术规格、外观设计、镜头和闪光灯。公司负责镜头和机身的制造，并把 CCD 和存储单元的生产外包给了三洋公司。为了缩短上市时间，这款相机的专用集成电路设计工作是与 F. Actual 公司合作完成的，生产则外包给了三洋公司。奥林巴斯试图通过推出新的产品型号进一步进行市场细分，以此促进产品升级。为此，它们推出了 VGA 分辨率的低端型号 C400 和 C400L，进一步拓宽了产品线。

在这一过程中，它们发现，首款产品不可能在原定的时间期限内实现所有功能要求。这时它们决定将这些功能和规范放入下一款产品，而不是推迟原定的发布时间。例如，为了推出第一款产品 C800L，奥林巴斯不惜牺牲内部开发的百万像素级别的 CCD，只为了抢在竞争对手立足前把产品推向市场。

⊖ 8 毫米格式源于日本视频产品制造厂家联合开发的一种摄像机高质量视频格式。——编者注

一年后的 10 月，C1400L——奥林巴斯的第二款产品正式上市。它完全由奥林巴斯内部开发完成，DI 部门的 50 位工程师全员投入其中。为了配合更高的定价，公司决定采用 3 倍变焦的单镜头反光（SLR 3x zoom）款式，而不是便携款式，这款相机的集成电路和整体制造都由奥林巴斯独立完成。

C1400L 的关键元器件是百万像素级的 CCD，它当时主要应用于高清电视，价格极为昂贵。奥林巴斯的工程师们决定与日本电气股份有限公司（简称 NEC）共同开发百万像素级 CCD。NEC 开始的要价是 10 万日元，而奥林巴斯的目标成本只有 4.5 万日元。双方一边继续谈判，一边同步推进开发工作。

为了降低 CCD 的成本，奥林巴斯承诺了 10 万支的最低采购量，还承担了一部分开发成本。第一款产品 C800L 在市场上反响良好，为奥林巴斯带来了更好的商誉，使得其与 NEC 的合作向前推进了一步。NEC 向奥林巴斯保证，在双方约定的时限之内不会向其他企业销售这款 141 万像素的 CCD。双方还重新检视产品的质量，扩大了生产规模，这些努力进一步降低了 CCD 的成本。

C1400L 终于在 1997 年 10 月上市，售价为 12.8 万日元。这样的价格能买到配备百万像素级 CCD 的单反数码相机，市场的反响极为热烈，C1400L 比 C-800L 获得了更大的成功。在当时，市面上最低配置的百万像素级别数码相机是富士 DS-300，它的售价高达 29.8 万日元。相比之下，性价比更高的 CL-1400 一鸣惊人，成了当年的爆款产品。

奥林巴斯在第一年里发布了包括 C800L 和 C1400L 在内的 8 款产品。1998 年销售总收入达到 230 亿日元，这也是奥林巴斯正式进军数码相机行业的第二年。奥林巴斯提前实现了 3 年销售计划，并开始盈利，5 年内没有出现过累计亏损（accumulated loss）。

在 Camedia 系列巨大成功的背后，我们总结出了以下几点重要原因。

- 清晰的产品定位——"下一代"（next-generation）照相机。

- 专业化技术水平。为了拍出高质量的照片，奥林巴斯推出高品质
  镜头与成像器件组合，并大力推广这一组合的价值。

- 多渠道销售。公司不仅采用传统的销售渠道，还发挥了录音机等
  家电的渠道和个人计算机销售渠道的作用。

DI 项目在奥林巴斯公司内创造了一种极富特色的新型营商模式。它
成就的文化也不同于这家公司任何一个其他部门的文化。例如，单纯为了
"取得共识"而召开的形式化会议被砍掉了 2/3；为了缩短上市时间，项目
负责人会迅速做出决策，这种文化与"硅谷文化"极为相似。虽然作为总
裁的岸本正寿没有直接参与数码相机的开发工作，但他在保护项目团队的
工作中发挥了至关重要的作用。

CL1400 改变了数码相机市场，把它从个人计算机输入设备市场变成了
"照相机"市场，迅速推动其发展。该产品的推出改变了市场上的相机配置
目标，整个行业开始追求更高的分辨率。1997 年下半年过后，针对分辨率
的竞争进一步加剧，每一家企业都使出浑身解数。1999 年春，200 万像素
相机面世；2000 年春，300 万像素相机接踵而至。

奥林巴斯初期全球知识管理路径分析

奥林巴斯在 Camedia 系列相机开发工作中的全球知识管理路径颇具特
色，总结如下。

- 从需求、要素、关联 / 配套产业和竞争等角度来看，奥林巴斯充分发挥了立足日本这一区位优势。
- 奥林巴斯充分利用了"日本市场需要清晰的照片"这一隐性知识。
- 它极大地发挥了数码相机背后的产业中早已存在的紧密关系网络的作用，发挥了工程师之间，以及公司的工程师与供应商和关联产业的工程师之间在"场"中相互协作的力量。

以上总结似乎没有一点与"全球"知识管理存在联系。作者将在下文逐一做出详尽解释。

1. 区位优势

奥林巴斯充分发挥了日本的"集群"区位优势，在发展初期阶段全面体现了波特钻石模型中的 4 项要素。

需求条件。日本市场的需求条件促进了数码相机市场作为纯粹"照相机"市场迅猛的增长，日本市场对此需求远大于美国市场和欧洲市场。

日本的相机用户以具有极高的成熟度闻名世界。他们往往要求极高，这也曾经推动了卤化银相机的创新，日本的数码相机初期用户大多是电子产品和创新产品的发烧友。此外，日本的相机用户还有一个著名的特点：喜欢赶时髦。只要有一波潮流兴起，大家都喜欢一拥而上，这些条件让数码相机热潮持续了很久。

日本的相机用户对"好的、清晰的"照片有着强烈的需求，这直接带来了更高分辨率的相机款式。同其他主要市场相比，日本市场的这些特点对于作为"照相机"的数码相机的开发有着更加重要的意义。以美国市场为例，美国的相机用户的主要特征是"价值"敏感，他们更多地把数码相机视为计算机的附属品，并没有对高分辨率提出特别的要求。

要素条件和关联 / 配套产业。奥林巴斯公司从日本市场的要素条件和关联 / 配套产业的竞争能力及合作中获益匪浅。

日本有着大量的非正式团体和论坛，主要由企业的电气、电子、光学及化学工程师组成。电子制造企业和相机 / 光学制造企业的工程师素来联系紧密，从索尼公司 20 世纪 80 年代推出 Mavica 相机开始，工程师之间内部交流对电子照相机开发及行业发展影响巨大。从电子照相机开发初期经历了多次失败的挫折，尤其是 8 毫米摄像机市场破产的巨大打击以来，这些工程师之间形成了战友般的情谊。为了开发商业上可行的电子相机，工程师们在工作中十分团结。有时候，这种团结意识强烈到几乎让某些专门技术泄露。工程师们热忱地欢迎卡西欧 QV10 的诞生，因为它不仅开启了数码相机市场的第一轮扩张，还被视为数码相机在市场上首战告捷的一面旗帜。

来自不同企业的工程师通力合作的环境也让奥林巴斯大受裨益。它不仅营造了有着战友般情谊的工程师之间交流想法和开展试验的"场"，还促进了工程师们对于"是什么带来了优秀而清晰的照片"这一问题达成共识。这种共识在数码相机的市场开发阶段发挥了极为重要的作用。

色彩管理（Color Management）是极难量化的。马克贝斯色卡（Macbeth Chart）固然可以做到色彩的量化，但它无法做到准确地还原，即使其在人的肉眼看来与被拍摄对象的色彩毫无二致。例如，用相机拍摄并通过色彩定量的方式再现一朵红玫瑰在人眼中根本不是红玫瑰，只有加入额外的粉色，红玫瑰才会栩栩如生地出现在我们眼前。因此，有鉴定"好照片"能力的工程师是数码相机开发工作中所不可或缺的。而对"好照片"色彩的敏感性只能通过大量鉴赏和累积形成。这种隐性知识往往深深地埋藏在工程师们的心里。

设计一款能拍出"人人夸我好颜色"的好照片的相机要经过多次试错。它的开发过程离不开各个关键部件的调节与整合，如镜头、CCD 传感器等。只有通过与负责其他部件的设计师交流分析色彩质量信息，不断调整关键部件，才能设计出优秀的数码相机。因此，参与产品设计的工程师不仅要理解是什么成就了"好照片"，还要积极分享并交流。

在发挥数码相机在关联 / 配套行业竞争能力方面，奥林巴斯面向其他企业的外包 / 合作决策发挥了极好的作用。当时，CCD 传感器市场是由日本厂商主导的，而传感器正是数码相机的核心元器件之一。此外，包括夏普和 NEC 在内的众多其他竞争厂商都对这一元件表达出浓厚的兴趣。这也为奥林巴斯带来了更多的货源选择。

日本还有许多 LCD 和 ASIC 厂商，虽然每一款数码相机的 ASIC 都需要具体定制，但厂商在卤化银相机的 ASIC 设计中已经积累了丰富的技术诀窍。集成电路设计本身没有构成太大的技术挑战，真正的挑战是如何拍出符合拍摄者感觉的照片。

竞争情况与竞争环境。从数码相机产业诞生之日起，它的竞争环境和市场机制就比较完善。正如卤化银相机以及其他消费电子产品一样，数码相机行业的政府监管与控制相当有限，来自不同行业的企业可以自由地进入和退出这一行业，所有参与竞争的厂商直接投身全球竞争的洪流。它们清楚地知道，游戏规则完全由它们主导。日本相机产业协会实际发挥的是论坛的作用，供工程师交流想法，而不是一个阻碍新人入场、"管理"竞争的行业帮会。尽管如此，厂商之间的竞争仍然极为激烈。各自的市场份额常常大起大落，每一年都与前一年大不相同。

　　凭借 QV10，卡西欧成了第一阶段的执牛耳者。卡西欧是一家与众不同的市场开创型企业，它此前完全没有相机制造经验。与家电企业相比，它在摄影机生产方面处于劣势；与半导体制造企业相比，它在 CCD 和 LSI 技术方面处于下风。卡西欧在冲突中不断促进自身产品概念的进化，实现一次次突破。

　　另一方面，奥林巴斯明确提出了"下一代照相机"的产品概念，借此向卡西欧发起冲击。索尼等电商巨头和包括富士、佳能和尼康在内的相机厂商也各显神通、进军这个飞速增长的新市场。举例来说，富士将既有的实验室网络和集团高度的纵向一体化作为竞争优势，而索尼则把自身的品牌力量和 CCD 技术作为竞争利器。

　　没有监管的自由竞争市场，加上风格迥异的竞争厂商，共同推动着企业在数码相机市场做出创新。

2. 对隐性知识的极大依赖

　　在数码相机的开发过程中，来自市场的知识以及照相机行业里的工程师积累的知识发挥了重要作用。

　　市场知识和供给侧知识拥有同等重要性。在此阶段，它们同属于隐性知识。对市场需求的"感觉"是对初露端倪的市场需求的第六感，它产生于项目领导者和团队成员的内心深处。对相机厂商来说，想让自己的产品区别于传统电子产品，就要充分发挥隐性知识的作用。

　　除此之外，对于是什么构成了一张拥有好色彩的"好照片"问题的主观认识同样属于隐性知识。它是难以表述的，只能凭借优秀的色彩感知能力的工程师点滴积累形成，并且只能根植于这些人的内心深处。

3. 实体"场"合作的大量应用

钻石体系四要素，即需求条件（对好照片的渴求）、要素条件（众多深谙"好照片"之道的工程师）、竞争情况（激烈的竞争环境资源合理配置程度，成为市场领导者的努力）、关联 / 配套行业（光学、电子行业等合作）之间的协同效应在奥林巴斯案例中发挥得淋漓尽致。

临近性，或曰实体"场"在培育隐性知识中起到相当重要的作用，团队成员不仅需要与用户对话、与同事对话，还要与供应商企业中的工程师对话。为了确保市场尽快接受数码相机作为"下一代照相机"的新定位，奥林巴斯急需挖掘和感知"初始用户需求"。小岛祐介指出："我们清楚地了解我们相机产品的用户，从产品的展示方式，到客户购买数码相机的过程，甚至他们的面部表情，一切都活生生地展现在我们面前。"[2]

这是隐性知识通过与顾客面对面的互动转化为显性知识的典型例子。身在全球最大的数码相机市场，奥林巴斯与顾客之间保持不间断的接口，这是奥林巴斯在初期开发阶段能够紧跟市场进行变革的先决条件。就这个意义而言，因为在物理距离上与高需求市场更贴近，日本企业拥有相对海外企业更加有利的条件。

奥林巴斯还有一项独特的优势，它们拥有小岛祐介，一位与客户共情的天才。他能清晰地描述出用户在使用数码相机时的面部表情，把隐性知识转化为显性知识。"下一代照相机"的概念就是在这个阶段提出的。

人们需要共享关于"优秀色彩"的隐性知识，并把这种共有的理解和感受融入相机的实际设计中去，所以需要共享实体"场"、实现知识转化、完成数码相机的设计。奥林巴斯把价值链活动，尤其是研发、规划等上游活动放在了日本的大本营进行，所以，在发展市场的初期阶段，该公司的知识分享与试验开展得十分顺利。将"照片的色彩管理这一隐性知识转化为产品设计的各项技术规格等显性知识的过程"，就是在这个阶段完成的。

与其他企业共享"场"也十分重要。例如，为了加快研发速度，奥林巴斯决定外包多项活动，数码相机的设计更多地变成了工程师之间合作和试验的过程，具体涉及 CCD、镜头和算法等多项设计。距离对于这一类型的知识共享而言，需要面对面的交流、对话显得极为重要。设计、生产和市场营销人员之间的协同合作尤其重要。内部工程师之间，以及他们与来自关联/配套行业的工程师之间的大量协作是这一阶段的主要特征。一款成功的"照相机"设计完成之后，其经验必定深深地根植于参与项目的每一位工程师心中，并以技术诀窍的形式永久留存（内隐化）。

最后，从识别其他区域市场需求信息的角度来看，这家公司并没有在全球知识管理方面做太多投入。

奥林巴斯的艰难岁月

借助 Camedia 系列的成功，奥林巴斯成了数码相机产业第二阶段扩张的先驱者。然而，在接下来的几年里，这家企业遇到了困难（见表 7-2）。主要原因是市场竞争过于激烈和奥林巴斯全球知识管理工作做得不到位。

2000 年前后的全球数码相机产业竞争情况

到 2000 年时，全球数码相机产业增长异常迅猛。2000 年全球数码相机出货量达到 1 125.5 万台。美国的出货量最高，占全球市场的 43.7%，日本紧随其后。

　　此时的数码相机已不再是新鲜事物，消费者也越来越看重产品的独特性和优势。美国市场开始出现平均体系价值下滑状况，从 1999 年的 588 美元下跌到 2000 年的 533 美元。与此同时，日本市场的平均体系价值保持增长，从 1999 年的 587 美元上涨到 2000 年的 622 美元（见表 7-3）。

表 7-2　奥林巴斯光学有限公司财务报表

奥林巴斯光学（百万日元）	2002 年	2001 年	2000 年	1999 年	1998 年	1997 年
影像产品集团 *	208 447	183 644	164 727	139 624	111 138	82 798
医疗产品集团 *	254 943	195 567	186 663	199 630	84 098	166 972
工业系统及信息产品集团 *	55 833	87 473	77 256	74 490	69 746	60 707
其他 *	9 192	—	—	—	—	—
合计	528 415	466 704	428 646	413 744	364 982	310 477
国内销售额	150 761	149 351	144 993	136 012	128 025	114 162
国内销售占比（%）	28.5	32.0	33.8	32.9	35.1	36.8
海外销售额	377 654	317 353	283 653	277 732	236 957	196 315
海外销售占比（%）	71.5	68.0	66.2	67.1	64.9	63.2
影像产品集团						
营运成本	215 325	184 044	161 609	139 113	109 871	77 080
营业利润	（6 788）	（279）	3 235	630	1 371	（2 467）
资产	118 171	144 433	108 406	105 750	109 846	84 271
折旧	7 696	5 265	3 933	5 458	4 940	4 789
资本支出	8 532	6 674	5 177	6 686	4 872	4 634

*2002 年度细分为 "影像" "医疗" "工业" 和 "其他"。

资料来源：2001 Annual Report, 2002 Yuka Shoken Hokokusho.

　　竞争变得日益全球化。其中，美国厂商，如柯达公司和惠普公司依托差异化战略崛起。2000 年年末，惠普公司在毫无征兆的情况下突然上市了一款 100 美元的数码相机，售价远低于传统价格定位。惠普实现低价格的原因在于它们把数码相机的生产地放在了中国，充分利用了当地的成本优势。这一战略相当有效，在"价值"敏感的美国市场尤其如此。柯达以启能公司（Chinon）为代工厂，用"超值"来定位自身的产品，锁定了低端目标市场。发起这一变革的美国企业抓住了美国的市场需求，引发了整个产业的震荡，数码相机的价格开始以更快的速度下降。

数码相机的产品生命周期骤然缩短引发了产业成本要素的进一步全球化。日本企业匆忙地把价值链中的生产活动转移到了亚洲的低成本国家和地区。其中，三洋将生产转移到了印度尼西亚和韩国；美能达（Minolta）转移到了马来西亚等地；柯尼卡（Konica）和佳能走进了马来西亚。低成本成为这一阶段的主要竞争点。

表 7-3　三大市场全自动数码相机的平均体系价值情况

平均体系价值（美元）		1998 年	1999 年	2000 年	2001 年	2002 年
美国	VGA	440	560	464	385	315
	XGA	—	570	488	249	220
	100 万像素	—	550	396	290	220
	200 万像素	—	675	579	485	430
	300 万像素	—	—	850	780	700
	400 万像素	—	—	—	900	860
	整体水平	549	588	533	436	369
日本	VGA	425	340	301	295	288
	XGA	—	300	299	0	0
	100 万像素	—	570	450	340	270
	200 万像素	—	685	595	500	445

（续）

平均体系价值（美元）		1998 年	1999 年	2000 年	2001 年	2002 年
日本	300 万像素	—	—	870	790	705
	400 万像素	—	—	—	950	910
	整体水平	546	587	622	534	469
西欧	VGA	390	350	348	320	315
	XGA	—	350	348	250	198
	100 万像素	—	563	402	291	225
	200 万像素	—	683	609	500	445
	300 万像素	—	—	869	800	730
	400 万像素	—	—	—	950	900
	整体水平	517	553	551	450	387

资料来源："Worldwide Digital Camera Market Forecast and Analysis, 2000-2005," Analyst: Chris Chute.

奥林巴斯的经验教训

对于原来的行业引领者奥林巴斯来说，日本区位优势已不再明显。当竞争对手纷纷把生产线转移到低成本地区时，奥林巴斯继续把镜头和数码相机的生产线留在日本国内。可此时将大多数上游价值链活动留在日本已经无法带来高效率了。

奥林巴斯以最痛苦的方式取得了以下教训：第一，如何高效、有力地与大众消费电子市场上强大的对手展开竞争？奥林巴斯未能针对这个问题提出新计划。这一计划的缺失迅速地威胁了它的市场地位。基于卤化银相机产品的思维方式和强调速度的"响应式"（reactive）战略不再发挥效用。

第二，奥林巴斯缺乏基础设施建设工作，公司现有体系难以支撑其庞大的业务量。1997 年，奥林巴斯的产品只有两款，到了 1999 年，已经发展到10款，产品生命周期只有短短半年，这极大地加深了业务管理的复杂性。管理如此庞杂的产品需要应用知识管理中的组合化原则，即把显性知识组合为更加复杂的、系统性的知识集合。然而，来自不同市场和部门的创意有极大的随机性，只有在资源开发就绪的情况下才有可能被大量接收。企业过于快速的发展没有留给人们足够的时间完成组合化这一关键步骤。

第三，全球知识管理概念缺失带来了严重的损害。奥林巴斯没有发觉美国市场竞争法则的变化。它既没有发现潜在的竞争对手——柯达和惠普，也没有意识到成本效益正成为全球市场转移的方向。竞争对手动作如此迅速，使得奥林巴斯措手不及、疲于奔命。

此时的奥林巴斯罔顾市场朝向"超值"的整体趋势，为产品继续制定高价。随着手机市场增长放缓，电子器件供大于求，奥林巴斯的产品在市场中遭遇接连打击。

此外，奥林巴斯公司对于是什么形成了"好色彩的清晰照片"这一隐性知识的过度依赖使其无法随着市场的变化而变化。一旦所有竞品达到百万像素，市场也难以明辨色彩管理间的微妙差别。过于关注隐性知识优势造成的结果与奥林巴斯跻身全球竞争的努力背道而驰。

第四，来自重要区域市场（如美国市场）的竞争情报和市场信息，未能得到有效整合。一方面，奥林巴斯没有足够的人力资源负责调查并研究市场变革，因此，公司很难从分散的市场中有效地收集隐性知识。另一方面，奥林巴斯几乎没有把自己取得的隐性知识转化为系统知识，帮助全球各地的组织做出更加有利的决策。也就是说，这家企业几乎从未尝试过将隐性知识转化为显性知识。

产业的"生死时速"、包括手机和半导体在内的高科技产业变革带来的压倒一切的冲击力和全球化的飞速发展，这些都远远超出了奥林巴斯对"速度"二字的理解。它的理解依然停留在过去的主业——卤化银相机的业务范围内。因此，这家企业的行动往往一晚再晚，这不仅体现在它的半导体器件采购中，还体现在其他各项工作中。

总而言之，奥林巴斯既有的知识管理水平无法适应产业总体变革的节奏。

2002 年前后的知识管理挑战

2001—2002 年期间的数码相机产业

对全球相机产业而言，2001 年是卤化银相机与数码相机之间一道清晰的分水岭。卤化银相机的出货量从此开始下降，与此同时，数码相机的出货量则持续快速增长，并在出货价值方面超越了前者。美国、西欧和日本这三大市场明显地转向数码相机。此时，卤化银相机在发展中国家仍保持着相当良好的销售态势。

2001 年，数码相机的全球出货量达到 1261.5 万台。美国依然是世界上最大的数码相机市场，占据了全球出货量的 42.1%，紧随其后的是日本（28.7%）和西欧（17.4%）。

就其特征而言，三大区域市场开始走向趋同。美国市场一度以超低端细分市场（VGA 和 XGA）强势而著称，此时突然转向中高端型号。日本市场也悄然发生变化，该市场的用户曾以注重产品复杂性和对中高端相机的偏爱而闻名，追求极高的分辨率。在体验过大量产品之后，日本的相机用户越来越多地意识到，对于 A4 尺寸的相纸来说，200 万像素已经足够了。因此，他们在后来阶段并没有盲目跟从相机厂商对更高像素级别相机的推广。2001 年，200 万像素级别数码相机的市场份额从 39% 提高到 53%；与此同时，300 万像素级别数码相机的市场份额开始下降，从 27% 滑落到 22%。相机的售价也在下降。以售价高于 6 万日元的数码相机为例，其市场份额一年间从 38% 下降到 20%。2001 年的前 9 个月，日本市场上的数码相机平均价格（出货价值除出货量）下降了 15.3%，从 44 455 日元降至 37 665 日元。

用户偏好同样发生了改变。有报道称："小巧轻便、售价在 4 万到 6 万日元价格区间的 200 万像素数码相机成了需求量最高的产品。我们要把数码相机做得更轻便实用，吸引家庭主妇和老年人的兴趣。"[3] 一种新的细分市场在 2000 年前后开始兴起，这一消费群体并不是熟识个人计算机的用户，但是他们"喜欢"把数码相机当作传送电子邮件照片的工具。他们购买数码相机的原因通常是"因为朋友们都在用""因为经常在广告和杂志上看到"或者"购买计算机时顺便买了它"。有些厂商还推出了超低价数码相机，专门面向学生和爱美的年轻女孩等。

2001 年，数码相机厂商之间的竞争进一步加剧。第一梯队的企业包括索尼、奥林巴斯和富士，紧随其后的是佳能、柯达和卡西欧，松下也在 2001 年重返数码相机市场。惠普曾在 2000 年震撼了整个相机产业，此时的实力依然不容小觑。表 7-4 是按企业划分的数码相机厂商所占的市场份额。

表 7-4   2000 年按企业划分的数码相机出货量及所占份额统计表

地区	数码相机品牌	出货量	所占份额（%）
美国	索尼	1 285 000	26.1
	奥林巴斯	900 100	18.3
	柯达	830 000	16.9
	惠普	430 000	8.7
	富士	389 550	7.9
	宝丽来	300 000	6.1
	尼康	246 100	5.0
	佳能	130 000	2.6
	东芝	77 000	1.6
	爱普生	65 000	1.3
	其他	263 300	5.4
	总计	4 916 050	100.0
日本	富士	965 300	29.0
	奥林巴斯	832 100	25.0
	索尼	565 900	17.0
	尼康	399 400	12.0
	柯达	199 700	6.0
	其他	366 200	11.0
	总计	3 328 600	100.0
西欧	奥林巴斯	419 400	21.0
	富士	339 500	17.0
	索尼	319 600	16.0
	柯达	299 600	15.0
	佳能	159 800	8.0
	尼康	139 800	7.0
	惠普	80 000	4.0
	其他	240 000	12.0

（续）

地区	数码相机品牌	出货量	所占份额（%）
西欧	总计	1 997 700	100.0

资料来源："Worldwide Digital Camera Market Forecast and Analysis, 2000-2005," Analyst: Chris Chute.

其中，富士的竞争优势有以下两点。

- 生产体系的整合。这家企业把主要部件的生产和组装，包括CCD、镜头和图像处理系统软件等，放在集团内部完成。
- 拥有"迷你实验室"（mini-labs）网络，基础设施较为完善。

为了建成这一网络，富士公司投入了大量时间。公司想把"迷你实验室"建设为顾客基地，通过它感知顾客需求的变化，即时实现未来的顾客关系管理。

有报道称，不断下降的市场价格使富士公司几乎无法从数码相机产业中获利。

1996年，索尼公司进入高端数码相机市场，并于当年推出了著名的Cyber-shot系列产品。索尼持续不断地发布高附加值产品，并为之配备多项功能，其售价也一直处于较高水平。索尼公司把数码相机定位为自身产品家族的一员。该家族还包括索尼的Vaio个人计算机、音响产品和摄像产品等。很多顾客会在选购Vaio个人计算机时自动购买Cyber-shot系列相机。索尼在全球大众消费市场上拥有令人敬畏的品牌力量。因此，它也有能力避免陷入价格战的泥淖。索尼公司从未公开发布该业务单元的盈利情况，但有意通过供应链关系管理系统降低库存，获取成本效益。2001年，索尼开始在中国生产高端数码相机。

另外，在美国市场上专门生产超低端数码相机（即 VGA 相机）的一众企业，如宝利来等，已完全退出市场。

此时的数码相机几乎变成了时尚单品，产品的生命周期大幅缩短。对此时的数码相机来说，不仅是尺寸和重量，就连外观和颜色都变成了重要属性。更短的产品生命周期极大地推动着整个产业的发展，具体表现为要求竞争厂商更快地发布新产品。

知识管理面临的挑战

随着市场的全球化，成本效益和差异化成了企业在全球范围内获得长期竞争优势的不二法宝。也就是说，与众不同的性能和低成本是每家企业进攻的方向。为了满足这些相互矛盾的需求，企业纷纷把生产活动转移到了中国等亚洲国家。日本的"集群"地位就此陷入了尴尬局面。

上述种种挑战使得价值链活动的协调工作变得异常复杂，也更为重要。举例来说，开发部门、生产部门和市场营销部门需要持续不断地升级知识、分享知识。这要求学习活动在全球各个地点分散进行，而不是像从前一样，仅集中在总部或者"集群"之内。企业不仅需要识别"主导"市场和集群内的"快照"式需求，还要应对不同地区市场的变化。新产品设计的试验工作也要在彼此离散的地点开展。

随着全球化进程加快，日本企业必须重新审视自身对于在实体"场"中，通过面对面的互动交流隐性知识、实现知识转化这种做法的过度依赖。隐性知识的分享，以及企业与供应商和关联产业之间的紧密合作必须采用新的形式，需要另一种类型的"场"。

奥林巴斯公司的小岛祐介指出："全球竞争是数码相机产业面临的客观

现实。日本厂商必须想方设法地延长隐性知识发挥重要功用的时段。一旦隐性知识转化为显性知识，就意味着价格战打响了。"[4]

有一种类型的隐性知识与显性知识的综合是不可缺少的。初期需求可能彼此冲突，企业要将涉及需求方面的隐性知识和显性知识综合起来，作为头等大事来办。如果这项工作需要与区域市场直接对接，就会变得更加困难。这是因为，在缺少实体情境的情况下，传送隐性知识是非常困难的。整合其他市场需求、推动隐性知识向显性知识转化需要付出额外的努力。为此，企业首先需要通过外显化和组合化实现知识转化，以此替代对话和共同体验。

总而言之，由于"实体"情境（"场"）中的分享受到限制，为了协调在地域上彼此离散的价值链活动，如开发和生产，企业需要更多地完成外显化和组合化。

由于需要跨越国家疆界和文化边界，外显化过程中经常需要用到的比喻、类比和模型等手段变得更加复杂。在全球知识管理中，组合化常常通过手册和文档形式表现。

最后，知识转化必须足够快速地完成。因为市场需要快速变革，产品的生命周期愈发短暂，使得综合工作更加困难，"场"的创建也面临更大的挑战。

奥林巴斯在 2002 年的全球知识管理路径

在经历了连续两年的亏损之后，奥林巴斯在 2002 年以强劲的角逐者姿态重返顶级阵营。它采用的策略是以重新定义全球竞争优势和认清全球知识管理新现实为前提的。

2001 年 10 月，小宫广史成为奥林巴斯影像系统集团总裁，该集团的业务范围覆盖卤化银相机、数码相机和录音机。它也是奥林巴斯集团唯一一个面向大众消费市场开展生产和销售业务的单位。这一任命和随之而来的重组标志着奥林巴斯全球战略和全球知识管理方式发生了重大改变。

目标

奥林巴斯树立了明确的目标——成为"主流全球品牌"和"重要的全球供应商"。它认识到品牌在大众消费市场上发挥着至关重要的作用。尽管奥林巴斯在医疗设备市场等专业市场上拥有良好的声誉，但在大众消费市场中仍然实力不足。公司的新目标建立在这一认知基础上。奥林巴斯立志成为重要区域市场的第一名或者实力极强的第二名，这就是它对"主流全球品牌"目标的定义。为了实现这个目标，它要求自己取得全球数码相机市场及卤化银相机市场 20% 以上的市场份额。

公司的具体利润目标是在 2003 年 3 月前为集团带来 50 亿日元的盈利，其中 40 亿~45 亿日元来自卤化银相机产品，5 亿~10 亿日元来自数码相机。在 2002 年，奥林巴斯在数码相机业务中的合并亏损约达 110 亿日元。这 50 亿日元的盈利可以在极大程度上帮助公司恢复元气。公司还重点针对生产部门规定了削减成本 10% 的目标。小宫广史深信，建立成本效益将为奥林巴斯带来全球竞争优势。

重组

2002 年 4 月 1 日，奥林巴斯宣布了数项重大重组计划。具体而言，该公司的国内市场销售子公司被并入信息系统集团。这一合并的目标是精简组织机构，帮助公司更迅速地应对市场的变化。重组之前，市场信息必须先由销售子公司完成分析，再上报给信息系统集团。整合有利于开发部门和生产部门直接分享市场知识。奥林巴斯还把市场职能部门并入了影像系统集团，以此推动隐性知识更快地转化为显性知识。

作为奥林巴斯北美地区公司的一员，本田拥有丰富的营销经验，他被任命为影像系统集团的市场营销部门总经理。公司同时安排了一位原公司经理支持本田的工作，这些任命是为了更加明确美国市场的需求情况。一方面，美国市场的重要性日益增长；另一方面，奥林巴斯需要整合海外市场。它试图为全球范围知识的外显化提供必不可少的情境，充分发挥那些熟悉市场者掌握的隐性知识，并请他们将隐性知识分享给其他同事。早在当年4月正式宣布之前，小宫广史已经开启了重组工作，他说：

如今电子产品更新换代迅速，数码相机的生命周期只有短短半年，相比之下，卤化银相机的生命周期为2.5年，内窥镜为10年，显微镜更是达到20年之久。我要求团队必须在半年之内完成重组。身处当前的市场环境，我们真的养不起庸才。有人说勤能补拙，我说对不起，那样太耗费时间了。每个人的工作效率各不相同，最好的办法是发现人才，然后放手让他（她）们做好自己的事。

他还做到了另一点——确保公司里的每个人在任何情况下都能做到全身心地投入目标。

我们有价值20亿日元的成品及元器件库存。我要求团队想办法在两个星期之内卖光库存，结果我没有收到任何提议。最后，我决定低价处理这些库存。这样的做法传达出一个明确的信号：我们要与过去一刀两断。它同时也是一记警钟，提醒着我们，公司曾经开发和制造过毫无竞争力可言的产品。我还叫停了一些产品的开发工作，它们要么缺乏明确的市场定位，要么毫无市场前景可言。我将这种做法叫作"壮士断腕"（funeral）。

2002年4月，公司的四大国内生产中心合并组成了一家新公司：奥林巴斯光电技术有限公司。奥林巴斯的镜头制造和DSC制造从此并入一个组织。光学工程活动与制造工程活动也并入了这家公司。

这一行动见证了奥林巴斯为建立实体"场"、协调价值链活动付出的努力。它力图以此加速知识转化（即SECI螺旋），尤其是外显化和组合化的速度。这一加速不仅发生在价值链活动之内，还发生在职能部门之间。它可以在奥林巴斯中国公司全套制造设施正式开工前完成日本国内生产中心的整合，降低生产成本。

此时，奥林巴斯正式宣布，将在中国扩大数码相机的生产能力。其深圳工厂的高附加值零部件生产，如镜头、镜头框架和模具等，生产规模将进一步扩张，它在广东省广州市番禺区另建立了一座新的组装厂。

明确的"创造"和"生产"任务

为了协调价值链活动、取得全球竞争优势，奥林巴斯采用了全新的方法。它最鲜明的特征是在全球每一种价值链活动中的"创造"及"生产"任务十分明确。

创造和生产都是生产过程中最直观的活动。整个生产过程中最富有创造力的方面都被保留在日本的奥林巴斯光电技术有限公司，如开发生产技术、让新的生产线迅速开工等。同时，高质量、低成本的生产中心会移师中国。小宫广史深信，中国生产的产品质优价廉。

当小宫广史先生还是分部经理时，就已开始使用这种方法生产卤化银相机全球业务的基础设施，当时的实践证明这种方法是成功的。

1989年，奥林巴斯开始在中国香港生产卤化银相机。在随后的10年里，香港的工厂竞争力日渐降低，番禺和深圳的工厂开始崛起。1999年，小宫广史来到香港，原本任务为恢复卤化银业务的盈利能力，结果他在履任的半年内关停了这家工厂，并于1999年10月开启了番禺工厂。

这次生产改造的重点是将产品缺陷率降到0.1%并提高生产率。经过一番努力后，番禺工厂把缺陷率降到0.068%。2002年，奥林巴斯集团的卤化银相机几乎全在深圳和番禺生产的，那里的生产效率达到世界领先水平。深圳工厂生产的相机部件及模具、镜头抛光等零部件中，80%实现了本地供货。

创造和生产任务不仅被应用在生产中，还可以应用到市场营销和开发工作中。广史先生指出：

> 市场营销的创造包括发明突破性新概念，开发工作中的创造指的是先进的、差异化的技术。如果我们能在每一个职能部门做到"创造"与"生产"相结合，就能够实现"流通循环"（cycle of circulation）。在数字一体化的时代里，业务的成功取决于我们能多快地完成这一循环。
>
> 　　以"创造和生产"为中心，影像系统集团力图在每一个职能部门里推广知识管理。

与供应商的知识共享

为了确定公司应与哪些供应商合作，奥林巴斯成立了新的采购部门。与富士、索尼等不同，奥林巴斯的关键元器件都是从外部采购的，所以，无论对成本效益还是差异化而言，公司与供应商之间的合作都格外重要。

奥林巴斯与夏普公司合作，为新品 C1zoom 生产 CCD。这是夏普公司第一次开发这一类型的 CCD。到了 C2zoom 投产前，奥林巴斯把 CCD 采购转向了松下公司。之所以选择松下，是因为奥林巴斯曾与 NEC 有过合作，并与当时的一批工程师交往甚密。后来，当 NEC 退出这一行业时，这批工程师纷纷加入了松下。

实践中的全球知识管理

奥林巴斯于 2002 年的重组和系列行动形成了一种全新的商业模式。它在全球范围内实现了开发、生产和销售的全流程整合。它的目标是缩短决策时间、提高把握市场需求的准确性、更及时的产品发布和更有效地降低成本。它目标明确且行动果决，为不同的地点分配了具体的角色，让分散在不同地点的价值链活动做到了协同一致。

奥林巴斯缩短了从产品概念确定到上市的时间，这是该公司在全球范围内提高 SECI 知识转化速度的结果。与传统方法相比，新方法把从概念到上市的时间缩短了一半。

2002 年下半年上市产品的概念是当年 3 月才确定的，决策时间较晚，但是按照"贴近全球客户"的要求，奥林巴斯迅速完成了区域市场需求的定义、分享和整合。在最终决定之前，产品概念数易其稿，来自美国、欧洲国家、新加坡等国家的近 30 位代表于日本总部代表共召开了 5~6 次会议。

为了落实"创造与生产"概念，协调产品开发、生产和市场营销工作，公司召开了数次大会。奥林巴斯光电技术有限公司准备出总体计划供来自中国生产厂和开发部门的代表们讨论。出席这一系列会议的还有来自设计部门和区域市场营销部门的代表。这种频繁地召开"两日会议"，把各地各部门的代表聚焦于在同一个地点，配合网上会议和现场走访，这些都是奥林巴斯为了在全球各地完成显性知识与隐性知识的综合而做出的具体努力。

奥林巴斯还破天荒地将新产品的初产交由中国工厂负责，由此把"生产"概念落到了实处。它过去的做法是，一项产品必须先在日本发布，一个月后在美国上市，再过一个月后在西欧上市。在这一年，奥林巴斯首次安排三地同时上市，并且一次性地推出 3 款产品。为了在一年之内重新盈利，公司把产品的技术规格写入了计划，同时它还限定了产品发布前的工作时间。可以说，奥林巴斯把自己逼到了极限。

沟通与知识管理

广史先生认为，只有人们能够轻松地理解并且认同政策的合理性，它们才有可能得到真正落实。例如，成为世界第一就是一个明确可见的目标。他指出："我们要用简单的语言和概念与'大多数人'沟通和交流。口碑流传、令人过目难忘的产品概念是最好的。"

这个概念背后的认知是：数码相机产品已经发展到极大规模，其运营全球化达到极高的水平。因此，一家企业的全部关键决策不可能只由一个人做出，全球范围的协同合作必不可少。小宫广史提倡信息"共有"（*kyoyu*）、"共感"（*kyokan*）和"共美"（*kyomei*）的概念，并指出：

简单地"共有"信息不足以创造价值。只有明确问题、共同思考问题的解决之道即"共感"，并且把想法付诸行动（即"共美"），才能真正地创造价值。我们过去只重视一小部分顾客（指日本用户），如今，我们的客户遍布天下。

在面对滞销商品、不出彩的设计以及落后的创意时，广史一向弃如敝屣，他用"壮士断腕"一词来说明这种态度。这本身即是一种比喻。在隐性知识向显性知识转化的过程中，比喻手法得到了大量的应用。它不仅能帮助组织共享知识，还可以协助完成感知、做出应对。

外显化与组合化

为了保证价值链活动流畅、迅速、协调一致，最重要的是"合作与协同"，而非"连接"或简单的"转移"。这里涉及隐性知识向显性知识的转化问题。

其中的一个例子是奥林巴斯深圳工厂针对产品缺陷率的"三色"标识。这家工厂用 3 种颜色来标示各条生产线的实时缺陷率。缺陷率高于 1% 的生产线使用红色标识，缺陷率为 0.1%~0.99% 的使用黄色标识，缺陷率低于 0.1% 的使用绿色标识。哪一条生产线或工艺流程的缺陷率较高，人人都一目了然。广史指出："我们让每一道流程的状态变得'可视化'和'明确化'，让身在其中的每个人都能理解……我们要通过一些手段让问题变得更加明朗。"

上文提到，在最新全球产品的开发工作中，奥林巴斯要求将上市时间缩短到原来的一半。在这项工作中，知识转化中的外显化和组合化得到了极大的推动。开发过程中通常以"隐性"面貌出现的知识被转化为显性知识。例如，在开发过程的每一个关键阶段，都会出现一张需要逐项核对的项目清单，这些清单准备得非常充分并得到了良好的运用。过去同样存在清单，但是没有完备的纪律与之配合。除此之外，公司在价值链活动中追求"认真且有条理的"合作，这也是奥林巴斯追求组合化的做法之一。

奥林巴斯的这些做法是为了适应不断变化的知识管理需求。不仅如此，它清楚地知道，为了保持竞争能力，必须完成知识的全球综合（global synthesis）。

小结

奥林巴斯的知识管理实践及数码相机产业战略演进说明了：

- 确定知识类型具有重要意义。这是因为，全球化不同阶段的关键竞争优势是由不同类型的知识组成的（从隐性知识到显性知识）。
- 为了协调分散在不同地点的不同价值链活动，务必完成知识转化，尤其是外显化和组合化。企业也可以把全球价值链活动的配置和协同当作触发器，通过外显化和组合化过程实现知识的转化。
- 在全球化的不同阶段平衡不同知识类型并进行知识转化十分必要。
- 面对有实力的竞争对手时，为了实现成本竞争力和差异化价值定位，必须做好外显化和组合化工作。
- 当产品的生命周期极短时，"快速"地完成知识转化极为关键。速度对隐性知识的转化非常重要，因为它通常需要较长的时间。

可供企业借鉴的教训包括：

- 既要取得成本优势，又要在全球竞争中做好定位战略。

- 价值链活动在不同地点之间的传播工作十分重要。

- 要在全球范围内充分发挥知识的作用。过度依赖隐性知识和为隐性知识的转化投入过多时间会造成时间与协作价值的双重损失。

- 快速完成知识转化中的外显化和组合化过程，是在全球范围内实现成本效益和差异化的关键。

第八章

组织间的知识创造：知识与社会网络

克里斯蒂娜·L.艾哈迈迪安

:

引言

知识创造不仅发生在公司内部，还产生于企业之间的各种关系。例如，丰田的竞争优势部分来自它与一组独立供应商合作创造知识的能力（Fujimoto，1999）。同样地，硅谷作为创新之都的声誉来自同个体、公司和教育机构通过多个重叠网络创造的知识体系（Saxenian，1994）。在其他许多行业，比如生物技术行业（Powell，Koput et al.，1996），知识创造的中心已经从公司内部转移到相互关联的公司网络。

本章探讨了组织间知识创造的过程，并提出了几个问题：知识创造的基本前提，特别是 SECI 模型和"场"的概念，在多大程度上适用于组织间的知识创造？组织间的知识创造与单个组织内的知识创造相比，它们的差异体现在哪些方面？跨越企业边界进行知识创造的优势和挑战是什么？

在本章，我将野中郁次郎知识创造范式的理论（见第三章）与组织间网络研究的进展结合起来，以更好地理解组织间知识创造的过程。我认为，丰田集团和硅谷代表了两种非常不同的组织间知识创造模式，因为它们具有十分独特的组织间关系模式并产生了截然不同的结果。这两种模式尽管存在差异，但也显示了有效的组织间知识系统的共同特征。特别是，硅谷和丰田集团都为知识创造提供了一个强大的"场"，或者说物质条件和社会环境。野中郁次郎强调了"场"在企业内部知识创造中的重要性，而硅谷和丰田的模式则给了我们一些"场"如何在企业间被创造的启示。

很多日本公司（当然不是全部）依循丰田模式成为创造知识的典范，而日本公司依靠复制硅谷模式的成功案例则较少。另外，近十年来，日本企业一直在减少交叉持股，将业务转移到海外，放松与长期供应商的联系，因而削弱了某些丰田组织间知识创造模式的基本依托。在本章最后，我将探讨一个令人困扰的问题：这些变化是否会导致日本企业丧失其在组织间知识创造方面的能力？

企业间知识创造的框架

野中郁次郎的知识创造范式，既强调知识创造的过程，也强调知识创造的条件。这一范式的关键是隐性知识和显性知识的相互作用。正如 SECI 模型所描述的那样，知识创造是一个螺旋。该模型描述了隐性知识如何通过社会化创造，如何通过外显化转化为显性知识，如何通过组合化与其他形式的显性知识重新结合，又是如何通过内隐化再次转化为隐性知识的。

SECI 知识创造模型进一步为隐性知识与显性知识的螺旋式转化设定了条件。其中的关键概念是"场"，即"一个创建、共享和利用知识的平台"（Nonaka et al., 2001, p.19）。"场"是一个发生交互的环境，可以是物理的、虚拟的、心理的或所有这些的不同组合。正如一条和生在第五章指出的，知识创造是一个脆弱的过程，它植根于不期而至的、灵光乍现的洞察和不够成熟的思想的积累。知识创造是一个对话的过程，是隐性知识与显性知识的相互转化。一个知识创造的"场"必须为参与者提供共同的语言、共同的隐喻和易于理解的交流例程，并保障个人的自由和安全。正如冯·克罗（Von Krogh）和他的同事（2011）所言，通过"关心"，促进知识创造。

野中郁次郎和竹内弘高（1995）在他们关于知识创造的书中，提供了一个理解知识创造的过程的框架。他们指出："组织的知识创造应该被理解为'组织性地'扩大个人创造的知识并使之成为组织知识网络的一部分的过程。这个过程发生在一个不断扩大的'互动社区'中，它跨越了组织内部和组织间的层次与边界。（p.59）"野中郁次郎和竹内弘高认为，组织间知识创造是知识创造的一个重要的本体论层面，重要性仅次于个体、群体和组织（p.57）。他们指出，知识创造过程的最后阶段是与客户、大学和其他组织建立"知识网络"，并与外部世界共享组织内部创造的知识（p.84）。尽管野中郁次郎和竹内弘高强调了组织间知识创造的重要性，但是他们的研究还是聚焦于组织内部的知识创造，他们将如何为组织外部的知识创造和创造条件的任务留给了未来的研究。

正如野中郁次郎和竹内弘高所言，组织间知识创造与组织内部的知识创造存在一些共同特性。其中最重要的是，组织间的知识创造也需要"场"，或者说一个互动的空间，以鼓励组织间社区参与螺旋式的知识创造过程。在组织间知识创造的过程中，组织不仅需要找到方法在企业之间创造同样的"场"，还需要找到方法培育一种文化、一种促进思想交流的语言，以及一种充满信任和关怀的氛围。

为组织之间的知识交换创建"场"的过程还涉及许多其他因素，这些因素包括了知识创造过程中参与合作的公司的数量，这些公司之间的联系以及这些联系持续的时间。知识创造既可以发生在两个企业之间，也可以发生在各企业集团内部。一个组织可以与数量有限的关系紧密的公司保持合作关系，也可以与范围更广的其他公司和组织建立广泛的弱联系。企业可以通过所有权、互相依赖关系、人际关系或所有这些的组合来管理与合作公司和组织的关系（Williamson，1985）。组织之间的合作关系既可以是短期的，也可以是长期的。

因此，组织间知识创造的过程始于组织内相同的知识创造基础，最重要的是创建适合知识创造的"场"。这增加了一层复杂性，涉及什么公司参与、它们是如何联系在一起的，以及这种关系能持续多久等问题。在下一节中，我将考查组织间知识创造中的这些方面。我比较了两种模式：丰田集团和硅谷。除了丰田和硅谷的案例，我还会列举一些美国和日本的相关例子。

通过封闭稳定的网络创造知识：丰田集团的案例

丰田及其附属供应商集团是一个在稳定的、紧密联系的企业网络中进行知识创造的典范。丰田的一大部分前期生产环节是交给一组相对小而联系紧密的供应商完成的。这种模式的特点是，外部采购的程度相对较高，而高度专一的供应商数量相对较少，日本汽车业的其他公司也是如此。在本章中，我之所以用丰田作为示例，是因为由许多日本汽车制造商采用并扩散到美国和其他地方的汽车制造商的供应商管理方式（Helper and Sako，1995），起源于丰田集团。丰田和其他日本汽车制造商跨组织边界创造知识的能力，即与供应商合作，不断提高质量、效率和控制成本，是日本汽车行业确立其竞争优势的主要源头之一（Womack，Jones et al.，1990）。

在以丰田为代表的知识创造过程中，组织间知识创造特别强调"黑箱"（black box）部分。在这一部分，丰田提供通用规范，实际开发的部分则掌握在供应商手中。但这一开发过程又需要通过与丰田的紧密合作来实现（Fujimoto，1999）。知识创造不仅发生在开发新车型零部件的过程中，也发生在通过改进开发过程和产品以应对丰田不断降低成本的要求中。丰田要求供应商在部件的使用寿命期内降低零部件的常规成本，通过与供应商合作以实现降低成本这一目标（Asanuma，1989）。丰田的供应商也被要求与其他供应商分享它们已经获得的知识，虽然它们能够在一段固定时间内从自己降低成本的创新中获益，但是它们最终必须分享这些知识（Asanuma，1989；Dyer and Nobeoka，2000）。

丰田的组织间知识创造过程反映了 SECI 模型的许多特征。隐性知识是由丰田或其供应商创造的，而后在与丰田的供应商网络的知识的结合中外显化，并通过开发一套良好的合作和学习的示例在集团内部重新内隐化（Fujimoto，1999）。这个过程的实现依托一个精心构建的"场"——一个丰田与其供应商进行多维度交互的地方。这个"场"的显著特点是，丰田与其供应商之间有共同的认同感。丰田为在其供应商中建立强烈的认同感以及确保对于"丰田模式"的强有力承诺做出了很大的努力（Dyer and Nobeoka，2000）。

以丰田及其在日本的供应商为例，这种共同的认同感是由共同的地区身份和共同的历史所支撑的。丰田的一些关键供应商，包括日本电装株式会社（以下简称"日本电装"）和丰田纺织株式会社（以下简称"丰田纺织"），都曾隶属于同一个公司。日本电装是一个分拆出来的部门，丰田纺织是丰田的母公司。丰田和它的许多供应商都位于爱知县的丰田城及其周边地区，这一地区与日本关东和关西的城市中心截然不同，共同的地理位置进一步巩固了丰田集团的集体认同感。

丰田集团及其供应商之间的知识创造的"场"，不仅仅依托一种心灵状态上的认同感，还有许多具体的程序和制度在支持知识创造。丰田的价值分析和价值工程系统，使降低产品和工艺改进的定期成本的过程程序化（Fujimoto，1999）。丰田的供应商协会进一步将丰田及其供应商和供应商本身之间的联系制度化。供应商协会组织许多类型的知识创造活动，如问题解决小组和工厂参观，促进隐性知识的发展，以及利用研讨会、讲座和手册等使知识外显化（Sako，1996）。通过嘉宾工程师系统，隐性知识进一步发展。在这个系统中，来自供应商的工程师会到丰田的工厂中，接收如何在生产线处理零件以至集成为汽车的实践经验（Fujimoto，1999）。

人员的流动也发生在其他层次。丰田将其高层管理人员派遣到许多供应商中，担任高级运营管理人员、董事会成员或公司审计师。退休的丰田高管通常会接受丰田子公司的管理职位。丰田的工会和许多与其关系密切的供应商的工会都属于丰田公司的同一个伞状联盟，通过这个联盟，行政人员（这些通常是有前途的员工，他们会在工会中轮换几年，然后回到自己的公司）可以发展密切的个人联系。

如前所述，组织间知识创造的"场"在公司结构和关系类型上可能有很大的不同。丰田将自己的知识制造网络限制在少数的、与自己有着悠久合作历史的、关系密切的供应商中。这个网络在很长的一短时间内都具有一定程度的排他性，虽然丰田的主要供应商也向较小的汽车制造商供货，但是一家与丰田关系密切的供应商向丰田的主要竞争对手日产供货的情况相当罕见，不过，近年来这种情况有所改变。丰田搬到日本国外之初，还保持着密切的日本国内供应商网络（Martin，Mitchell et al.，1995），但最近的研究表明，丰田一直努力与外国的供应商为知识的创造与转移创建共同的认同感和相似的历程（Dyer and Nobeoka，2000）。

丰田还有一个与核心供应商紧密相连的正式的股权结构。虽然这些股份很少是控股股份，但是仍相当可观。例如，根据20世纪80年代中期对汽车制造商及其供应商的研究，丰田大约在其40%的供应商中持有股权，这些股权平均为17%（Ahmadjian and Oxley，2003）。这一点一直颇受争议：

日本汽车和其他行业的供应商管理研究人员坚持认为，供应商的所有权股份额在组织间关系的管理中不发挥重要作用（Smitka，1991；Nishiguchi，1994）。然而，对汽车和其他行业的相关研究却表明，买卖零部件和材料的商业关系往往发生在部分所有权关系的框架内（Flath，1996；Lincoln，Gerlach et al.，1992）。虽然这些股权的确切作用可能存在争议，但是这一股权结构让丰田和其他汽车制造商将供应商包裹在一张所有权关系的网络中，这是无可争议的，因此，其作用并非微不足道。

　　虽然我只是以丰田的案例来说明在紧密联系的公司之间的知识创造，但是类似的模式在日本汽车行业和整个日本经济中相对普遍。例如，松下越来越多地（至少直到最近）将专业零部件和材料的开发委托给由人力和资本紧密联系的、在圈子内部的、熟悉和信任的供应商（Guillot and Lincoln，2002）。松下也试图在供应商之间创建一种共同的文化和价值观，比如将松下幸之助的价值观和松下的企业文化传播、扩散到供应商之中，并建立相应的承诺（Lincoln et al.，1998）。

　　电子产品制造商促进企业间隐性知识交流的一种方式，是"调职"[⊖]的机制或者说员工的调换。例如，在对一个小型电子元件制造商的研究中，林肯（Lincoln）和艾哈迈迪安（Ahmadjian）（2001）指出，"调职"的员工分布在几个不同的级别：有老员工在退休后从母公司被派遣到供应商管理运营工作，也有年轻的工程师暂时被调往供应商，帮忙介绍新技术和了解他们的生产流程。把员工短时调往客户公司的调职机制，使电子元件制造商对这些客户的文化和需求有了更为强烈的认识和感知（Lincoln et al.，

⊖ shukko. 日语"出向（しゅっこう）"，通常指从工作的公司的总部临时到同一公司或关联公司的分店的员工调动，偶尔也会被调向非关联公司。——编者注

1998）。供应商协会在电子行业的作用也很明显，虽然它们往往是围绕重点工厂而非在公司层面组织的，但是它们在传递隐性知识和显性知识方面发挥着类似的作用（Fruin，1997）。电子产品生产商也倾向于持有核心供应商和关联公司集团的股权，不过它们的持股比例低于汽车行业。

总之，丰田是知识创造的典范，在日本经济的其他行业中也是如此。尽管对日本经济的研究表明，企业之间紧密、相互依赖的关系是日本经济的一个重要特征，但是这并不意味着这种模式是日本独有的或日本所有行业的特征（Gerlach，1992；Fruin，1992）。在丰田的知识创造模式中，通过各级人员的交流、共同的历史、共同的所有权关系，以及在正式的集团协会内积极传播文化、价值观和知识，几家紧密联系的公司共同为知识创造创建了一个"场"。在这种情况下，知识创造的"场"是围绕单一核心企业（丰田、松下等）的认同构建的，并且知识创造发生在相对固定的一组公司之间，通过多种类型的联系紧密相连。

知识重组：硅谷中跨越公司边界的知识整合

硅谷同样以其促进组织间知识创造的能力而闻名，然而硅谷的知识创造模式与丰田集团截然不同。硅谷模式也证明了"场"中共享的文化、价值观、语言和地理空间对知识创造的重要性，但在硅谷，"场"是由一个行业和地区来定义的，而不是由一个特定的核心公司定义的。此外，知识是通过企业、大学和研究所之间广泛而流动的联系传播的。虽然我把硅谷作为模型来描述这种显性的组织间知识创造，但类似的知识创造也发生在其他行业，尤其是生物技术行业。这一节，我将用一些生物技术公司的例子来补充硅谷模式。

　　硅谷模式的特点是：组织网络由通过个人关系联系在一起的相对较小的公司构成，它们与大学和风投公司共享联系，并且工程师和管理者的流动性很高。硅谷的许多创新都是通过跨越公司边界的互动——公司间现有知识的重组而产生的。萨克森宁（Saxenian，1994，p. 112）在对硅谷的开创性研究中，引用了一位半导体高管的话来描述硅谷的知识创造的过程。

　　这里有一种独特的氛围：全体成员今天的感悟来自昨天的挫折，而明天的重组又要改变这种感悟，因此，它能不断地使自己恢复活力。……学习正是通过这些重组发生的。没有其他地理区域能够在如此少的干扰下进行如此有效的重组，整个行业网络也在这个过程中得到强化。

　　在硅谷，广泛的多元化关系网络、流动的劳动力市场，以及公司所处的达尔文优胜劣汰、适者生存观念主导的竞争环境，能够确保组织组合的机会最大化，并且确保只有那些具有市场潜力的组合才能被选中。然而，失败的组合和失败的公司也并不是一种浪费（失败的原因会成为硅谷的反面教材），管理者和工程师将吸取失败的教训，继续运营新的公司和新的重组。

　　硅谷模式反映了"场"在组织间知识创造中的重要性，尽管这一互动领域的性质与丰田模式有很大的不同。在硅谷，一种共同的文化、共同的语言、共同的战斗故事，不是在单独一家公司内部发展起来的，而是在整个地区发展起来的。硅谷的工程师、管理者和风险投资者通过他们反复的交互作用、高度相似的教育背景（如斯坦福大学的教育背景）甚至是在更具体的"场"（比如受欢迎的餐厅和酒吧）中的交流，发展了这个共享的文化。萨克森妮通过引用一个硅谷工程师的话强调共同语言的存在（p. 37）：

东海岸与西海岸的语言不同。如果我说我在做互补式金属氧化物半导体埃（CMOS angstroms），西海岸的所有人都会明白我在说什么，但是东海岸的人会对此有不同的理解。硅谷是一个社区——一个有着共同语言与共同意义的地方。

　　硅谷不是唯一一个利用广泛多样的网络来获取和整合知识，以进行跨组织创新的例子。组织间知识创造的类似过程也反映在生物技术行业。生物技术行业与硅谷一样，任何一家公司的成功在很大程度上取决于能否利用生物技术公司、研究机构、大学和制药公司的广泛网络。鲍威尔（Powell）和布兰特利（Brantley）指出："当知识的来源不同、技术发展的路径不明时，我们就会期待学习网络的出现。"（1992，p.143）与硅谷模式相比，生物技术更加全球化，其网络与特定地区的联系更少，但共同的文化、语言和经验相似元素，仍可能支持在这些网络中创建和传播知识。

对比组织间知识创造的模式

　　从 SECI 模型的角度来看，硅谷和丰田的知识创造模型有一些有趣的相似之处。无论硅谷还是丰田集团，都有其独特的知识创造的"场"。如前所述，野中郁次郎认为"场"是一种促进知识创造的生理环境、心理环境和社会环境。"场"为知识创造提供了物理背景，为创造新知识提供了共享的文化和对话的共同语言。丰田的供应商协会、母公司和附属供应商之间的紧密联系、共同的历史、共同的丰田文化，都体现了"场"的特点。在硅谷案例中，人际网络、共同的地区、在硅谷共同的历史、共同的教育经验，则代表着另一种"场"的特征。硅谷和丰田的例子都表明，即使是在公司之间，为知识创造搭建合适的条件也很重要，共享的语言、知识和反复的交互都是创造新知识的必要条件。

然而，硅谷和丰田的模式在公司之间的关系类型、排他程度和持续时间上存在很大的差异。在丰田案例中，我们看到了紧密的长期互动，这种互动由一系列跨越企业的共享文化和正式的所有权关系的治理结构支持。在硅谷一例中，我们看到的是一系列范围更广的联系，一套快速移动并不断重构的广泛而多样的网络。在硅谷，共同的文化为组织间的知识交换形成了"场"，但是这种文化不是公司的财产，而是行业和地区的财产。共同的教育和工作经历，以及共同的邻近性，造就了这一超越特定公司的共同文化。

这两种知识创造模式创造的知识类型也存在差异。SECI 模型显示，知识创造是一个螺旋，是一个在隐性知识和显性知识之间流动的过程。通过对硅谷和丰田的组织间知识创造模式的比较发现，这些模式在 SECI 螺旋的不同阶段起作用。在丰田的模式中，知识创造倾向于在单一母公司（丰田）和现有技术（如汽车）的背景下，关注过程或增量创新。在硅谷模式或生物技术的例子中，创新往往体现为全新的技术或产品。丰田模式在获取隐性知识并将其显性化方面尤为有效。密切、强烈和重叠的丰田集团的成员关系，允许这些公司相互理解、密切沟通，将预感和微小的变化以及做事的感觉转化为更容易交流的语言，并跨企业扩散到集团和后续的模式中。与此相对应，硅谷和生物技术行业的优势在于不同显性知识的结合。在这些网络中，公司、大学和研究机构之间的联系更加多样化，也更加薄弱，这使得成员们能够接触到更加丰富多元的信息。这些丰富多元的信息可以被重新组合，进而创造出超越现有知识的新知识。

　　丰田模式和硅谷模式尽管存在差异，但二者作为各自行业知识创造的典范都获得很多的认可与称赞。丰田与供应商之间紧密而相互依赖的关系模式，通常被认为优于美国的多供应商和短期关系模式（Womack et al.，1990）。在 20 世纪 80—90 年代，美国的汽车制造商修正了供应商管理方式，向丰田模式靠近，但与之还是有很大差距（Helper and Sako，1995）。硅谷的知识创造模式，则与位于马萨诸塞州 128 号公路附近的另一个美国计算机产业中心形成鲜明对比（Saxenian，1994）。128 号公路上那些大型的、垂直整合的、相对孤立的公司，无法利用硅谷现有的多样化的、快速变化的网络，导致它们发现和重组知识以创造新知识的能力较差。

　　硅谷和丰田形成对比的模式以及它们在各自行业的成功，表明组织间知识创造的"正确"模式在很大程度上取决于知识的性质，并且因行业、环境和技术而异。不同的模式在知识螺旋的不同部分具有优势。丰田模式在将隐性知识转化为显性知识方面特别有效，在采用一家公司的流程创新并将其扩散到集团其他成员方面也非常有效。硅谷模式则更善于从广泛的资源中选择和重组知识以创造全新的知识，或者为现有的创新找到新的用途。

日本公司将走向何方

　　日本企业在知识创造的相关著述中扮演了重要的角色（Nonaka and Takeuchi，1995）。然而，日本 20 世纪 90 年代的发展表明，组织间知识创造的演变存在两种令人不安的模式。一方面，有迹象表明，通过企业间密切的相互依赖的关系创造知识的丰田模式，正在制造业中瓦解；另一方面，在硅谷模式的广泛性、多样化和流动网络更合适的信息技术行业，日本公司似乎正在重建组织间的关系，这更像是丰田模式。

在 20 世纪 90 年代，外资的介入和经济停滞导致丰田模式中组织间的合作关系日益解体。雷诺（Renault）收购日产（Nissan）的控股权后，日产拆解其供应商网络、出售其在多家供应商的股权，转而依赖那些能够实现全球规模经济的供应商，以此削减成本。受戴姆勒·克莱斯勒（Daimler Chrysler）和马自达（Mazda）影响的三菱汽车（Mitsubishi Motors），现在归福特（Ford）所有，也采取了类似的做法。相比之下，丰田似乎一直与其核心供应商保持着合作关系，尽管外国媒体批评丰田的这一做法（Burt and Ibison，2001）。广而言之，在日本经济中，通过所有权和其他方式紧密地联系在一起的合作公司网络的瓦解，反映在交叉持股的解除上。自 1990 年以来，关联公司和金融机构持有的公开交易股票的比例有所下降，这表明作为丰田模式的组织间知识创造模式的支柱之一的股权结构正在减弱。

日本财政计算和公司治理的变化引发了制度上的变化，导致这些密切的关系越来越难以维持。更严格的合并和其他报告要求，使公司愈发难以维持密切的附属公司集团。投资者要求制造企业向股东交付更多利润，而不是用这些利润来支持关联企业。此外，正如石仓洋子在第七章提到的，生产全球化正在切断日本供应商和制造商之间的联系。

这种紧密联系的购买 - 供应关系模式的松散化，可能只是标志着日本强极一时的制造业对技术需求变化的一种反应（Ahmadijian and Lincoln，2001）。如果是这样，那么这些变化可能代表着面对新技术和现实环境的健康调整。然而，汽车和电子行业这种紧密关联的、密集型的知识创造关系的松散化，似乎无法通过科技行业对硅谷模式的日益依赖达到平衡。虽然对日本科技行业的产业组织研究相对较少，但有证据表明，这些产业中的企业已经按照旧制造业的模式建立了组织间关系。由此看来，旧制造业公司正在瓦解丰田模式的同时，新科技行业的公司正在重建这种模式。

在对日本 IT 行业的一项研究中，佐子（Sako，2001）总结道，这个行业尽管迫切需要从多样化的资源中获取和重组知识，并应对一个高度不确定的、快速变化的环境，但在很大程度上要依赖相对稳定的金融和一组固定的伙伴来重建现有的组织间关系。佐子（2001，p.25）认为：“只要大多数初创企业的新业务需要前雇主的支持，只要公司之间的劳动力流动仍由大公司人事系统临时调动（调职），那么创建新制度的逻辑范围便是有限的。”

霍特克（Hoetker，2002）在对笔记本电脑行业的研究中发现，日本公司与非日本公司在购买外部供应商的平板显示器方面形成了鲜明的对比。日本计算机制造商往往更倾向于纵向一体化，而且它们要从外部采购时，往往选择联系非常紧密的、关系相对长久的供应商。霍特克（2002，p.2）认为：“他们这样做的代价是无法获得外部供应商提供的更高级的技术能力。”

在计算机行业的一项研究中，研究员安可尔·度盖（Anchordoguy，2000）认为，围绕公司设立的专有标准，和与同一组密切联系的银行及其他附属机构进行交易的倾向，会减少在一个充满不确定性的、快速变化的、以信息为基础的行业中，知识创造所需要的各种流动的、自由流畅的关系。安可尔·度盖认为，日本软件业蓬勃发展的一个领域——游戏软件，保留了丰田模式的特色，游戏软件的开发通常在围绕核心公司紧密相关的集团中进行。

　　无法复制硅谷和生物科技所具有的深广而灵活的网络，这可能延缓了日本的创新。例如，布兰施泰特（Branstetter）和中村（Nakamura）发现，日本科研生产率的增长在 20 世纪 90 年代停滞不前（2003）。根据这些作者的广泛采访，尽管日本公司觉得有必要采取更多的"美国"风格，参与更多企业、集团外部甚至是跨越国家边界的合作，但是它们很难突破已有的实践成规。

　　人们很容易将其归咎于日本企业在形成更流动的、变换的联盟网络上的犹豫不决，以及它们出于文化考虑，继续依赖内部创新或联系紧密的企业的创新。日本人可能只是更愿意在一组熟悉的、关系密切的公司里做生意。更有可能的是，在日本商业和经济的许多其他的结构和实践中，日本模式的组织间关系是一个独特的历史演变过程的结果，其机制结构、法律框架等，使依赖更加分散和流动的网络变得困难。日本的法律环境，以及签订更为公允的合同和为之提起诉讼的困难，可能使硅谷模式的合作在日本更难进行（Gilson and Roe，1993）。终身雇佣制，以及日本公司加强公司和集团特性的强有力的社会化程序（Rohlen，1974），可能使个人和公司很难在某一公司或集团的框架之外合作。

　　不管原因是什么，这种在紧密联系的商业集团之外进行合作的困难，对日本公司来说是一个挑战，特别是在创造知识的螺旋的其他部分对其他类型的知识创造的需求变得更加关键的时候。为了降低成本并拥有更大的灵活性，日本企业可能正在拆散一些长期的供应商和合作者的网络，但是这没有通过更分散、更灵活的硅谷式网络发展相应的知识重组的合作技能。

小结

在这一章，我考查了在 SECI 模型的语境中，组织间合作以及隐性知识与显性知识的概念。我主张存在不同的组织间知识创造模式，并强调了两种类型：丰田模式和硅谷模式。我认为在创造知识的螺旋的不同阶段，这两种知识网络的配置具有非常不同的优势和弱点。丰田及其供应商的密集的网络，可能有助于隐性知识与显性知识的相互转化，以及将企业间的知识进行详细而紧密的整合，这是增量过程改进所必需的。相比之下，更广泛的生物技术和硅谷网络，更擅于整合不同类型的知识、获得远程知识、在不确定性中灵活管理。

尽管存在差异，但丰田集团和硅谷都拥有强大的知识交流和知识创造的"场"或场域。在丰田模式中，"场"的核心是几家紧密联系的公司；在硅谷模式中，"场"跨越了一个行业和一个地区。然而，二者都有共同的文化、价值观和语言，协同促进对话和交流。

日本 20 世纪 90 年代的举措表明，从知识创造的一种模式转向另一种模式可能很难，日本公司很难复制硅谷的模式。然而，在快速变化的高科技产业中，日本公司必须寻找方法，以此创建一个创造知识的"场"，这个"场"要超越单个公司和少数几个亲密的合作伙伴，扩展到更广泛的组织。如何创造一种共同的文化、语言、隐喻和故事，产生一种超越公司及其密切相关的附属公司的信任感和稳定感，是 21 世纪日本企业面临的最大挑战之一。

第九章

作为对话的战略制定过程[1]

大园惠美

·
·
·

本章讨论对知识管理有重大影响的两个领域：一是战略制定过程；二是多角度的对话沟通。本章重点讨论对话，特别是在战略制定过程中的对话。对话虽然是发展心理学、社会文化心理学等知识相关领域的核心学习概念之一，但在管理学文献中并没有得到充分讨论。

本章的重点是战略制定过程和对话，并试图回答以下 3 个问题：①企业如何更好地管理不同的战略制定过程？②对话如何促进商业成功？③如何成功地管理对话？

本章在简要介绍战略制定过程和对话的关键概念后，会用一个案例研究来说明战略制定过程中的关键概念和不同视角之间的相互作用方式，以便解答上述 3 个问题。该案例研究的对象是雷克萨斯和丰田汽车公司自 1989 年以来在美国的豪华轿车业务。该案例研究表明，管理好"单一性"（univocality）（由单一视角主导的沟通）和"多元性"（multivocality）（由多个视角主导的沟通）之间的张力，对于更好地管理战略制定过程至关重要。本章最后总结了一些基于多元性管理案例的见解，即单一性和多元性之间的对话和辩证法。

战略制定过程

战略制定过程是创造历史的方法，也是竞争优势的来源（Chakravarthy and Doz，1992）。明茨伯格（Mintzberg）和沃特斯（Waters）提出，并非所有正在实施的战略都是由正式负责制定战略的个人或组织单位设计的（1985）。他们基于战略制定过程将战略分为"预定战略"（intended strategy）和"应急战略"（emergent strategy）。

预定战略，是具有组织意图的战略，由可识别的决策者，如组织的管理团队、责任部门或外部顾问制定。预定战略是有意识选择的结果，通常合乎理性与逻辑，被清晰地正式记录在文件或口头语言中。

根据明茨伯格和沃特斯的定义，应急战略是指没有组织意图或集中式决策的行动模式（1985）。企业的决策系统，如组织结构、计划控制、资源分配系统、激励机制、人力资源管理、价值体系和决策过程，会影响其行动模式（Chakravarthy and Doz，1992；Bower，1986）。

例如，英特尔（Intel）退出动态随机存取存储器（DRAM 业务），最初并不是最高管理层的战略。中层管理者将企业投资转向逻辑集成电路（Logic IC）业务两三年后，最高管理才意识到从 DRAM 业务退出的必要性，并开始更重视 Logic IC 业务。该公司基于盈利能力的预算分配系统，早就自动将资源从低利润的 DRAM 业务转移到更能盈利的 Logic IC（Burgelman，2002）。

应急战略也受到组织行动和承诺的影响（Ghemawat，1991），是碰到意外的危机或机遇时做出的决策（Quinn，1980；Burgelman and Sayles，1986）。藤本（Fujimoto，1999）在观察丰田生产系统的形成过程时注意到这一因素。他指出，在开发丰田生产系统的过程中，每一个行动都是对环境的反应。例如，建立供应商网络是为了在企业的制造能力受限时，满足快速的市场扩张。在另一种情形中，丰田通过增加车辆型号满足小而分散的国内市场，这需要在低产量下拥有高效生产品类繁多的产品的能力。这些行动，都不是一项明确的战略的一部分。

我们怎样才能更好地管理这些战略制定的过程？预定战略最大的问题是计划的战略可能并非基于现实，或者组织可能无法实施，即便计划本身十分出色。只有在满足某些条件时，组织才能实施预定战略。首先，预定战略必须被组织的成员充分理解；其次，在一线工作的管理者必须理解预定战略的意义；最后，战略的实现必须不受技术、市场或外部政治因素阻碍（Mintzberg and Waters，1985）。如果不具备以上条件，那么实际执行的战略可能会与最初的设想相去甚远。

应急战略的问题在于，它不一定对整个组织有益，因为应急战略是局部行动的集合。当应急战略的制定过程满足一定的条件时，应急战略最终可以为整个组织带来积极的结果。在上述英特尔的例子中，预算分配制度带来了合乎理性的结果，因为预算分配标准符合公司强调差异化和更高附加值的竞争战略。另一种情况，则涉及事后解释和对组织所采取的行动的意义。在上面提到的丰田的案例中，藤本（1999）还注意到，采取行动之后，那些符合组织目标的行动会被有意保留。事后的解释和对这些行动的理解，使之形成一个连贯的活动系统。显然，后一种情况更依赖于本书的主题——组织意识的建立和知识管理。

预定战略和应急战略的制定过程，本身没有好坏之分。根据不同的沟通和知识创造模式，二者在适用的情况下，各有优点。下面我们将介绍两种不同的社会沟通模式，以便从沟通和知识管理的角度看待战略制定过程。

作为社会过程的对话

根据沃茨奇的观点，社会沟通与交流内在地包含了两种对立的倾向："单一性"和"多元性"（Wertsch，1998，p.117）。

单一性是指沟通被同一种视角和观点支配的程度。它像是一种信息传输装置，其效率是通过在不改变其原始含义的情况下如何传达意义衡量的。宗教、政治、伦理权威和教师的言论都是单一性的例子。在单一性交流中，反对不同观点的余地更小。

多元性是指沟通在多大程度上带有多元的视角。多元性的交流能够产生新的意义，但在观点上趋于动态、异构和冲突。所有的交流都有多种多样的成分。即使是内心的独白，也包含着个人的声音和历史与社会的声音，这些声音都嵌入词语和表达之中（Bakhtin，1981；Wertsch，1985；Lotman，1988；Wertsch，1991，2000）。从这个意义上说，表达总是带有多种声音，沟通也具有"多元性"。此外，沟通同时具有传递功能和生成功能。因此，认为沟通是完全单一的或没有多元性空间的观点，并不合理。

对话，是一种跨视角、多视角的沟通（Wertsch，2000），是知识创造的必要条件。通过对话，不同的观点可以作为一种"思考工具"，进而产生新的意义（Lotman，1988）。一个参与对话的人，能够超越他的思想世界。野中郁次郎和竹内弘高指出，个体或群体的隐性知识可以通过对话表达为显性知识。他们强调，从隐性知识中提炼概念时，"对话"必不可少。

野中郁次郎（2002，p.449）提出了"提高对话质量"的几个条件，他的建议如下：①对话应是临时的、多方面的，以便总是有修改或否定的余地；②对话的参与者应能够自由和坦率地表达意见；③不要为了否定而否定；④应该有时间上的连续性；⑤存在一定程度的冗余信息将有助于这一过程。

虽然对话激发了组织中的知识创造，但这并不意味着组织中没有单一性的空间。威克（Weick）将共享视角的构建确定为组织信息处理的主要功能（1979，1995）。为了能够共同行动，组织通过"制度、选择和保留"共享对环境的相同解释是至关重要的。

我想要关注并应用于战略制定过程的，正是单一性与多元性之间的张力，我们将研究这种张力会如何影响战略制定过程。

战略制定过程

预定战略的制定过程往往是统一的、经过分析的和理性的，且基于一个全面的理解。作为一个可识别的决策者单位，它的开发过程类似于一个人的内部对话，与组织其他成员沟通的目的是共享已经制定的战略，因此变得统一。应急战略往往是多种多样的，其制定过程是独立的局部行动之间的交互。因为每个局部的行动都是基于局部对分散的现实的解释、跨地域行动与跨地域观点的交互作用。因此，跨地域单元的沟通更具多样性。

应急战略制定过程的好处是可以带来意想不到的发现，多元声音之间的对话将有助于寻找新的意义和创新策略。应急战略的制定过程也适用于不确定性普遍存在的环境，或者组织环境新、快速变化的环境；预定战略的制定过程则不适合这种环境。应急战略的制定过程在组织发展的早期阶段是相对有效的，因为公司可能有更多的战略可供探索。

应急战略制定过程的不足具有一定的风险，因为没有一个人能够看到全局，也没有一个人从一开始就有一个明确的答案，因为应急战略的制定过程依赖于分布式认知和决策（Salomon，1993；Cole and Engestrom，1993；Hutchins，1995；Tsoukas，1996）。此外，由于使用多种声音的沟通永远不会合并为单个声音，因此需要时间来确定总体的方向。由于没有集中的协调，无组织、重复的活动也可能发生。

相互依存的对立

预定战略的制定过程和应急战略的制定过程并非相互排斥的。为了保持长期的有效性，预定战略和应急战略的制定过程是相辅相成的。例如，在规划一个预定战略之前，了解内部环境和外部环境是很重要的。有时，为了了解环境，需要在计划之前进行探索性行动。探索性行动包括组织本身所采取的行动、个别领导者所积累的知识、外部顾问所做的分析，这些都与应急战略的制定过程有关；另外，应急战略所采取的行动应该在事后的基础上有意识地反思、理解和制度化。如果没有事后的合理化，应急战略的制定过程就可能会因为所采取行动的有效性无法得到验证，而产生忽视环境、与环境不匹配的风险。如果一个可识别的组织单元进行了意义制定，并阐明其意图，那么应急战略的制定过程将转变为预定战略的制定过程。

单一性和多元性也是相互依存的。尽管关于阐述意图策略的沟通是单一的，但因为人们试图从不同的角度分析环境，所以在其发展之前的任何调查都包含多种多样的内容。类似地，即使多元性涉及局部行为之间的相互作用，当人们试图反映和概念化局部行为时，它也会获得一个单一的视角，即单一性。

跨越预定战略与应急战略制定过程的辩证法

如前所述，应该在组织成长的不同阶段采取不同的战略制定策略。应急战略的制定过程更适合在企业的增长阶段，而预期战略更适合企业的初始阶段和成熟阶段。我们在雷克萨斯的案例中看到，为了战略长期有效，组织有时不得不从一个预定战略的制定过程转移到一个应急战略的制定过程，然后回到预定战略的制定过程。

术语"偶尔转移"被用来代替或比喻某一事物，比如"钟摆"。因为一个组织在转移到另一个战略过程之前，将在相当长的一段时间内被困在一个战略过程中。在制定战略的过程中，会发生包括把握现实、进行分析、做出组织决策，然后采取行动等独特的活动。由于一个组织会试图避免战略的混乱和错觉，它的沟通会变得统一。另外，这些独特的活动在突发性的战略制定过程中发生，如果没有合理化，就会存在与环境不匹配的风险，因为所采取的行动的有效性可能得不到验证。如果一个可识别的组织单位进行了意义制定并明确了其意图，那么这个不确定的战略制定过程就会转变为一个预定战略的制定过程。因此，预定战略和应急战略的制定过程需要不同的能力。

如图 9-1 所示，这种跨越两个战略制定过程的运动本质上存在辩证关系。在辩证思维中，战略制定过程接受看似对立的事物，即有预定战略和应急战略的制定过程，并试图通过将它们转化和超越到一个更高的层次来综合这两个过程。同样，对话接受表象的东西，即单一性和多元性，并试图通过对立，将它们转化并上升到一个更高的层次来合成它们。预定战略的制定过程和应急战略的制定过程之间，以及单一性战略和多元性战略之间，都存在相当大的张力。这种对立之间的张力在辩证法中被描述为命题与对立之间的张力，最终通过综合而导向一个更高层次的现实存在。

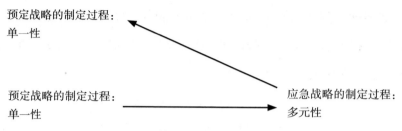

图 9-1　战略制定过程的辩证模式

　　当从新出现的应急战略过渡到预定战略制定过程时，可能需要在组织内部界定战略概念，并在组织成员之间共享。局部参与者对战略概念的不同理解是通过对话交互积累起来的，从而丰富了战略概念的内涵。过去发展起来并嵌入语境的预定战略也是辩证过程中的声音之一。事实上，在经历了应急战略制定过程之后所形成的预定战略制定过程具有更为丰富的内涵。

　　这种新的预定战略制定过程，是原有的预定战略制定过程和随之而来的应急战略制定过程之间辩证相互作用的结果，达到了一个更高的层次。因此，应急战略和预定战略的制定过程通过以螺旋的发展战略概念而相互影响。这种曲折而螺旋式的模式不仅发生在两种看似相反的战略制定过程之间，也发生在两种看似相反的社会交流声音之间。正如本书第一章所指出的，这种对立面之间的曲折和螺旋模式构成了辩证思维的本质。

　　通常情况下，那些拥有成功业绩的领导者，如果长期以来在优秀的战略下运作，就很难对他们需要重新思考战略制定过程的情况做出反应。正如本章已经指出的那样，为了使每个战略的制定过程能够良好运作，需要不同的组织能力。这两个战略制定过程之间的辩证关系不是那么容易证实的。下文介绍的雷克萨斯案例就是其中一个很好的例子，它说明了这两种类型的战略制定过程的存在，以及介绍了从预定战略的制定过程到应急战略的制定过程，最后再回到预定战略制定过程的全部过程。

战略制定过程、对话和知识创造

迄今为止的讨论阐明了战略制定过程中看似对立的特征和社会沟通的两种视角：单一性和多元性。表 9-1 总结了"预定战略制定过程——单一性"结构与"应急战略制定过程——多样性"结构的多个维度，我们对下面的每个维度进行简要讨论。

表 9-1　多重维度的两种结构对比

"预定战略的制定过程——单一性"结构	"应急战略的制定过程——多元性"结构
1. 中心化	1. 分散
2. 统一视角	2. 分布式认知
3. 原始意义	3. 新的意义
4. 分析性	4. 创造性
5. 分析到行动	5. 做中学
6. 合理	6. 冗余
7. 确定	7. 不确定
8. 战略概念	8. 当地行为
9. 权威	
10. 层级	

- 预定战略是由可识别的个人或组织内的特定单位制定的，是以集中（centralized）的方式制定的。应急战略是通过当地行为的相

互作用而产生的。换句话说，应急战略的制定过程是基于分布式认知（diversified perspectives）和行动的（Salomon，1993；Cole and Engestrom，1993；Hutchins，1995；Tsoukas，1996）。

- 由于分布式认知和行为符合不同的规则或条件，并且依赖于不同的语境，它们很可能促使不同的视角和理解的产生。多元化的理解和观点为交流提供了多元化的视角，既是思考的工具，也是通过对话相互学习的机会。相比之下，预定战略的制定过程可能会导致一个统一的视角，这就需要统一性。

- 应急战略的制定过程是组织中多元化成员在战略概念中寻找新意义（new meaning）的过程，而预定战略的制定过程则试图分享原有的意义（original meaning）。

- 应急战略的制定过程可能会在没有任何行为者曾经预期的情况下促使一些创新或创造性的东西的产生，而预定战略的制定过程往往是分析性（analytical）的。

- 预定战略的制定过程是一个从分析到行动（from analysis to action）的学习过程。应急战略的制定过程作为对话的制定过程伴随着事后行动的合理化。换句话说，它是一个从"干中学"或者从实验中学习的学习过程。

- 应急战略的制定过程缺乏集中的协调和控制，可能导致冗余（redundancy）和失败（failures），而预定战略的制定过程可能更加合理（rational）和有效（efficient）。

- 应急战略的制定过程适用于不确定性（uncertainty）普遍存在的环境。另外，预定战略的制定过程更适合特定（certain）的环境。

- 在应急战略的制定过程中，战略产生于地方行动（local actions），而在预定战略的制定过程中，战略更多地受到战略概念（strategy concept）的驱动。
- 单一性使用权威方式（authoritative approach）更有效，多元性使用参与方式（participative approach）更有效。
- 单一性在层级制（hierarchical）组织结构中更为普遍，而多元性在扁平型（flat）组织结构中更为普遍。

显性知识是更有利于预定战略制定过程——单一性结构的知识类型。正如前文所述，显性知识是用文字、数字或声音来表达的，并以数据、科学公式、视频、录音带、产品说明书或手册的方式存储。因此，它描绘了更具分析性、更理性、更有效率、更确定的知识维度。显性知识也很容易正式和系统地传播。显性知识的这种品质更加符合权威的、层次分明的方法，这种方法可以在预定战略的制定过程——单一性结构中看到。

隐性知识不容易被看到和被表达，这使其成为一种更"不确定"的知识类型，可能需要更多的冗余来进行交流。隐性知识具有高度的个性化和难以显性化的特点，因而更适用于开发利用。主观直觉属于隐性知识的范畴，隐性知识是一种更具"创造性"的知识，可以在"参与性"和"扁平性"结构中产生"新的意义"。隐性知识深深植根于个体的行为和身体经验之中，这与应急战略的制度过程——多元性结构的"边干边学"和"局部行为"性质相一致。隐性知识也植根于观念、价值观或它们所拥有的情感之中，这些很大程度上源于经验。

案例：雷克萨斯

在这一部分，我们介绍了雷克萨斯——丰田汽车进入美国豪华车市场及其随后的增长的案例。我们将把这个案例分为 3 个阶段：第一个阶段是 1985—1990 年，当时雷克萨斯的进入战略得到了制定和实施；第二个阶段是 20 世纪 90 年代，当时雷克萨斯正在扩大业务规模；第三个阶段是 2001 年后，当时雷克萨斯在其竞争对手追赶上来之后，试图重新定位自己。第一阶段由预定战略的制定过程驱动，以单向沟通为主导，第二阶段由应急战略的制定过程和多向沟通驱动，第三阶段由预定战略的制定过程和单向沟通驱动。在进入第一阶段的战略制定过程中，雷克萨斯获得了与竞争对手明显不同的定位，雷克萨斯的经理和经销商对雷克萨斯有着相同的看法。在第二阶段中，不同的观点互相交流，产生了不同的产品线战略。这一阶段使雷克萨斯有机会在美国豪华车市场进行探索并尝试各种可能性的实验。在第三阶段，雷克萨斯开始通过集中其战略制定过程来重新定位自己。雷克萨斯回到了预定战略的制定过程，但这一次，通过对话积累的知识在第二阶段被保留，导致更丰富的含义。这个动态的过程被描绘成一个辩证的模式，贯穿整个论题—对立—综合螺旋（见图 9-1）。

第一阶段：雷克萨斯与预期战略的调整过程

丰田汽车公司（TMC）于 1989 年将雷克萨斯推向美国豪华车型市场。其进入战略是由美国丰田汽车销售公司（TMS）的 8 名经理根据预定战略的制定过程制定的，它是基于对市场、竞争环境和内部资产的透彻分析。我们举例说明，雷克萨斯的进入战略调整活动是如何有效地成为一个明确的预期战略的。

雷克萨斯的进入战略是通过一个彻底的事前分析和集中决策的过程。为了找到一条成功进入美国豪华车市场的道路，TMS 的 8 名中高级经理进行了广泛的讨论，对所有可能的备选方案都进行了彻底的讨论。最终的计划清楚地表达为十条基本指导方针（见表 9-2），这些方针是在"TMC 委员会"上授权的。TMS 和 TMC 总部的管理人员称这些指导方针为"十条规定"（ten-article constitution），并将其视为行动指导方针。关于十条方针的交流是单一的，这意味着不能容忍多元性的观点。活动是根据"十条规定"精心挑选的，并且几乎以宗教仪式般的方式进行，因此，后来实际执行的入门战略几乎与"十条规定"的基本准则相同，只有少数例外。

雷克萨斯部门的管理人员还阐述了雷克萨斯的基本哲学，并称之为"雷克萨斯盟约"（见表 9-3）。雷克萨斯盟约宣布该部门的坚定决心："从一开始就做好它"，提供"有史以来最好的汽车""拥有最好的销售网络""对待每一位客户就像对待家中的客人一样"。1987 年 8 月，所有经理和联营公司的雷克萨斯分部签署了该公约。所有获得雷克萨斯特许经营权的经销商也签署了它。在雷克萨斯生意开始后，所有经销商联系人和完成了雷克萨斯新车型培训的服务人员，在培训课程结束后签署"雷克萨斯盟约"成为惯例，使雷克萨斯的经理和经销商拥有相同的观点。

表 9-2   雷克萨斯发布基本准则的 "十条规定"

Maru *F* 基本准则

（1）Maru *F* 的目的
- 进入预期增长的豪华车市场
- 提升丰田的形象

（2）高端商品
- 世界上质量和名誉最好的商品——性能、质量、款式、可靠性、耐用性、安全性、配件等
- 高科技支持的产品，为汽车增加附加值
- 在制造过程中为汽车的内在质量增加价值（所有型号都应该在同一工厂生产）

（3）最佳服务
- 提供比梅赛德斯（Mercedes）更全面的保修
- 提供突破性服务
- 提供全心全意的个性化服务

（4）最佳销售专卖店
- 制作类似于奢侈品店，而非百货商店
- 通过 Maru *F* 车辆提倡一种新的生活方式
- 在选择经销商时，应用以下标准：对制造商的忠诚度；订购来源识别（order sources identification，OSI）比丰田的平均水平更好；财务灵活性；新车、旧车和租车的销售结果（对有关系的申请人不应给予特殊照顾）

（5）最佳形象
- 在 J.D.Power（美国著名汽车评鉴机构）报告中稳居第一位

（6）建立强有力的组织，能够保持最高的顾客满意度
- 精选的少数
- 支持组织单位是不可或缺的

（7）特许经营 / 模型名称
- 型号名称由特许经营 + 数字 + 字母表中的字母表示
- 在其他国家使用特许经营权名称需要 TMS 的批准

（8）保持形象和价格的基本商业政策
- 供不应求
- 泛美运营
- TMS 应该负责在美国（包括夏威夷）和美国相关国家的业务——TMS 覆盖的国家：美国、加拿大、波多黎各、关岛、美属萨摩亚
- 与此同时，Matu *F* 车辆应该只在美国销售

（9）灵活的订购、制造和分销系统
- 缩短车辆和零部件的预订时间

（续）

Maru F 基本准则
（10）建设综合信息系统（有效利用在线通信网络）
• 数理逻辑
• 顾客——数据库管理
• 服务
• 零件

资料来源：丰田汽车公司。

表 9-3　雷克萨斯盟约

| 1987 年 8 月，雷克萨斯分部经理和协会致力于提供最高水平的产品质量和客户服务
雷克萨斯盟约
雷克萨斯将参加世界上最具竞争力、最有声望的汽车比赛。超过 50 年的丰田汽车经验已经在雷克萨斯汽车的创造上达到顶峰。它们将成为有史以来最好的汽车。
雷克萨斯将赢得比赛，因为雷克萨斯从一开始便这样正确地做。
雷克萨斯将拥有业内最好的经销商网络。雷克萨斯将对待每一位客户就像在家里的客人一样。
如果你认为你不能，你就不会……如果你认为你能，你就会。我们可以，我们会的。 | **什么是雷克萨斯？**
雷克萨斯是……
工程复杂性和制造质量
奢华与性能
一个优秀出众的形象和一个期望
重视顾客个体性差异
按顾客要求提供服务"做好第一次"超越顾客期待！！！ |

资料来源：丰田汽车公司。

现在很难想象 1989 年丰田在美国销售的最昂贵的汽车是苏普拉的跑车，售价约为 27 000 美元。最贵的轿车是克雷西达（Cressida），相当于日本市场上的 MarkII。它的零售价是 2 万多美元。直到 1998 年，日本汽车制造商才将汽车销售到美国豪华车市场。美国三大汽车制造商和两家德国豪华汽车制造商（梅赛德斯 – 奔驰和宝马）主导了美国豪华汽车市场。最昂贵的德国汽车的价格为 6 万 ~7 万美元，而美国豪华轿车的价格约为 3 万美元。当雷克萨斯即将进入美国市场时，它面临一个艰难的竞争环境。

丰田开创了这项新业务。它采用了一种高度分析的方法，并且积极地搜索使其能够获得与德国豪华汽车相抗衡的领先优势。与此同时，这种定位必须与丰田的品牌形象明确区分开来。

Maru F 是后来引入美国的第一款雷克萨斯车型的开发名称，也是后来的 LS400，"F" 代表了该项目的目标，Maru F 项目是从零开始，丰田在此以前从没有开发过豪华型车辆。这一"提前"开发，意味着在开发的初始阶段进行彻底的开发，以提出一个经过精心打磨的产品概念，使后续的细节决策更快、更有效。

雷克萨斯的定价将低于德国品牌，但它提供的价值和质量将超过美国品牌——尽管价格更高。雷克萨斯定位 LS400 的性能和设备可与梅赛德斯—奔驰 420 SEI 相媲美，甚至超过它。但在排名中，价格低于竞争对手 420 SEL。具体来说，雷克萨斯定价低于梅赛德斯—奔驰 300E，但性能和设备与其相当。价格也比宝马 735i 低 1000 美元。ES250 的价格低于沃尔沃 740，沃尔沃 740 的性能和设备与 ES250 相当（1989 年豪华轿车价格见表 9-4）。为了突出完美的质量和可靠性，雷克萨斯提供了完善的售后服务：从购买时间起的 5 年内或行驶路程 5 万英里[⊖]以内。这个保修期远远超过其他高端型号。他说，基于豪华车市场的可负担性来吸引顾客是一种冒险。然而，实地调研结果使雷克萨斯相信，豪华车市场的消费者能够区分"因为其他车型太贵而购买"的汽车和"明确理解价值的明智选择"的汽车。因

⊖ 1 英里 = 1.6093 千米。

此，研究小组认为在简单的可行性和清晰的价值之间建立一个界限是可能的。

表 9-4　1989 年雷克萨斯上市时主要豪华车的价格

品牌	车型	售价（美元）
梅赛德斯 – 奔驰	260E	39 200
	300E	44 800
	420SEL	62 600
宝马	525i	37 000
	735i	54 000
	750iL	70 000
捷豹	XJ6	39 400
雷克萨斯	LS400	35 000
		40 000（定制款）
	ES250	21 000
英菲尼迪	Q45	38 000
	I30	23 500

资料来源：Nonaka, 1990, p. 236.

这个团队并没有把目标锁定在世袭富豪身上，而是锁定在白手起家的富豪身上，比如微软（Microsoft）创始人比尔·盖茨（Bill Gates）。目标顾客的形象是一位 47 岁的职业男性，年收入 10 万美元。对于这样的客户，TMS 将雷克萨斯定位为"充满激情的，不仅仅是一辆车，而是对一生致力于工作的补偿"。核心概念的基础是"提升"生活，并在雷克萨斯发布的广告文案中表达为"对完美的不懈追求"。为了在性能和质量上超越德国汽车，丰田需要突飞猛进地拓展它们的技术能力。例如，丰田此前从未生产过最高时速达到 250 公里的汽车。为了达到如此高的性能水平，它必须从头审查包括引擎在内的许多部件，新建了一家拥有高精度、大规模生产线的工厂。为了实现零缺陷，它除了在设计和制造过程中采取著名的预防性措施，在工厂、运输港口、交付经销商和客户时都进行了更多的检查。

为了明确定位雷克萨斯作为一个豪华车，丰田分配了一个新的品牌名称，并从现有的丰田经销商独立出来，建立了一个新的经销商特许经营网络。TMS认为，新品牌所要求的地位不能在销售皮卡的丰田经销商的屋檐下发展。丰田的汽车享有缺陷少、高耐用性和合理的价格的声誉，但汽车产品本身并没有受到热烈欢迎。

雷克萨斯经销商展厅的外观都是一致的奢华，与丰田展厅的外观大相径庭。经销商的员工和经理（包括销售和服务代表），专门为雷克萨斯工作。TMS还关注所有的细节，因此，当顾客走进展示想要购买雷克萨斯汽车时，他们不会在任何地方看到"丰田"这个名字。在雷克萨斯的促销和广告中，TMS刻意避免人们对它与丰田产生任何联想，甚至还创建了一项新的融资服务。贷款和租赁来自雷克萨斯金融服务公司（Lexus Financial Services），而非丰田金融服务公司（Toyota Financial Services）。

雷克萨斯也将许多服务计划与所有经销商进行了标准化。这些服务包括：维修期间租用同一级别的汽车；故障时提供免费货运服务；24小时紧急支持（路边服务）；以及车子在偏远地点发生故障时提供每晚住宿服务、免费洗车、客户接送服务和加油等。经销商服务部门的地板始终保持清洁，经销商服务人员在对顾客的车辆进行维修时做到可视化，确保等待的顾客可以全程监督。这些项目成为其他豪华车市场的目标。因此，雷克萨斯的定位完全不同于其他奢侈品牌和丰田品牌。选择雷克萨斯经销商的依据是必要的能力，如客户满意度记录、主要销售区域的市场份额和财务灵活性等。如果不能满足这些要求，即使是现有的丰田经销商也无法成为雷克萨斯的经销商。为了与经销商分享自己的价值观和政策，雷克萨斯举行了远远多于正常情况的面对面会议。

最后，作为对话的战略制定过程，雷克萨斯的商业模式与丰田完全不同。雷克萨斯汽车有更高的价格定位，LS400 的定价为 35000 美元或 40000 美元。经销商、TMS 和 TMC 享有更丰厚的利润。雷克萨斯汽车使用了更昂贵的材料和零部件。TMS 和经销商在设施、售前和售后服务、经销商培训和教育方面投入更多。与此同时，TMS 采取了保持供给略低于需求的策略，显著降低了库存成本。1990 年，雷克萨斯的经销商库存周期平均为 19 天，TMS 认为这是合适的。当时其他豪华车生产商的库存水平是雷克萨斯的 3 倍。更具体地说，其他日本品牌的库存水平是雷克萨斯的 2.5 倍，美国品牌的 3 倍，欧洲品牌的 3.5 倍。

第二阶段：应急战略的制定过程和雷克萨斯的成长

在这一部分，我们将研究雷克萨斯的应急战略制定过程。应急战略制定过程是一个过程，通过这个过程，一个战略或一个连续的活动模式在没有组织意图或可识别的决策机构的情况下出现。应急战略制定过程下的沟通将是跨越多元属性的共生互动，即多元性。我们将举例说明沟通的多元性有助于发现意想不到的事物或增强创造力。最后，我们将说明雷克萨斯如何为多元性沟通提供了一个良好的环境。

雷克萨斯的应急战略制定过程

20 世纪 90 年代，雷克萨斯的生产线战略最好地说明了应急战略制定过程的工作。当雷克萨斯被推出时，TMS 没有对其未来的增长做出明确的产品线战略规划。雷克萨斯特许经营权在 1989 年推出时只有两款车型。在两年内只有一种新的车型计划推出。与"十条规定"中明确阐述的进入战略相比，这种产品线战略远没有正式化。

雷克萨斯也没有一个专门的组织单位负责其产品线战略。产品导入和产品开发的决策职责分散在不同的组织单位之间。产品导入决策是通过产品开发部、产品策划部、海外策划部、北美区（负责在美国的销售和生产）及雷克萨斯部之间的协调和谈判做出的。上述组织单位都没有充分的权力做出决定。雷克萨斯轿车的产品开发也分布在 TMC 总部的车辆开发中心，这些中心按照轿车的大小和结构组织起来，如 FFs、FRS 和卡车。根据大小和结构，不同的车辆开发中心从事规划和设计每个雷克萨斯汽车。丰田汽车公司总部全球设计中心只负责外观设计方面的管理。

20 世纪 90 年代，雷克萨斯扩大了产品线，显著改变了产品组合。到 2001 年，雷克萨斯的产品线已经从 1989 年的两款扩大到 7 款。[2] 历史上，雷克萨斯的投资组合侧重于高档豪华和近豪华细分市场。这些是前两个产品 LS400 和 ES250 的产品部分。发布后，雷克萨斯增加了不同类型的汽车，如跑车、中档豪华轿车、多用途车/运动型多功能车（见表 9-5）。轿车的运动型多功能车 RX300 的推出对改变雷克萨斯产品线产生了重大影响，该产品线向多功能车类别严重倾斜。一些与雷克萨斯有关的管理人员指出，1998 年推出的 RX300 和 2000 年推出的 IS300 不仅改变了产品线，也显著地改变了雷克萨斯的品牌形象（见表 9-6 和表 9-7）。

表 9-5　雷克萨斯车型随时间的拓展

时间	产品	发电机	产品品种
1989 年 9 月 1 日	LS400	V8	顶级豪华轿车
1989 年 9 月 1 日	ES250	L6	准豪华
1991 年 5 月	SC400		豪华双座跑车
1991 年 8 月	SC300		豪华双座跑车
1991 年 9 月	ES300（ES250 退役）	V6	准豪华
1992 年 9 月	LS400（微小改进）	V8	顶级豪华轿车
1993 年 1 月	LS400（微小改进）	L6	中档豪车轿车
1994 年 11 月	LX450	V8	豪华多用途
1996 年 1 月	ES300（微小改进）	V8	豪华多用途
1996 年 9 月	GS400	V6	准豪华
1997 年 10 月	LX470	V8	顶级豪华轿车
1998 年 1 月	RC300	V6	豪华双座跑车
2000 年 1 月	IS300	L6	
2000 年 1 月	LS430	V8	
2001 年	SC430		

资料来源：丰田汽车公司。

　　2000 年推出的 IS300 说明了一个事实，即这项决定并非以预定战略的演绎方式做出，而是通过若干组织单位之间的协调和谈判做出的。TMS 一直在要求生产一款能够吸引近乎奢侈品领域的年轻消费者的车型。针对这一要求，TMC 反复提出一种最初为日本市场开发的车型，作为丰田品牌的汽车。TMS 数次做出否定的回应，但最终被迫屈服，只是将在日本市场销售的略作改进便在美国推出了雷克萨斯 IS300。

　　雷克萨斯的新产品导入决策发生在 20 世纪 90 年代，当时并没有一个宏伟的计划，而是以一个随意的方式进行的。TMC 的产品开发是以销售到

表 9-6 雷克萨斯的销售构成的历史变化（按数量百分比 %）

时间（年） 车型	1989	1990	1991	1992	1993	1994	1995	1996	1997	1998	1999	2000
准豪华												
Lexus ES250/30	29.0	32.6	31.6	42.7	37.7	44.7	52.3	54.9	59.9	31.1	24.7	20.1
Lexus IS300												7.5
豪华双座跑车												
Lexus SC300			3.4	8.6	6.8	5.2	4.2	2.9	3.1	1.1	0.9	0.2
Lexus SC400	13.2	13.7	10.2	8.5	5.5	3.1	2.1	0.8	0.4	0.1		
中档豪华轿车 *												
Lexus GS300					20.2	15.9	8.1	2.5	3.9	13.2	13.4	10.6
Lexus GC400									4.0	6.4	3.7	3.0
顶级豪华轿车 *												
Lexus LS400	71.0	67.4	51.9	35.1	25.1	25.7	29.8	27.3	20.1	13.3	8.8	7.7
豪华多用途车												
Lexus LX450/470								9.2	7.0	7.0	8.5	7.2
Lexus RX300										27.0	39.5	43.6
车型数量	2	3	4	4	5	5	5	6	7	8	8	9

资料来源：丰田汽车公司。

表9-7　美国豪华车市场的销售构成

时间(年) 车型	1989	1990	1991	1992	1993	1994	1995	1996	1997	1998	1999	2000
准豪华												
占总销量的百分比(%)	17.4	15.3	17.9	21.3	20.8	22.0	26.6	28.0	29.8	26.7	26.8	28.4
车型数量	20	21	21	19	18	18	17	17	17	19	20	20
豪华双座跑车												
占总销量的百分比(%)	21.7	19.2	17.6	18.3	18.1	17.0	15.8	16.6	16.2	14.6	13.2	12.8
车型数量	27	32	31	32	31	30	27	27	33	29	29	30
中档豪华轿车*												
占总销量的百分比(%)	11.0	10.0	10.9	11.9	12.9	11.3	9.2	9.0	9.1	11.0	13.4	12.9
车型数量	5	6	8	9	11	11	11	12	11	11	12	13
传统国产豪华轿车												
占总销量的百分比(%)	41.9	42.7	42.6	36.4	37.4	39.3	35.9	32.9	28.8	25.8	23.1	21.2
车型数量	6	6	6	6	7	7	7	7	7	7	6	6
顶级豪华轿车*												
占总销量的百分比(%)	7.6	12.4	10.7	11.7	10.3	9.4	10.7	10.3	8.8	8.5	7.6	6.6
车型数量	10	10	10	10	11	12	12	12	13	12	11	11
豪华多用途车												
占总销量的百分比(%)	0.4	0.4	0.3	0.4	0.5	0.9	1.8	3.3	7.3	13.3	15.9	18.1
车型数量	1	1	1	1	1	2	3	5	7	10	12	14

* 进口车。

资料来源：丰田汽车公司。

美国和日本的丰田品牌为主导的，并预计实现销售最大化。仅仅为雷克萨斯开始产品开发是很困难的。因此，雷克萨斯的产品上市决策往往是不一致的，并取决于最初为丰田品牌开发的车型的可用性。例如，在 1994 年 11 月更换 LS400 车型至 1996 年 1 月引进新的 LX450。在长达近 20 个月的时间里，经销商没有新的雷克萨斯车型可供出售。第一辆雷克萨斯多用途车的推出就是这种机会主义和随意态度的例证。在 1995 年 11 月阿库拉（Acura）推出 SLX 之前，豪华车市场上唯一的多用途车是路虎揽胜。市场上的这种空白促使许多经销商转向其他大规模生产的汽车品牌，销售它们的运动型多功能车（SUV）。作为对美国运动型多功能车热潮的回应，雷克萨斯在 1996 年 1 月推出了 LX450。LX450 基于丰田陆地巡洋舰平台，内饰改进以满足豪华车的规格为目标。在其他方面，它与陆地巡洋舰并没有什么不同。

其中一位参与雷克萨斯发布的经理回顾了过去的历史，指出雷克萨斯产品线缺乏有意识和持续的管理，尤其是在资源分配和销售政策方面。

当我们讨论雷克萨斯推出新车型的可能性时，我们经常面临来自产品开发负责人的阻力。他们经常告诉我们，雷克萨斯没有足够的资源。另一个担忧是，雷克萨斯旗舰车型 LS 系列的管理问题。我们应当始终如一地为通识教育的发展分配足够的人力资源。同时，即使在产品生命周期快结束时，我们也应该保持一定的 LS 销售量，这样我们才能保持 LS 的威望。

应急战略的制定过程依赖于面临不同现实的多元化行为者的具体行动，不可避免地伴随着失败。事实上，雷克萨斯在当时便显示出了它的价值。例如，雷克萨斯的新车型并不总是从一开始就设计得很好，一些新型号存在规格不匹配的问题，如 GS300，第一辆中档豪华汽车在 1993 年 1 月推出。

它是考虑到雷克萨斯在美国的规格而为欧洲市场开发的运动型汽车，但它没有预想的那样市场反响良好。客户调查显示，与竞争对手相比，它的发动机性能较差，这是它不受欢迎的主要原因。另一个例子是 2000 年引入的 IS300。其售价略高于 3 万美元，略低于当时最低的雷克萨斯 ES300。加速踏板用于赛车，强调运动的特点，以吸引年轻的驾驶爱好者，但最后还是未能打入这一细分市场。

尽管存在偶尔失败的产品线战略问题，但雷克萨斯尚能在市场上立足。为什么失败的产品线战略并没有变成致命伤？我们认为以下两个因素起到了关键作用：①预定战略下保留的共同观点足以抵御任何波动；②从失败中学习和不断改进的能力嵌入在雷克萨斯内部。

在预定战略下保留的共同观点包括优秀的销售流程、服务理念和产品质量。这些保留的共同观点提供了一致性和可靠性的运作，并使他们即使面临一些试验的失败，仍然能够留住他们的客户。我们将在下面介绍两个这种保留共同观点的例子。即使在以优质服务为核心的应急战略制定过程中，这种观点仍然十分活跃。即使在 20 世纪 90 年代中期这个最困难的时期，雷克萨斯的管理人员仍继续投资于服务活动。鼓励对服务活动进行慷慨投资的观点贯穿于整个组织。TMS 管理人员认识到继续投资于服务和现场活动的重要性，而不是通过投资回报率管理服务活动。负责雷克萨斯分部的经理在内部分享共同观点时提到：

我们应该从长远的角度考虑服务和客户满意度。很难评估服务投资的价值，因为它不产生投资回报率。很明显，卓越的服务有助于雷克萨斯的品牌提升和商业成功。这就是为什么雷克萨斯服务部将回到"雷克萨斯盟约"作为一个行动指数。"雷克萨斯盟约"坚持，我们应该把重心放在客户第一。为了满足客户，一个惊喜的元素和细致的客户支持是必要的。"雷克萨斯盟约"认为，一个特殊的文化和精神是必需的。

另一种观点在预定战略的制定过程中得到共享，并在整个应急战略的制定过程中保持活跃，这与车辆质量有关。TMS 和 TMC 的管理人员一直强调保持汽车质量的重要性。雷克萨斯一位负责销售、零部件和服务的经理对车辆质量的重要性评论如下。

一切都从一辆高级轿车开始。没有它，所有的努力都将毫无意义。我们再怎么强调车辆质量的重要性也不过分。如果认为质量是既定的，而且影响很小的想法是错误的。雷克萨斯以卓越的质量为支撑。由于首席工程师铃木一郎（Ichiro Suzuki）的努力，第一辆 LS400 成了一辆绝对出色的汽车。TMS 和经销商的服务人员努力工作保证了 LS400 的质量。对制造高品质汽车的自豪感激起了所有人提升服务质量的热情。我相信，为客户做正确事情的承诺是这种激情和骄傲的结果。

雷克萨斯也在不断地从失败中学习，由于实验偶尔会失败而发生的故障也不会持续很长时间，并在短时间内生产出更好的产品。雷克萨斯有一个良好的反馈系统，使它们在前文提到的以不成功的陆地巡洋舰为基础的 LX450 的情况下，在两年后的 1998 年推出 LX470 时，它虽然与陆地巡洋舰共享同一平台，但明显与之不同。LX470 拥有独特规格的悬挂调整、车辆高度调整，以及许多其他的独特功能。即使应急战略的制定过程引导了方式，这种重新调整的能力是雷克萨斯一直非常有效的原因之一。这个新的解决方案将面临另一个新挑战，这种观点会引发新的实验。辩证的过程还在继续。

雷克萨斯的对话

在应急战略的制定过程中，第二阶段关于产品线战略的沟通是由多元性驱动的。

相比之下，第一阶段的沟通是由单一性驱动的。在这一部分中，我们讨论跨越两组参与者的对话（即多元性）：① TMC 总部和 TMS；② TMS 雷克萨斯分部和雷克萨斯经销商。TMC 总部和 TMS 之间的对话说明了不同的观点如何和为什么相互促进和互动，从而确定了雷克萨斯的产品线。TMS 和雷克萨斯经销商之间的对话说明了雷克萨斯如何为多元性提供了有利的环境。

TMC 总部和 TMS 在观点上存在显著差异，这是由缺乏明确的产品线管理政策造成的。例如，一位负责雷克萨斯生产的 TMC 经理指出，当他试图提高雷克萨斯的生产质量时，他找不到任何关于雷克萨斯应该是什么样子的规范性文件。另外，TMS 雷克萨斯部门的管理人员求助于"雷克萨斯盟约"来制定他们的指导方针，但其中一些人表示，对于"什么是雷克萨斯"这个问题，他们并没有明确的答案。这些管理人员还指出，由于缺乏明确的定义，TMS 鼓励他们在个人基础上探索产品概念。

TMC 对雷克萨斯发展的观点围绕其强大的组织身份——作为"有效的大规模生产者"的，而 TMS 雷克萨斯分部的组织身份是"奢侈品销售运营商"。按照高效、大规模生产的逻辑，TMC 的观点是雷克萨斯应该与丰田共享尽可能多的部件。事实上，从 20 世纪 90 年代中期开始，雷克萨斯的发展政策倾向于尽可能多地与丰田车型共享零部件、平台和规格，这一政策使雷克萨斯独有的规格非常有限，如带有自动位置调整的方向盘。

TMC 高效的批量生产者的逻辑有时要求 TMS 采用和销售 TMS 认为有悖于雷克萨斯形象的车型。另外，TMS 的豪华车销售经营者的逻辑要求

TMC 严格遵守质量和设计规格，即使这意味着产品成本的增加，也要迎合美国豪华车市场。作为高效的批量生产者，TMC 的观点强调开发成本管理、生产运营效率和全面价值链的库存管理。这些成功的关键因素渗透到整个组织，并通过对话在不直接负责物流管理或工厂管理的管理人员之间分享，如销售和营销管理人员。同时，这些管理者保留了自己的观点，因此，他们内化了多元性。他们分享了关于供应链管理和工厂效率的观点，有时导致销售和市场营销经理接受 TMC 的建议，因为他们不确定这些车型是否符合市场需求。因此，TMS 的销售和市场经理形成了一种乐于接受实验的态度，这种态度有时会带来意想不到的成功。

通过这个跨越了不同视角的交互对话，雷克萨斯的豪华车概念应运而生。这一概念是以螺旋式的方式发展起来的，保留了这一概念的核心，同时转变和扩大了这一概念的范围。幸运的是，这一突发事件发生时，雷克萨斯正在市场上寻找新的增长机会，而且随着"美国豪华车市场亲民化进程"的展开，市场正在迅速发生变化。随着美国豪华轿车的扩张，市场的不确定性也在增加，在这样一个环境中，顾客的需求正在转变。

TMS 雷克萨斯分部和雷克萨斯零售商的对话，为对话提供了一个良好的背景。雷克萨斯形成了由客户、经销商、TMS 地区办公室、TMS、TMC 总部和广告公司组成的多层交流网络，后者提供了对话"场"（Nonaka，2002）。除了大多数汽车制造商习惯举行的正式经销商会议，雷克萨斯还设立了不那么正式的对话平台。下面，我们介绍两个这样的"场"。

第一个"场"，在雷克萨斯被称为"炉边聊天会议"。这些会议的目的是讨论任何事情和一切面对面的管理雷克萨斯经销商。每年，雷克萨斯部门的负责人和 TMS 的运营主管们都会走访美国的 12 个地方，与每个地区

10~20 个经销商的首席执行官和其他主管们会面。炉边聊天会议的参加者人数很少，足以确保亲密的沟通。在这些会议上，雷克萨斯解释了产品定价、营销和服务等政策。这些会议不是雷克萨斯分部简单的政策公告，而是旨在听取经销商的意见和问题。经销商和雷克萨斯部门的经理坐在同一张桌子边进行无限制的讨论。在这些讨论中，雷克萨斯高管保持着"我们在这里倾听"的态度，以鼓励经销商表达自己的观点。

另一个独特的沟通"场"，被称为"全国经销商咨询委员会"，是每年两次、每次为期 3 天的会议，当地经销商协会的 9 名代表和雷克萨斯的 4 名地区办事处代表参加了会议。会议的目的是收集该地区的意见，并向 TMS 提出要求。无论评论多么琐碎都会被记录下来，并与雷克萨斯分部的对策一起集结成册出版，然后分发给所有的经销商。全国经销商咨询委员会收集的意见反映了大多数经销商的意见。意见和评论是炉边聊天会议涵盖的细节和点，很容易被忽略。雷克萨斯认为这两类会议是相辅相成的。

除了炉边聊天会议和全国经销商咨询委员会，雷克萨斯与经销商还举行了各种规模和目的的会议，如全国经销商会议和经销商广告协会会议。除了这些正式会议，雷克萨斯地区办事处的各地代表每天都与经销商经理和一线员工进行真正的沟通。雷克萨斯设立了 4 个地区办事处，每个办事处负责 45 个经销商，每个办事处经理负责 5~10 个经销商。每个现场经理与经销商经理和负责销售、服务和财务的工作人员进行日常沟通，他们不仅通过电话进行沟通，而且通过拜访经销商进行面对面的交流。通过这一过程获得的信息在每月的区域经理会议上报告并传达给公司。雷克萨斯分部经理们也定期拜访经销商。例如，雷克萨斯服务部的一名经销商运营经理每月拜访经销商一次，就服务流程和最佳做法提出建议。在其他汽车公司，通常是由地区办事处代表进行这样的拜访。

雷克萨斯经销商和 TMS 雷克萨斯分部之间的交流联系是由多元性而不是单一性驱动的。雷克萨斯和经销商的沟通不是一个单向模式，而是愿意不断地与他们互动，以获得他们的不同观点。例如，1994—1996 年，当雷克萨斯面临销售疲软时，TMS 为消费者购买车辆和租赁车辆提供现金激励。在此之前，雷克萨斯不会进行现金奖励，因为这会损害品牌形象和降低车辆的转售价值。在炉边聊天会议上，经销商表示反对现金奖励，声称他们不适合雷克萨斯，并说服雷克萨斯分部"回归基础"（return to basics）。

经销商保留了自己的观点，继续要求开发更多有吸引力的汽车类型，并就雷克萨斯的经营方式发表了自己的意见，因此多元性从未消失。雷克萨斯经销商保留自己声音的一个原因是，TMS 并不拥有雷克萨斯的经销商。这样的组织结构意味着经销商们不必过分顾及雷克萨斯分部的不同现实情况，并保留自己的观点。这也使经销商能够保持其独立性，不怕突出那些不能令人满意的领域。另一个原因是雷克萨斯分部的态度和意愿，它们愿意倾听和接受不同的观点，例如炉边聊天会议的哲学，"我们在这里听"。

在第二阶段，应急战略的制定过程有时是偶然的和随机的。它甚至没有很好的计划，也不分轻重缓急。然而，最终的结果是非常积极的。在 2000 年，雷克萨斯第一次超越梅赛德斯，在美国豪华车市场占有率方面获得第一名。图 9-2 显示雷克萨斯的销售量超过了梅赛德斯。表 9-8 从市场份额的角度显示了这一点。此外，雷克萨斯在购买和服务体验方面的顾客满意度排名常常高居 J.D.Power 的榜首（购买体验和服务体验的顾客满意度分别见表 9-9 中的 SSI 和 IQS）。雷克萨斯汽车的质量始终名列前茅。在新车的初始质量，雷克萨斯几乎总是保持在第一或第二（见图 9-2）。

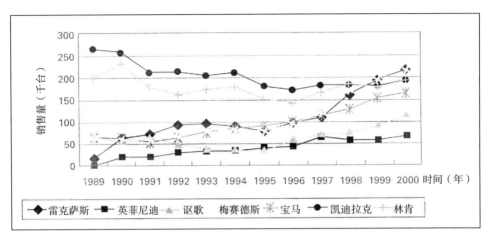

图 9-2 美国豪华车市场领先品牌的销售量

资料来源：丰田汽车公司。

表 9-8　1989—2000 年美国豪华车领导品牌的市场份额

	1989	1990	1991	1992	1993	1994	1995	1996	1997	1998	1999	2000
雷克萨斯	1.5	5.6*	7.0	9.3	9.2	7.7	7.5	7.7	7.9	11.2	11.9	12.25
英菲尼迪	0.2	1.8	2.1	3.0	3.3	3.0	3.9	4.0	5.3	4.0	3.6	3.88
讴歌	5.8	4.8	6.7	5.1	3.8	3.2	3.4	5.8	5.7	5.4	5.9	6.94
梅赛德斯	6.8	6.9	5.5	6.3	6.0	6.4	7.3	8.6	9.9	12.2	12.1	12.22
宝马	5.8	5.6	5.2	6.6	7.6	7.4	8.3	9.3	9.3	9.2	9.8	9.67
凯迪拉克	24.0	22.7	21.0	21.4	19.8	18.5	17.1	16.1	14.8	13.1	11.4	11.24
林肯	18.0	20.3	17.6	16.2	16.8	15.7	14.2	13.4	13.5	13.4	11.3	11.47

* 进口车

资料来源：丰田汽车公司。

表 9-9   1990—2000 年雷克萨斯顾客满意度排名

	1990	1991	1992	1993	1994	1995	1996	1997	1998	1999	2000
IQS	1	1	2	1	1	2	1	2	1	6	2
CSI	—	1	1	1	1	1	2	1	1	1	1
SSI	4	1	1	3	1	3	1	4	3	6	2

IQS（初步质量研究）＝购买后 3 个月内对服务的顾客满意度

CSI（顾客对于产品质量和销售服务的满意度）＝购买 3 年后对售后服务的满意度

SSI（销售满意度指标）＝顾客购买新车型时对购买体验的满意度

资料来源：J.D. Power and Associates.

第三阶段：雷克萨斯回到预定战略的制定过程

2001 年以后，雷克萨斯在更高层次上开始从应急战略转向预定战略，建立了集中的战略制定机构。"品牌团队"重新确定了雷克萨斯的核心价值和核心概念，于 2002 年在 TMS 启动。负责雷克萨斯的产品线战略的"雷克萨斯规划司"，于 2002 年在 TMC 总部成立。2003 年，TMC 还将雷克萨斯的产品开发集中到一个组织单位。这些组织安排将使集中的战略制定成为可能，并使反思、选择和保留本土化战略变得更加容易和快速。预定战略的制定过程将具有新的和更丰富的意义，因为它将基于过去在制定应急战略过程中取得的经验和教训。因此，这种预定战略的制定过程比 20 世纪 80 年代末的预定战略制定过程和 20 世纪 90 年代的应急战略制定过程处于更高的水平（见图 9-3）。

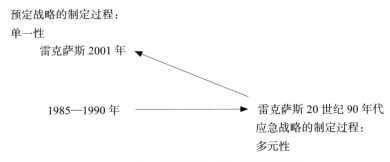

图 9-3　雷克萨斯战略决策过程的辩证模式

　　两个战略制定过程之间的过渡发生了吗？通过公司战略制定过程与市场环境的反馈系统发现，雷克萨斯的竞争环境改变了，竞争变得更加趋同。德国豪华汽车制造商改变了在美国汽车市场的战略，改进了价格 – 价值公式，扩大了产品线，缩短了产品生命周期，甚至开始在当地生产。1990 年，雷克萨斯和奔驰的主要车型变化间隔期分别为 5 年和 10 年。然而，在 1998 年，雷克萨斯的这一时期为 5.5 年，奔驰为 8 年。2001 年，雷克萨斯和梅赛德斯的这一时期分别为 6 年和 7 年。

　　价格 – 价值方程的差异也在缩小。如果将雷克萨斯的价格与一辆类似的奔驰在 1998 年的价格进行比较，那么雷克萨斯的价格是 116 美元。2001 年，这个数字达到 106 美元。在应急战略下，雷克萨斯做出了错误的判断，经历了冗余。当公司不得不与相似的竞争对手竞争时，应急策略的负面影响就会变得更加严重。

关于案例研究的思考：雷克萨斯业务的对话与发展

　　该案例分析展示了雷克萨斯在 3 个不同阶段的经历，每个阶段都由不同的社会交往驱动，即单一性和多元性。第一阶段是由单一性驱动的。"十条规定"和"雷克萨斯盟约"是社会交往的中心。在发布会上，单一性驱动的进入战略帮助丰田分享有关雷克萨斯的共同观点，并建立良好的协调活动。第二阶段是由多元性驱动的，特别是在产品线战略上。雷克萨斯的产品线战略是应急战略制定过程的结果，其中解决方案来自跨不同方法和视角的对话交互，而不是来自事前分析。没有一个组织单位负责雷克萨斯的整体产品线战略。在这个意义上，认知和决策是分布的。产品线战略的多元性对话帮助我们以独特的方式应对美国豪华车市场环境的变化。如表9-6 和表 9-7 所示，雷克萨斯的产品线组成严重偏向于奢侈品和公用事业部门。20 世纪 90 年代，雷克萨斯通过对新产品类别和新价值等式的试验，调查了美国市场快速增长时期豪华车市场的边界，试图为"豪华车"这一概念找到新的含义。第三阶段刚刚开始，似乎是由单一性驱动的（见图 9-3）。

这个案例也说明了多元性对话过程是如何工作的。在第二阶段，我们可以确定影响对话过程的 4 个因素。

第一，雷克萨斯保留了多元性的观点，允许 TMC 和 TMS 独立工作，允许经销商发表自己的意见。多元性的观点鼓励当地行为者不断表达自己的观点，从而鼓励对话。

第二，雷克萨斯培养了倾听的态度，建立了听力能力。倾听是很重要的，因为只有当一个人愿意站在另一个人的角度看问题时，对话才能展现一个人的思想世界。雷克萨斯拥有多层广泛的通信网络，经销商在不同的环境下运作，拥有多样化的视角。通过这些通信网络，雷克萨斯开发了以"我们在这里倾听"的哲学理念为指导的炉边聊天会议，并鼓励经销商表达自己的意见。雷克萨斯在与经销商的亲密和信任的基础上建立了稳定的关系。"顾客优先，经销商其次，工厂最后"的理念和雷克萨斯一贯的经销商管理政策，有助于建立这种关系。

第三，雷克萨斯进行了大量的实验，例如引进了几个不成功的新车型。实验允许对话，这催生了新的意义和创新，并引发了不同的观点。此外，雷克萨斯主张根据其先前的错误和经验进行事后学习。事后学习使辩证过程得以发展。

第四，也是最后一点，雷克萨斯拥有一张安全网，可以应对各种试验中不可避免的失败。保持高度统一和高效的能力，如提供卓越的采购和服务、经验、管理物流、生产可靠的汽车，帮助雷克萨斯在偶尔故障中得以生存。

对话与丰田的战略制定过程

我们相信丰田是对话的大师。丰田汽车也同样具有这 4 个因素，它们促成了雷克萨斯内部对话的大量使用。

第一，丰田的组织安排似乎有助于维护多元性和独立的思想世界。正如伯恩（Bowen）和斯皮尔（Spear）指出的那样，丰田的组织机构比通常认为的更为分散（1999）。30 多年来，丰田公司的销售和制造部门也被划分为两个不同的法律实体。与此同时，广泛的非正式网络已经发展到超越职能的地步。丰田还广泛利用跨职能的会议和委员会。没有指定的组织单位有助于本组织避免过度的单一性，即使这可能导致缺乏基于共识的决策和不太明确的责任划分。

第二，丰田还具有培养倾听态度和建立倾听能力的强大文化。通过采访，我们注意到员工们分享了"倾听他人""尊重个体""顾客优先，经销商其次，工厂最后"和"去看看"等格言，所有这些格言都鼓励人们对新的和不同的事实和观点保持尊重和敏感。丰田的员工不仅将它们宣之于口，还会把它们付诸实践。

第三，丰田喜欢试验和事后学习。丰田的试验文化体现在诸如"计划－做－检查－行动""从失败中学习"和"想象失败"这样的格言中。这些格言已经成为丰田生产过程中的核心理念，现在已经在公司内部广为流传。例如，丰田于2003年6月开始在美国推销针对Y一代的"Scion"品牌。TMS把这个挑战称为"试验场"，在这里学习如何接近年轻人。在丰田进行的一系列试验背后，是持续改进的强烈愿望。

第四，丰田为试验中不可避免的失败提供了安全保障。我们采访了丰田在亚洲、欧洲和美国等市场的业务，确认了丰田汽车的可靠性、高效的物流管理和强大的经销商网络是丰田公司业务的共同优势。

丰田作为一个辩证的公司

正如本书第一章和第四章所提到的那样，丰田也是一个辩证过程的大师。丰田公司善于接受看似对立的事物，而"丰田"的员工乐于接受矛盾。当面临矛盾时，丰田公司的员工不会采取"非此即彼"的态度。他们接受对方的观点，但不放弃自己的观点。下面两个例子将说明丰田在雷克萨斯案例事件中是如何追求"兼而有之"的。

第一个例子涉及首席工程师铃木一郎在开发最初的雷克萨斯时所面临的矛盾。他追求"卓越的高速发动机操纵稳定性"与"卓越的乘坐舒适性"，"快速、舒适"与"卓越的燃油经济性"，以及"温暖的环境"与"功能舱"（矛盾列表见表9-10），铃木以"尚未"（not yet）的态度处理这些矛盾。在"尚未"的前提下，铃木宣布，他不会接受任何妥协，即使他的要求包含矛盾。他还依靠"源头行动"（action at the source）来化解矛盾。通过"源头行动"，铃木教导他的团队成员找到矛盾的根本原因，即使这需要新的能力，而这些能力是之前从未拥有过的。这种对待矛盾的态度促使专长于不同领域的工程师，通过倾听他人的意见和紧密合作来寻找新的解决方案。在貌似对立的两个方面之间找到一个综合体，使得雷克萨斯 LS400 在对抗竞争对手方面处于独特的地位。例如，这是 1989 年唯一一款豪华高档车，速度非常快，燃油效率高到不用交油耗税。

　　另一个矛盾的例子发生在伊比亚塔的工厂里。大多数雷克萨斯车型与丰田车型有着相同的台式机，而且是在同一条生产线上与类似车型共同生产的。这样做的好处是，一方面实现效率的最佳制造顺序；另一方面是产生最少的缺陷。一个解决方案是将雷克萨斯和丰田车型的生产线分开。这种"非此即彼"的方法可以通过避免这些矛盾来解决这些矛盾。丰田选择的另一个解决方案是继续在同一生产线上生产雷克萨斯和丰田车型，但选择的顺序将达到最佳质量，并努力克服与效率之间的任何权衡。这种"双管齐下"的方法包含了矛盾。丰田相信，它能够以雷克萨斯的缺陷程度和丰田的制造成本生产丰田车型。这样做可以在降低生产成本的同时保持雷克萨斯的缺陷率几乎为零。这些决定理所当然地都来自丰田的经理们。

表 9-10　铃木一郎在 LS400 车型中面临的矛盾

卓越的高速发动机操纵稳定性	卓越的乘坐舒适性
快速、舒适	卓越的燃油经济性
出色的降噪功能	重量轻
优雅的风格	优秀的空气动力性能
温暖的环境	功能舱

小结

应急战略制定过程中的多元性蕴含着发现未知和创造性的潜能。另外，预定战略制定过程中的单一性有助于组织理解调查结果并将其制度化，从而澄清战略概念并建立必要的组织能力。组织要想持续发展，就必须处理好单一性与多元性的辩证关系。

我们从雷克萨斯的案例中发现，多元性和单一性之间的相互依存关系使得它们以一种辩证的方式不断发展。

最后，对话所带来的远远超过我们意识到意义的多重层次时所知道的。一个组织历史的声音和环境的声音，可以嵌入文字和表达中，可以保留在隐性知识中。对话让这些意味深长的层面浮现出来。对话使一个组织拥有一个更加复杂的思想世界，对话把未知的事物带到了表面，并让一个组织对内部以及外部环境中存在的现实情况产生更加丰富的感受。

品牌能力：
索尼在品牌知识创造方面的能力[1]

阿久津聪　野中郁次郎

越来越多的经理人意识到，品牌的号召力和影响力比规模巨大的工厂或大量的土地更有价值。虽然每个人都承认"品牌"的存在，但很难描述它的实质。这是因为品牌理念深埋在我们的内心深处。本章以知识创造过程为基础，引入一种新的品牌建设能力模型，补充了现有的品牌模型，同时对索尼的案例进行了分析。

品牌研究的新方向

环境的急剧变化正在给品牌带来压力，迫使它们做出根本性改变。在这种情况下，保持品牌的一致性，同时提高品牌资产的价值成为一个关键问题。除了使用相当静态的品牌估值模型的分析，还需要对关于如何提高品牌能力这一问题指明指导方向。

为此，本书引入了品牌识别的概念。伯克利（Berkeley）的国际知名品牌大师大卫 A. 艾克（Davida A. Aaker）将品牌身份定义为品牌战略家渴望创造或维持的一组独特的品牌联系。[2] 关于品牌识别的争论表明，通过定义品牌识别，并通过广告和其他媒介有效地传达给消费者，会增加品牌资产。品牌识别可以成为品牌新的发展方向，如何有组织地建立品牌的过程模型是有效的品牌建设所必需的。然而，典型的争论集中在如何口语化表达品牌识别和如何组织它们以进行最佳实践上。

派恩（Pine）和吉尔摩尔（Gilmore）在《体验经济》（*Experience Economy*）上以及施密特（Schmitt）在《体验营销》（*Experiential marketing*）一书中均认为，在不断变化的环境中，围绕品牌的一个最重要的趋势是"体验价值"重要性的日益增加。[3] 关于品牌资产和身份的讨论，集中在通过语言编码或表达的知识上（即所谓的显性知识），大多数体验价值是作为难以通过语言表达的知识积累起来的（即所谓的隐性知识）。当基于经验的隐性知识过于容易以显性的语言表达时，它往往缺乏原创性和说服力。

例如，虽然迪士尼乐园的情感体验不能通过"家庭"或"乐趣"之类的口头联想充分表达，但迪士尼的身份——为整个家庭提供娱乐，可以通过消费者的实际体验分享。迪士尼品牌体验之所以令人感动并在我们心中产生共鸣，是因为所有迪士尼员工都对这个品牌有着丰富的隐性知识。

缺乏品牌经验的品牌也缺乏丰富的隐性知识支持自己的品牌理念。即使它们拥有基于功能利益的优势，也很容易被竞争对手模仿，并迅速商品化，屈服于价格竞争。当前关于品牌识别的讨论也存在局限性。

简而言之，现有的关于品牌识别的讨论，通常先假设企业拥有并承认大量的隐性知识，然后只关注如何用文字等代码表达隐性知识并进行沟通。如果概念背后的隐性知识没有被意识到，而且没有根据对隐性知识的透彻理解来界定身份，那么，通过交流功能特征（如"快速"）或抽象的表达方式（如"信任"）就无法显现差异化的价值。

除此之外，似乎未来与品牌相关的研究将被期望全面和系统地阐明建立有价值品牌所需的组织能力。[4] 具体而言，研究人员需要更多地培养组织内部或与客户共享隐性知识的能力，基于这种隐性知识创造新的品牌概念的能力，在其产品中显示隐性知识的能力，以及为品牌体验创造空间（或"场"）的能力。在这里，我们将这些能力统称为"品牌能力"（branding capability）。

通过重新定义品牌知识并创建动态模型，我们的目标是更清楚地对品牌能力的本质进行阐释，即组织建立品牌的能力。

"品牌知识"再定义

为了建立一个有价值的品牌，必须创造有助于提升品牌价值的品牌知识体系。在本章中，我们扩充了传统被指定为"消费者"知识的品牌知识的概念。达特茅斯学院的凯文·L.凯勒（Kevin L. Keller）教授在其颇具影响力的品牌管理教科书中，使用了传统的品牌知识概念定义基于顾客的品牌资产。[5]我们在这里强调的是，"所有的知识都可以用来创造品牌价值"，这种品牌知识的所有者包括与品牌有关的所有人，也包括消费者。除了消费者知识，企业要特别注意建立品牌的企业知识以及商业伙伴等合作伙伴的知识。

基于认知心理学中的联想网络记忆模型，凯勒将品牌知识概念化为"一个在记忆中代表品牌的节点，以及与之相关的各种联想"。联想网络记忆模型认为，记忆是一个由表示信息和概念的"节点"和连接这些信息与概念的"链接"组成的网络。在关于品牌的知识中，隐性知识和显性知识同等重要。换句话说，所谓的过程知识，包括关于品牌建设的知识和态度，成为关键。过于强调隐性知识可能会使我们把品牌知识概念化，而不是把它看作一个记忆网络。这种知识观可能适用于记忆联想的可视化，但不适用于阐明隐性知识的创造过程。

我们把知识定义为"合理的真信念"（justified true belief）。"我们强调正当信念，因为知识是一个动态的过程，在这个过程中，个人的信念通过人类被正当化为'真理'。"[6]基于这种理解，我们将知识区分为显性知识和隐性知识。显性知识是一种可以用词语和句子清楚地表达出来的知识。隐性知识是主观知识和物理知识，难以用语言和句子表达，包括思维、视角、技能、图式和心理模式等。我们的论点所依据的组织知识创造理论，假设人类知识是通过隐性知识和显性知识之间的社会互动而创造和扩展的。图10-1说明了这一点，它总结了"知识转化"的过程。[7]

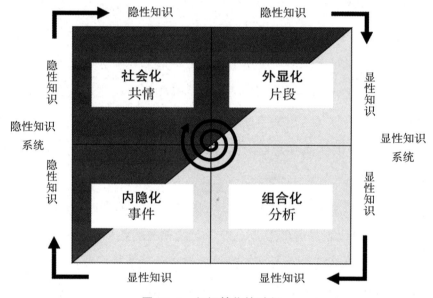

图 10-1　知识转化的过程

知识创造包括 4 个转化过程：

- 社会化。

- 外显化。

- 组合化。

- 内隐化。

　　社会化是通过经验共享，从隐性知识中创造隐性知识的过程。分享组织文化就是其中一个很好的例子。外显化是指通过语言和代码将个人的隐性知识转化为显性知识的过程。在一个组织中，外显化常常是通过对话进行的。组合化是一个过程，通过重新分类和组合外显化的知识或显性知识创造新的组合。零部件和产品可以被认为是显性知识的体现，由零件组合而成的产品可以被认为是一个组合的过程。内隐化将外显化的知识或显性知识重新整合到个人的隐性知识中。内隐化创造的隐性知识是个人将手册付诸实践和使用产品时所感受到的知识。表 10-1 对品牌知识新思维的特点和以顾客为基础的品牌资产模型所反映的传统思维特点进行了比较。

表 10-1　品牌知识类型的概念比较

品牌知识的类型	基于客户品牌资产模型的品牌知识	基于品牌能力的品牌知识
需要观察的知识	使消费者对不同的营销活动产生不同反应的知识	任何可以用来创造品牌价值的知识。同时也要注意过程知识，如品牌建设的诀窍、心智模型和思维方法
知识的所有者	消费者	所有参与品牌建设的人
知识的定义	无	合理的信念
对知识的基本理解	记忆中信息和概念的联想网络	通过人与人之间的互动，将个人信仰转化为真理的动态过程
知识领域	意识和形象	显性知识与隐性知识
知识表达的范围	与品牌节点直接相关的联想	也要考虑那些只与隐性知识和品牌节点间接相关的联想

品牌知识的创造过程

艾克的品牌识别模型表明，品牌识别应该得到澄清、阐述和巧妙地应用。然而，很难找到一个既拥有丰富的隐性知识，又具备恰当地将其描述出来的沟通技巧的经理人。此外，关于品牌形象的讨论通常会介绍如何具体应用品牌建设方案，而不是简单地从案例中得出理论。因此，管理者必须自己构建切实可行的方法，将处于不同情况下的公司的案例应用到自己公司的环境中。这是一项相当困难的任务。

从现在开始，这个运用组织知识的理论，是通过对品牌知识创造和品牌知识扩展概念的界定，将品牌创造方法重新定义为品牌知识创造过程。通过这一理论，我们清晰地描述了传统方法学没有关注到的品牌知识创造过程，并引入了补充品牌识别模型的模型。

目前的讨论是基于艾克模型，强调品牌识别的澄清和细化，这与模型中的外显化和组合化过程相对应。不仅仅把品牌看作一种产品，而且看作一个组织、人和符号，有可能加速品牌识别的过程。首先，对已经用文字表达的识别候选词进行分类、组织和整合，如核心标志、扩展标示等，用一两句话来表达品牌的本质特征；其次，根据情况优先考虑。这些步骤被称为组合过程。

创造品牌价值通常是通过外显化的直接经验获得的丰富的隐性知识定义的。正如品牌识别理论所述，包含身份提示的信息可以通过分析客户、竞争对手和公司本身获得，但仅仅这些是不够的。

只有通过与那些已经拥有丰富的隐性知识的人分享经验（社会化），使用体现隐性知识的产品（内隐化），以及使用将专门知识转化为内隐化的显性知识手册（内隐化），才能创造出丰富的隐性知识。

例如，松下和本田的员工可以通过与鼓舞人心的创始人松下幸之助（Konosuke Matsushita）和本田宗一郎（Soichiro Honda）分享经验，真正感受到这些企业品牌的精髓。新日式旅馆的经理们可以通过住在丽思·卡尔顿酒店（Ritz Carlton Hotel）或帝国酒店（Imperial Hotel）了解什么是高级酒店品牌。迪士尼的高管们通过扮演迪士尼乐园的角色，再次领悟该品牌的独特理念。麦当劳的特许经营权拥有者掌握品牌概念，牢记企业哲学并遵循手册，直到一切自动化。所有的直接经验都会丰富隐性知识。其他例子包括耐克城和REI stores（一个户外产品连锁店），它们提供了一个与客户分享隐性知识的场所。我们认为这种隐性知识是重要的品牌知识。利用企业内部积累的隐性知识来表达品牌识别是非常重要的。

根据对艾克模型的讨论，"品牌识别执行系统"包括3个步骤：① 确定品牌定位；② 实施过程；③ 持续关注。这是一种以信息传播为中心，以大众广告为重点的实用方法。然而，为了系统地向消费者传达能够产生附加价值的品牌知识，品牌本身（包括其产品和服务）被作为一种媒介与大众广告分开使用。在这种情况下，隐性知识被外化为品牌概念，通过硬件、组件、内容和软件相结合的过程创造出产品。一个产品可以作为显性知识的物理化身，顾客通过使用产品将这些具体化的想法、思想和感受内化。

在艾克的新书《品牌领导力》中，他建议通过网络赞助的形式提供品牌体验。[8] 从品牌知识创造的角度看，这些新媒体的作用很容易理解。例如，品牌体验可以通过主页提供。赞助商不仅通过展示品牌身份有效地提高了品牌知名度和加强与该品牌令人愉快的活动间的联系，还提供了实际使用产品和分享品牌知识的机会，这种知识很难通过参与活动具体化。这些活动充当品牌体验的场所，包括用户在内的品牌参与者可以通过互动直接分享隐性知识。

　　图 10-2 表示品牌知识的创造过程。阴影部分代表的过程没有具体考虑讨论的传统品牌标识（见图 10-2a）。就 SECI 过程而言，创造隐性知识的社会化和内隐化过程在知识转化过程中缺失（见图 10-2b）。在注重品牌知识的品牌建设中，通过隐性知识提供品牌体验显得尤为重要。品牌能力是建立在过程知识基础上的组织能力，能够有效地推动品牌建设活动顺利进行。

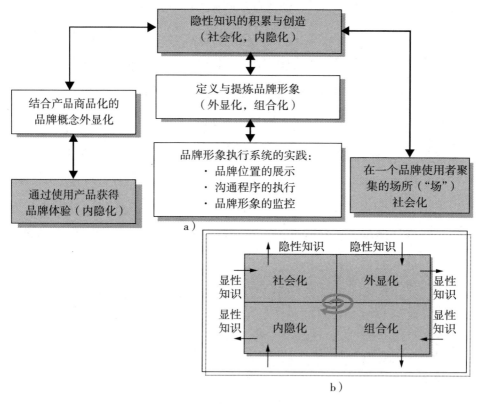

图 10-2　品牌知识的创造过程模型

品牌能力：索尼的案例

具体来说，什么样的能力是我们所说的"品牌能力"？

- 品牌元知识。

- 品牌知识愿景。

- 利用品牌知识资产的能力。

- 构想品牌体验"场"的能力。

- 背景创造力。

这 5 个品牌能力都将被详细解释，最后以索尼为例进行完整展示，它拥有建立世界级品牌的能力。

品牌元知识

乏味的元知识扮演着心智模型或思维方式的角色，为创造有价值的品牌知识的活动提供动力。因为这会产生新知识，所以我们称之为"元知识"，以便区分它。这就像一个创造品牌知识的"模型"或方法论，将在整个组织中被共享。品牌元知识通常由公司创始人创造，最初的原型可能会在组织的发展过程中被修改。从"索尼精神"开始，索尼的员工对索尼品牌以及技术、设计非常挑剔。这满足了品牌元知识的形成条件，成为一股促进力量，推动生产符合索尼品牌的新产品和新服务。从成立到 20 世纪 70 年代，索尼生产了一个又一个热门产品。创始人强有力的领导、公司内部的向心力、杰出的技术与设计能力，以及具有品牌意识的全球营销，都强化了索尼的品牌影响力。

从井深大（Masaru Ibuka）到大贺典雄（Norio Ohga），索尼历任总裁都在公司的早期阶段参与了创建索尼精神（Sony Spirit）的工作，索尼正是在这种精神基础上成立的。索尼精神的基础是"土拨鼠精神"，即做其他人不做的事情，以及发扬公司成立之初文件中概述的"自由和开放的思想"。索尼精神已经从公司的创始人传给了后代，因此他们能够维持一个初创公司的向心力。这就是日本第一台晶体管收音机、世界上第一台"特丽珑"彩色电视机和随身听的发明。

索尼从一开始就特别注重品牌建设。随着晶体管收音机的成功发明，索尼的业务开始向海外扩张，管理层认为有必要建立一个国际认可的品牌名称。1955 年，索尼品牌诞生了。这个名字是单词 SONUS，拉丁文中的意思是"声音"，SONNY 指的是小男孩。这反映了创始人对公司的看法，"一小群聪明的年轻人"。1958 年，公司名称从 Tokyo Tsushin Kogyo 改为索尼公司。索尼对自己的标志也非常挑剔，不断修改，直到 1973 年，设计达到完美。索尼一直在追求卓越的设计和卓越的技术，即使在早期，它已经清楚地认识到标志设计在品牌价值中的重要作用。

20 世纪 80 年代初，当全球音响市场陷入萧条时，索尼品牌首次面临业绩增长停滞的危险。索尼已经是一个繁杂的组织，对危机反应迟缓，业务性能显著下降。作为回应，刚刚被任命为总裁的大贺典雄介绍了战略业务单元体系，该体系适用于大型知名企业。这涉及旧组织结构的改造，从一个小型的个体经营的本地工厂演变为一个大型组织的现代结构。大贺典雄对索尼的早期发展历程非常熟悉，他强调要复兴索尼精神。他将趋于臃肿的组织划分为一个个具有明确权威和职责的战略业务单元，并按产品类别进行分类。因此，每个产品类别的开发都是在索尼精神的基础上进行的，公司再开始生产符合"索尼"这个品牌的热门产品。

品牌知识愿景

品牌知识愿景是指一个组织为保持与品牌相关性而应创造的知识种类的方向，以及管理品牌的内容，包括对消费者的承诺等。卓越的品牌知识愿景为品牌提供了独特的身份，并使得品牌系统具有协同效应。就像"品牌规章"一样，它不仅决定了现有品牌应该是什么样子，还为一个组织应该开发什么样的产品提出了建议。历史上，索尼总裁拥有足够的品牌元知识，抓住了环境变革中的机会，并且支持品牌知识愿景，从而再次引发了创新品牌的建设。索尼的愿景表明了公司作为一个组织应该创造并与客户分享品牌知识，基本等同于我们的品牌知识愿景概念。

即使是高层管理人员也不容易构建可以促进价值创造的品牌知识愿景。除了丰富品牌知识和定义品牌视角，我们相信通过拥有管理理念，高层管理人员可以对品牌追求的"真、善、美"做出价值判断。因此，对于拥有品牌元知识的高层管理人员来说，产生一个杰出的愿景作为他们管理哲学的基础是很容易的。20 世纪 80 年代末到 90 年代初，索尼积极地将业务拓展到内容产业，如收购了哥伦比亚唱片公司（CBS Records）和哥伦比亚影业娱乐公司（Columbia Pictures Entertainment），并成立了新公司，如索尼影业娱乐公司（Sony Pictures Entertainment）和索尼计算机娱乐公司（Sony Computer Entertainment）。索尼品牌因此得以摆脱以音像设备为生产重点的消费电子产品品牌形象。从一开始，内容产业的参与就被期望对消费者所持有的品牌形象做出积极贡献。然而，合并具有较大文化差异的组织以对其业务产生协同效应是一项真正的挑战，许多有关方面对成功的结果表示怀疑。在这种情况下，品牌知识愿景强烈建议推广可以直接参与创造内容的品牌知识，并让软件来补充索尼的硬件业务。由于这种业务扩张在以索尼精神为标准进行评估时是高度合理的，所以它在首席执行官大贺强有力的领导下得以成功实现。

20 世纪 90 年代中期左右，技术环境经历了从模拟技术向数字技术的转变。互联网、多媒体和移动技术的突飞猛进促使娱乐理念发生了根本性变化。这是一个新的开始。未来不明朗的社会意味着传统的程序和惯例将不再有效。与他的前任们不同，新任命的总裁出井伸之（Nobuyuki Idei）没有经历过索尼最初的日子。他出任总裁被认为是索尼一代人进行改革的机会，所以出井伸之提出了"重生"的建议，以表明他致力于公司的第二次创立。

出井伸之认为，他的职责是提出一个愿景，为公司提供未来的发展方向。与此同时，他珍视公司创始人建立的企业文化、自由且充满活力的氛围、挑战精神，以及由此形成的"一家时刻创新并采取行动的公司"的企业形象。出井伸之的《数字梦想的孩子们》（*Digital Dream Kids*）表达出他致力于将索尼转变为一个实体，以"索尼方式"实现在数字时代成长的年轻一代的梦想。此外，这种"索尼方式"不仅包括与其他公司根本不同的"创新"，还包括"享受"和"幸福"。出井伸之提出的"数字梦想世界"的愿景被定义为"索尼是一个'数字梦想儿童'能够享受索尼生产和提供的产品、服务和内容价值的地方"，其品牌管理的目标也体现了这一愿景。

在许多管理品牌的公司中，内部专家团队使用品牌知识愿景来实施基于外部显性知识的品牌政策，如品牌声明和品牌章程。在 1991 年举行的品牌战略会议上，索尼成立了一个 CI（企业形象）委员会。在 1994 年，当出井伸之还是总经理的时候，一个直接控制索尼品牌的组织在 CI 委员会的主持下成立了。1997 年，这个新的委员会已经发展为法律和知识产权部门的品牌管理办公室，支持最高管理层进行品牌管理并执行任务，例如制定索尼品牌使用的法规并监督执行情况。在最高管理层的领导下，这个品牌管理专家小组已成为一个特别工作组，通过各种企业活动，系统地向所有利益相关方传达公司的重要性、公司理念和企业文化。

利用品牌知识资产的能力

品牌知识资产是组织为了建立一个有价值的品牌而有意识地考虑并经过了战略性管理的品牌知识。许多企业认为，只有已推广至消费者端才是品牌知识资产。但是，品牌元知识、品牌知识愿景等知识也应被视为重要的品牌知识资产。

要想考虑品牌知识资产是否得到利用以及是否在组织内部或组织外的有关各方之间共享，需要准确理解与品牌知识资产相对应的知识类型（隐性知识或显性知识）。如果一个品牌知识资产是隐性知识，并且意图使用它，那么应该鼓励共享。如果目的是在转化成显性知识之后使用它，那么应先外显化。类似地，如果品牌知识是显性知识，并且意图是使用它，那么应该鼓励组合，而如果意图是在转化为隐性知识后使用它，则需要内隐化。甚至在打算使用品牌知识资产的过程的准备阶段，转化知识和创造知识也是可能的。正如下面所描述的构思一个品牌体验的基础的能力所建议的那样，企业应该努力建立品牌，分析可以利用的品牌知识类型和方法。以品牌知识愿景和品牌元知识为代表，隐性知识，如技术知识和意识，可以通过具体化被更广泛地共享，成为产品和传播信息的显性知识，包括零部件和服务。

索尼以"索尼精神"为驱动力共享品牌元知识，通过产品品牌体现了品牌知识愿景所提出的概念，建立了一个强大的品牌体系。品牌元知识是一个包含心智模型、思维模式的过程知识体系、方法论体系和技术诀窍。它基本上是与特定条件有关的个人知识和组织内部共享的许多要素，以隐性知识的外显化存在。与此同时，品牌知识愿景在一定程度上也可以外显化，因为高层管理者都在努力通过语言表达自己的隐性思维。即便如此，我们仍然假定通过"情境创造"（稍后将对此进行解释）是可以充分共享隐性思维的，以确保理解其含义。当出井伸之第一次提到"数字梦想儿童"时，很少有消费者理解它的含义。然而，现任总裁安藤国威（Kunitake Ando）对此非常了解，他在 VAIO（一个计算机品牌）的成功中起到了重要作用。只有在观看并体验了 VAIO、AIBO（一个娱乐机器人品牌）和其他索尼产品之后，许多消费者才能描绘出索尼的品牌知识愿景，包括"数字梦想儿童"和"索尼梦想世界"。

如今，索尼的许多竞争对手正将资源从成品转移到利润率更高的零部件销售中去。在索尼，大部分利润来自与消费者相关的成品，零部件的销售利润仅占 20% 左右。索尼很清楚硬件成品产品是品牌体验的重要媒介。在一次采访中，总裁安藤国威说："对索尼来说，价值总在于它的硬件。"[9]除了硬件，索尼还有如电影、音乐和游戏等娱乐内容和相关软件。通过有效地利用关键部件、有竞争力的硬件、有价值的内容和软件等显性品牌知识资产，索尼提供了消费者可以体验到的具体的"产品品牌"。通过这种直接体验，消费者可以内化一个品牌。

构想品牌体验"场"的能力

作为一个品牌体验的基础，一个品牌必须具有向心力。如果品牌本身作为品牌体验的场所运作良好，那么涉及客户的知识创造将会有所提升，品牌将保持其活力和价值。在理想情况下，通过品牌体验获得的品牌知识十分丰富。不仅员工和顾客，如果商业伙伴、投资者和社区也能成为合作伙伴，他们就能够通过启发和建议重塑品牌。

产品使用中的内隐化过程是最基本和有力的品牌体验，即使对于同样的产品，当产品以内容、软件和服务为代表时，品牌体验也比以物理功能为代表时更强烈。通过活动和旗舰店，企业可以为品牌忠诚用户提供交流的场所，有效地促进产品社会化进程。此外，提供忠实品牌用户之间的交流场所可以有效地促进品牌价值的认同。互动媒体，如网络，提供了一个直接对话品牌的场所，在促进外显化和组合化方面也非常有效。

如果一个品牌拥有自己独特的世界并提供品牌体验"场"，让接触过它的人以显性知识讲述，那么这就是一个理想的情况。心理学家已经证明，一个具有浓缩故事的联想网络可以牢牢地嵌在记忆中。通过迪士尼一例，人们很容易理解这一点。

出井伸之说："品牌就是品牌。"索尼集团内部的每一家网络公司都遵循索尼精神的指导方针，开发满足"数字梦想儿童"需求的产品，在各自品牌的基础上创造了自己的世界。这表明，独特的世界品牌组成的知识是一个地方，创造出具体的产品概念，代表索尼梦想的世界。VAIO 和 AIBO是"索尼梦想世界"的思想外显化的产物，这有助于创造索尼品牌世界。

出井伸之将网络公司系统设计成一个组织结构，以实现"数字梦想儿童"。这个系统不是一个按功能或产品划分的组织，而是一个以品牌为基础的地方。"我的网络公司由一家家庭网络公司组成，该公司经营以 WEGA 品牌为代表的电视和视听设备。"该公司是一家个人信息技术网络公司，经营以 VAIO 品牌为代表的个人计算机和电话，也是一家核心技术和网络公司，经营半导体设备等相关业务。索尼计算机娱乐公司（SCE）后来成为索尼电子业务的核心部门。对于每一个业务单元，为"数字梦想儿童"提供价值的场景是最先想象出来的。品牌则是以产品的角色来表达其作为自己独特世界的意义。每个业务单位的目标不是赢得各自的产品市场，而是为其未来的独特业务创造一个"场"。

与此同时，索尼正在积极努力为消费者提供一个体验索尼品牌的"场"，1999 年在旧金山建造的"METREON"娱乐设施就是其中一个例子。在 METREON，各种娱乐活动的亮点包括利用索尼数字声音和最新的索尼屏幕技术的影院，以及高科技娱乐商店。在这里，游客可以体验索尼品牌，如音响设备、计算机、视频游戏、DVD 和 CD。这些影院和商店本身已经被冠以"索尼影院 METREON""索尼 IMAX 影院"和"索尼风格"的名号，并且它们自己也成为产品品牌。因此，在这个基础上提供的是"品牌体验"，它使得独特品牌世界的品牌知识体系内隐化。

背景创造力

我们不仅把知识定义为信息网络，还把它定义为 JTB 理论，信息由个人解释，给定的背景，并最终转化为知识，因为它根植于个人的信念和承诺。[10] 因此，品牌知识的创造过程可以说是一个创造情境的过程，而品牌知识本身就是一个情境。此外，"场"可以被定义为"在知识创造过程中共享和重新定义的情境"。[11] 如果将品牌建设过程视为一个动态创造环境的过程，就会产生在环境中管理差异的想法。

在某些情况下，背景上的差异需要修正，而在另一些情况下，差异变成了可以通过充分利用它们来创造新东西的机会。例如，当企业希望消费者的品牌形象更接近企业理想的品牌标识时，背景差异就会被修正。

让我们再次引用索尼的例子，考虑如何利用环境中的差异来创造新的东西。出井伸之将索尼称为"价值链公司"，因为所有产品，包括电影、音乐、随身听和CD，都通过一个连贯的价值链连接在一起。网络公司系统被设计成一种触发"突生演化"的机制（更多关于应急战略的讨论见第八章），这种机制可以实现不可预测的演变，各组成要素相互影响。举例来说，游戏站（Play Station）意外地被创造成一个突变，这是由于在相似的商业领域中，各种技术相互影响而产生的。出井伸之说："在未来，管理的作用是指明方向，创造一个加速突变的地方。"他提到的突变可以被概括为，一个通过巧妙利用自己独特品牌知识资产的公司在不同背景下创造新品牌的系统。然而，这种合成之所以成为可能，仅仅是因为每一个索尼员工的背景，比如索尼精神，都经过了分享。

正如在索尼的突变过程中所看到的，一个新的品牌诞生或者新的品牌知识生成是通过不同背景下的人们之间的互动创造出来的。在一个"未来不可预知"的世界里，许多情况下，新的东西是从不同的背景下创造出来的。

动态语境创造力是巧妙管理语境差异的必要条件。让我们看下这样一个案例：一家公司正试图将消费者心目中当前的品牌形象转化为其理想的形象。图10-3是一个简化版本的模型，其背景为日冷公司（Nichirei）在开发 Acerola[⊖] 饮料时经历了品牌知识创造过程。事实上，它类似于联想网络记忆模型。日冷公司是日本领先的食品公司之一，在冷藏仓储和冷冻食品行业处于领先地位。Acerola 饮料主要由从巴西和加勒比海岛进口的樱桃，经过先进的冷藏技术后再次制作而成。日冷公司的大部分业务是 B2B 模式，Acerola 饮料是少数几个被终端消费者认可的品牌之一，模式非常先进。因为除了传统的分层方法，它还使用文本挖掘技术，因而在过去的几年里得以迅速发展。为了保护流程的机密性，本文所显示的模型已经被简化。

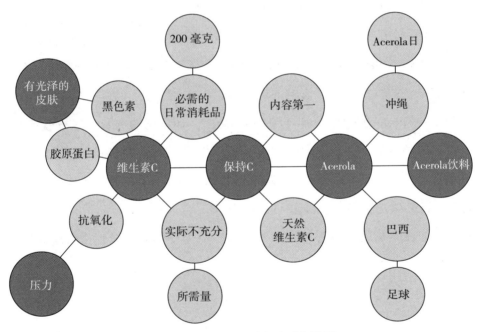

图 10-3   品牌知识的创造过程模型

资料来源：电通公司，情境创造项目文档。

这个模型是一个战略地图，它将反映 Acerola 品牌形象的消费背景与

⊖ 一款含有樱桃成分的饮料产品。——编者注

维生素 C 的背景联系起来，公司通过一个叫作"保持 C"（keep C）的战略节点将维生素 C 指定为核心，这反过来又是产生背景的一个关键概念。品牌依靠这张地图主观地在消费者的记忆中创建必要的节点，并将这些节点连接起来创建一个特定情境。与传统的联想网络记忆模型相比，日冷的模型最具创新性的地方在于可以动态地记录当下想要的节点，然后再创建它。实际上，将链接转换为日冷产生联想过程和先后顺序的箭头，或者将联想网络中难以出现的隐性因素囊括在背景中更为有效。

企业运用动态语境创建的方法为现有品牌知识添加新信息和概念的同时，有必要了解联想网络的外延单元，估计外化节点背后的隐性知识，提供新的内容和概念。与通信设计一样，有些情况可以在一定程度上进行规划，而其他情况如索尼的突变触发系统，由于过程过于复杂，最好只设计为触发系统。动态环境创造力是组织在环境中管理差异的能力，实际应用中需要具体情况具体分析。

我们已经将品牌能力分为 5 个元素，并在上文做出了详细描述。图 10-4 显示了这些关系。我们的品牌知识概念包括过程知识，如知识和心智模型，以及品牌能力。这种资产被定义为"品牌知识——由一个组织进行有意识的考虑和战略管理，以便在建立一个有价值的品牌时加以利用"。

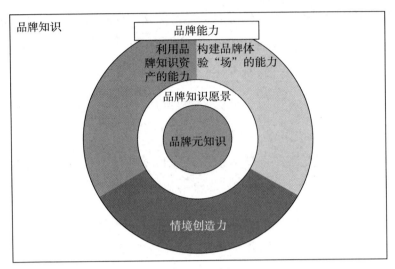

图 10-4   品牌能力概念图

　　至少，品牌元知识的原型应该是由公司的创始人创造出来的，之后应该作为价值的源泉贯穿于整个组织，它是品牌能力的核心。以品牌元知识为前提，品牌知识愿景为品牌知识的创造指明了方向，由当时主管的高层管理团队打造。因此，品牌知识视觉被定位为品牌元知识的表皮。一方面，这两个要素主要由个人能力创造；另一方面，它们通过渗透组织，以品牌能力的显性知识成为一种能力。

　　以这两个元素为中心，3 种能力形成一个大圆圈，像太阳光一样向外扩散。它们是利用品牌知识资产的能力、协调的能力——品牌体验的场所和情境创造力。企业通过平衡使用这些基于单一核心的不同能力，建立一个有价值的品牌。

品牌建设就是管理

一方面，品牌资产理论是解释品牌现状的模型，品牌识别理论是管理品牌的模型。另一方面，对品牌能力的讨论为品牌建设实践提供了一个模型。因此，二者之间并不矛盾，而是相辅相成的关系。

我们扩展了品牌知识拥有者的定义，不仅包括消费者，还包括那些"参与品牌建设的人"。本章主要讨论了企业内部品牌知识与顾客品牌知识之间的关系。然而，品牌能力包括充分利用各方的品牌知识（如商业伙伴、股东、当地社区、"知识分子"和"专家"）来打造品牌。目前，只有少数先进企业利用这些企业的品牌知识创造了有价值的品牌。

近年来，创立品牌的环境变得越来越复杂，使得对未来的预测变得更加困难。对于追求有价值品牌的企业来说，不仅要有定义和管理品牌价值的组织能力，还要有系统地创造品牌价值的组织能力。同时，品牌是组织所信奉的"真、善、美"的象征实体。想要建立真正有价值的品牌的公司必须重新考虑和定义它们的基本管理哲学。品牌建设过程本身就是一种管理形成。能够树立有价值品牌的企业将在 21 世纪蓬勃发展。

第十一章

HITOTSUBASHI ON
KNOWLEDGE MANAGEMENT

综合模块化和整体化知识：
业务体系架构在信息时代的创新

楠市建

焦点

　　"数字革命"已经见证了信息技术（IT）对企业的持续影响。互联网信息的爆炸性增长是这场革命的核心。今天，首席执行官们非常清楚资讯科技在提供业务竞争优势方面的重要性。他们在最先进的信息技术上投入巨资，以便实现商业模式的"数字化"。

　　众所周知，互联网最初是由美国国防部的一个研究项目开发的，目的是使不同的计算机能够在紧急情况下交换信息，但由于其复杂性，互联网只限于技术人员和科学家使用。1989 年万维网（World Wide Web）的出现，以及 3 年后伊利诺伊大学厄巴纳 - 香槟分校（University of Illinois at Urbana-Champaign）和网景公司（Net scape Corporation）发布的 Web 浏览器，极大地改变了整个世界。随后的这些发展使得几乎所有人只需点击鼠标就可以立即获得全世界的信息，从而引发了互联网信息的爆炸式增长。事实上，IT 对企业经营业务的影响是巨大的。它大大减少了访问所需的时间，同时削减了交易成本。结果，新的产品和服务出现了，许多新公司在市场上爆炸式增长，使不懂 IT 技术的公司的发展举步维艰。

　　回想起来，"数字化"在这场革命的前几年就已经开始了。20 世纪 80 年代的战略信息系统（Strategic Information Systems，SIS）仍然令人记忆犹新。然而，这个最新的数字化阶段似乎与之存在显著的不同之处。目前的信息技术革命与 20 世纪 80 年代之前发生的一系列"数字化"在本质上有什么区别？关键的区别在于处理数字数据的成本大幅降低。数字信息的重要属性在于它的灵活性，因为所有信息都可以被编译成以简单的 0 和 1 组成的代码，经传输后解译。当然，如果没有以摩尔定律为代表的半导体技术的进步，IT 的基础设施就不可能存在。摩尔定律认为，计算机芯片上的电路密度每两年将翻一番，计算机的互补硬件和软件技术也将不断创新。尽管如此，IT 革命的本质并不在于 IT 本身，而是在于任务和活动中传统边界的实质性变化。因此，在哪里重新划分业务活动的边界，正成为制定业务战略的中心问题。因此，"商业模式"这个术语开始流行。

一个公司应该在 IT 方面大力投入吗？答案是"应该，但又不应该"。今天，没有人会否认 IT 已经成为业务活动的基础设施。如今，没有计算机系统的企业是不可想象的。任何公司都不能对 IT 的战略重要性漠不关心。没有一家公司可以忽视 IT 投资。每家公司都必须掌握和使用 IT——至少在某种程度上是这样的。然而，IT 本身并不能保证竞争优势。从本质上讲，IT 是一种用于传输数字信息的基础设施技术，就像铁路运输货物和电网运输电力一样。这种架构的发展注定会涉及技术的更加标准化、功能的更加同质化，以及再商品化。管理层需要考虑如何推动 IT 的发展，使其成为自己区别于竞争对手公司的手段。投资 IT 是很容易的，但很难从这些投资中获利。如果没有明确的战略意图，IT 投资就不会产生回报。通过 IT 获得和保持竞争优势的关键是深刻理解 IT 对公司业务和战略的影响。

本章将从"业务体系架构"的角度讨论 IT 对业务战略的影响。当我们使用"业务"一词时，它通常指向客户提供产品和 / 或服务及其支持活动的整个系统。这个系统的特征是由各种活动要素之间的相互作用模式决定的。我们称这种模式为"业务体系架构"。业务体系架构反映了公司的"体系架构知识"，包括哪些活动将成为整个业务系统的一部分，它们的功能将是什么，以及接口将如何保障包含在系统中的活动相互作用和相互配合。

在探索 IT 对业务的影响时，强调业务体系架构的重要性及其关键概念的地位有如下 3 个原因。

第一，因为 IT 以相当低的成本携带数字信息，它有能力大幅改变企业的业务架构。IT 的本质之一是它使业务活动的边界和配置更加灵活。因此，企业的架构知识是赶上 IT 革命浪潮的关键。在 IT 革命时代，成功或不成功的企业背后都隐藏着商业架构的故事。体系架构和系统边界通常不可见，而被认为是理所当然的条件给定。然而，IT 已经打破了这种假设，在更短的周期内改变了系统边界和活动之间的关系。

第二，业务体系架构作为获取和维持竞争优势的关键战略变得越来越重要。就个人计算机行业而言，业务包括开发、生产和零部件采购，产品的生产和组装，订单，分销，销售以及支持服务。在这个过程中，是否可以获得额外的利润？在这些活动中，能否创造更多的附加价值？也许，答案都是否定的。个人计算机是由具有标准化接口的组件组成的，如硬盘、内存、CD 驱动器、显示器和键盘，而且很容易从这些组件中制造出现成的产品。只需要很少的知识，大多数人都可以去虚拟市场（在那里销售各种各样的 PC 组件）上，购买必要的零件并自行将其组装成个人计算机。戴尔公司就是其中一个典型的例子，该公司创造了一个创新的商业架构，被称为"戴尔直销模型"。在一个新产品仅用 3 个月的时间就迅速进入产品生命周期的成熟阶段的市场中，企业仅仅拥有最先进的个人计算机是不够的。企业管理者需要认真思考应该从事哪些活动，应该将哪些活动外包出去，更重要的是，需要建立哪些联系和进行哪些互动，以便以定制的方式迅速向客户提供由最新部件制成的最新产品。戴尔通过管理订单、零部件生产、最终装配和分销之间的密切关系实现了这一点。简而言之，戴尔已经成功地创新了商业架构，其独特的架构知识是其在竞争激烈的个人计算机行业获取竞争优势的核心。在许多行业，"架构经济"日益成为与传统的规模经济和范围经济一样重要的战略层面。

第三，从商业架构的角度看，IT 包含一个悖论：IT 不仅有能力创造新的商业机会，而且有可能摧毁公司可持续发展优势的源泉。正如我们将在本章中详细讨论的那样，IT 趋向于诱使公司追求模块化架构，这可能会带来意想不到的商品化结果，从而迫使公司进入激烈的价格竞争。虽然竞争战略的本质是实现"差异化"，但 IT 通过竞争趋同，会威胁到差异化的机会。换句话说，IT 可能成为公司优势来源和自我毁灭的驱动力。为了避免竞争性融合的陷阱，并利用 IT 作为差异化的真正竞争优势，全面理解公司的业务架构非常重要。

本章重点关注的不是 IT 公司，而是在业务中使用 IT 创造竞争优势的公司。如果把互联网比作一条新的"公路"，那么可以说，目前正在铺设许多新的公路，为建筑公司和建造这些公路所需的材料和机械制造商提供了巨大的机会。提供基础设施的电信公司，提供光纤、半导体、个人计算机、服务器和路由器的制造商，以及软件供应商都作为"IT 公司"而受到关注，像思科系统、昇阳电脑、微软、甲骨文和美国在线这样的公司都是 IT 革命第一阶段的宠儿。IT 革命第一阶段的明星是供应方面的 IT 供应商，但第二阶段刚刚开始，我们将看到各种各样使用 IT 的公司走向中心舞台。

模块化体系架构

一般来说，"架构"被认为是一个捕捉人工系统特征的概念。如果将整个业务视为一个包含各种活动的系统，那么，架构问题就是如何将系统拆分为若干部分，以及如何将这些部分连接起来。例如，生产和设计之间的关系可以通过明确的预先规定的规则确定。另外，设计和营销活动可能需要更开放的解释与更密切的互动。有些元素及其关系是由提前制定的设计规则决定的，而其他元素则留给人们不断地交互。业务体系架构是一种理解这些模式的方法。

在寻求可持续和高额利润的过程中，建立一个对在何处以及如何创造附加值有深刻理解的业务架构变得非常重要。建立架构不一定是每个公司的自发行为。相反，商业架构的设计是一个战略维度，能够敏锐地反映公司的战略意图。企业通过划分原来统一的活动或合并原来独立的活动，可以创造新的增值业务。

从"模块化体系架构"到每个系统都包含一些模块化的维度，可以理解体系架构的特征和"整体建筑"元素之间的相互依赖关系。[1]元素的数量和元素之间的相互依赖性决定了系统的复杂性。设计系统的一个重要问题是如何降低这一复杂性。下面讨论的"接口聚合"，是一种通过减少系统中相互交互的元素数量降低系统复杂性的策略。相互依赖的程度因系统元素的不同而不同。举例来说，在汽车的机械系统中，发动机的气缸和活塞之间的关系通常比发动机的活塞和悬挂弹簧之间的关系更为密切。此外，仪表盘和发动机之间的相互依赖性不如底盘和悬架之间的相互依赖性强。在组织系统中，生产现场装配与市场销售活动之间的关系可以被认为弱于装配与生产技术发展之间的关系。在了解了活动系统中这些不同的相互依存关系之后，模块化的第一个战略是，通过将整个系统划分为相互依存程度相对较高的元素的"模块"汇总接口。通过这个过程，许多复杂的接口可以聚合到一个更高级别的模块中。换句话说，聚合接口的策略试图识别可以相对忽略的相互依赖关系。因此，每个模块中包含的元素可以相对独立于其他模块中元素的移动。

相比之下，"接口标准化"是一种通过降低元素之间相互依赖程度处理复杂性的策略。模块化的第二个策略是预先指定适用于接口的规则。这是一种通过事先设置一个标准化界面减少相互依赖性的战略，从而避免其各要素之间的协调问题。相比之下，集成战略或整合战略有意识地接受子系统之间复杂的相互依赖性，从而使它们能够进行持续的协调。换句话说，模块化策略意在尽可能地忽略组件之间的关系，而整体策略意识到这些可能的候选者需要持续协调，以使系统性能最大化。

这两种策略的结合就是业务架构设计中的"模块化策略"。模块化策略使公司能够从数量较少的子系统构建其业务体系架构，这些子系统是独立设计的，但作为一个整体发挥功能。业务体系架构还决定了公司如何创建、积累和组织知识的方向和模式。从知识的角度看，模块化战略假定了模块化和整体化知识的明确区分。在这里，整体知识是关于整个架构的，决定什么活动将成为系统的一部分，它们的功能将是什么，以及元素如何组合、连接和通信。在模块化体系架构中，完整的知识形成于可见的设计规则，这些规则需要在设计过程的早期预先指定，并广泛地与相关人员沟通。模块化知识由于具有明确的预先规定的知识，成为特定模块的"隐性知识"，对整个系统的影响不超出局部模块范围。企业通过将知识划分为关于设计规则的显性知识和每个模块中的隐性知识，可以搭建起模块化体系架构。只有当这个分区是明确的，模块化体系架构才是有益的。在整体架构中，这种知识的划分仍然不清楚。为了便于协调、优化和保持元素的接口，不能预先指定整体架构的设计规则。关于集成元素的知识是如此分散，以至于子系统本身或多或少地负责实现系统的完整性。在这个整体架构中，整体知识可以通过不断地学习整个系统中涉及的元素之间的相互作用而得到改进和改变。

模块化体系架构具有某些优点。首先，它大大降低了业务系统中包含的活动之间的交易成本和协调成本。由于模块化允许每个子系统或活动独立，因此只能在特定模块内进行更改，而无须与其他模块进行密集和广泛的协调。例如，如果数码相机的迅速普及需要高精度图像处理能力的个人计算机，整个计算机系统无须重新设计。相反，它可以开发一个更快的中央处理器或附加一个新的图形板。

此外，无论什么东西，如调制解调器或内存，只要符合个人计算机内存卡国际协会制定的标准，就可以在笔记本电脑中使用。各种类型的系统可以通过将一组模块与接口的公共规则相结合来实现。通过改变系统的本地化模块提高功能级别的能力，也意味着其他模块可以在不改变的情况下使用，因为模块化架构降低了交易成本和协调成本，设计者、生产者和用户可以获得巨大的灵活性。

其次，模块化鼓励分工。如果每个模块都可以独立开发，那么每个专门小组就可以专注于自己的开发活动，而不必担心其他模块。这种分工不但提高了效率，而且有助于模块化知识的不断积累，从而促进每个模块内部的创新。

最后，模块化体系架构可能导致开放体系架构，其中定义元素之间接口的规则在整个行业中被广泛传播和接受，因为模块化体系架构基于预先指定的可见设计规则。如果体系架构变得开放，那么涉及的公司和用户范围将急剧增加，这将促使更大的规模经济和网络外部性的发生。此外，共享的设计规则和接口标准促进了不同公司之间针对不同模块的竞争。这再次鼓励了效率和创新。

IT 与模块化

从业务体系架构的角度看，使用 IT 的关键意义在于它实质上促进了业务体系架构的模块化。最突出的例子是互联网中模块化与整体化知识的综合。互联网促进了模块化，因为它是一种基于建立开放和标准化界面的技术。这种特点允许公司采用模块化业务体系架构。有了标准化的、易于使用的界面，任何人都可以通过互联网在任何地方获得信息。这可能导致外部交易成本大幅降低。外部交易成本包括寻找买方或卖方、收集产品和服务信息、缔结和监督合同以及将货物或服务从卖方转移到公司的成本。

互联网不仅通过开放和标准化的界面降低了交易成本，而且可以提高网络外部性。例如，向某一装配商供应零件的制造商可能会发现零件对其他装配商也有价值，然后通过使用互联网相应地扩大市场范围。相反，装配商可能会找到可以提供更好的零件的其他供应商，并且成本低于目前的供应商。卖家和买家通过一个叫作"电子集散地"（e-hub）的在线市场找到彼此这些市场的开发者。这些开发者被称为"做市商"，是 B2B（企业对企业）交易中基于互联网的模块化业务架构的典型例子。在 B2C（企业对消费者）领域，企业将产品直接销售给终端用户，新的竞争者一夜之间出现，促进了"dot.com"的繁荣。在线拍卖商易贝（eBay）在创建庞大的 C2C（消费者对消费者）市场时，利用互联网的模块化架构来追求优势。由于互联网有一个开放的、标准化的接口，使公司能够充分利用模块化架构，因此它可以降低交易成本并利用网络外部性。

　　除了公布标准化接口的逻辑，互联网还通过接口的聚合鼓励业务架构的模块化。例如，易贝聚合了参与各种拍卖市场的买家和卖家之间复杂的互动。从搜索页面的层次结构中可以看出，互联网非常适合接口的聚合。总之，互联网将通过接口的标准化和聚合，增强业务体系架构的模块性。

　　20 世纪 90 年代以来，日本的商业活力持续丧失，而其在 IT 应用上的滞后似乎是过去十年甚至更长时间经济低迷的根本原因之一。为什么日本企业和行业在 IT 革命中落后了？在宏观层面，这些问题包括个人计算机业务分散度低、缺乏键盘文化；此外，还有语言上的特殊性——在日本，很少有人能够精通英语，但英语是互联网世界的主要语言。过多的规章制度和专业的基础设施壁垒，例如与电信有关的高额费用，将阻碍互联网的迅速普及。在更微观的商业和管理层面，为什么日本公司在适应 IT 革命方面如此缓慢？日本企业对 20 世纪 70 年代的石油危机表现出无限灵活的应对能力，直到 20 世纪 90 年代，日本企业一直以其快速上市、不断提高质量和技术创新为傲。20 世纪 70 年代的挑战与 90 年代的挑战有何不同？

　　体系架构的视角突显了日本企业不愿意适应 IT 背后的一个关键原因。虽然 IT 强烈地面向模块化架构，但许多日本公司的优势在于其基于整体知识的业务架构。精益产品和精益生产系统的方法是从系统中完全消除所有多余的产品，从而创造出完全优化而不接受浪费的产品的完整性。为了实现这一点，所有部分的设计都是高度相互依赖的，并且自然形成了一个完整的架构，这个架构在很大程度上依赖于活动之间的密切交流。同样，与各种供应商建立紧密的业务联系对于建立零库存的生产线也是必不可少的。日本的精益生产体系是日本绿化自然资源环境的必然过程，是日本建立紧密劳动关系的有力武器。

　　相比之下，模块化体系架构是一种允许工程师通过包含多余功能保证一定程度自由度的体系架构。随着存储器和处理能力的过剩，软件工程师和硬件工程师之间的密切关系将不再是个人计算机开发的必要条件。在汽车设计中，发动机技术人员和电气技术人员可以在燃料效率没有严格限制的条件下独立工作。在这些情况下，不可能制造出完全高效的产品，但是它们可以在子系统级别上具有更大的独立性。在这种模块化架构中，具有专门模块化知识的小型企业可以在不参与大型企业集团的情况下实现其潜力。

　　20 世纪 90 年代的模块化策略似乎与基于传统企业价值观的整体知识的日本商业架构发生了直接冲突。一个模块化的架构是粗糙的，充斥着浪费，几乎没有可靠性，并且缺乏平衡系统的优雅。许多日本公司并不欣赏模块化的力量，对其采取的态度是模糊的。日本企业在汽车行业仍然具有竞争力，甚至越来越具有竞争力，因为在汽车行业，业务架构或多或少需要成为一个整体。然而，在个人计算机和其他与 IT 相关产品等行业，传统的整体架构阻碍了日本公司在全球舞台上的发展，而它们在美国的竞争对手则完全享受到模块化的好处。渐进的、持续的优化或组件与日本的组织文化之间的接口阻障了建立开放网络的模式化架构。换言之，存在一种进退两难的局面，即必须抛弃目前的优势，以便追求新的机会。鉴于 IT 的模块化特性，日本公司所创造和积累的整体知识在一些与 IT 有关的行业中可能或多或少已经过时。

商品化：模块化陷阱

如上所述，模块化带来了诸多好处。尤其是 IT 为公司访问模块化架构的优势开辟了许多新的可能性。然而，模块化架构可能是非常脆弱的，因为它很难不断改进或更新整体知识，以及同时密集和广泛地深化模块化知识。模块化体系架构通常面临模块化知识的强化与整体知识的灵活性之间的权衡。第一，标准化的设计规则必须建立在这样的假设之下，即它们将应用于多个不可开发的情况。无论设计规则有多好，它们都包括那些在某些情况下不受欢迎或不需要的规则。用乐高积木建造房子的例子可以很好地说明这个情况。用乐高积木建房子时，这些积木是具有明显标准化间隙的模块。不管有多少个矩形块被用来建造一个屋顶，它永远不会像真正的屋顶那样光滑，仅仅是因为矩形块并不是专门用来建造屋顶的。

第二，模块化建筑不可避免地包含了对可能变化的某些僵化性。一旦建立起来，架构的分支和规则就很难改变。值得注意的是，一旦一个规则建立起来，就很难改变它的架构，尤其是当网络外部性／服务生效时。这是巨大的个人计算机操作系统制造商微软所面临的挑战。企业需要关注特定设计规则下的灵活性，以达到对其他体系架构的适应性。

第三，聚合接口自然而然地导致在公司的业务体系架构中需要创建一个不相干的区域。然而，如果这个部分碰巧与其他部分有真正重要的交互，那么，模块化就会导致问题。具体来说，如果由于技术因素或市场因素需要对整个系统进行更改，模块化架构的脆弱性就会突然暴露。作为对可以在模块内部变更时拥有极大灵活性的一种折中，它有一个固有的问题，即在处理跨模块的变更方面较弱。因此，一个模块化的系统无法实现性能最大化。标准化接口也意味着性能可以达到的最大值会受到标准的限制。无论模块内有多少进展，都不能超过系统限制。

例如，在硬盘驱动器（HDD）行业中，一些采用模块化策略的公司在面临组件层面的技术创新，如磁阻磁头（MR heads）出现时，就陷入了这种模块化陷阱。[2] 在创新之前，HDD 使用薄膜磁头。当时，为了利用模块化体系架构中的灵活性，许多公司已经在磁头和转化器之间建立了一个标准化的接口。鉴于标准化的界面，硬盘行业的公司可以专注于模块化知识，无论是在磁头、转化器或组装这些组件，这迫使它们逐渐失去了关于磁头和转化器之间相互依赖的整体知识。磁阻磁头为了充分发挥其潜力，这一创新具有颠覆性的特点，需要解决磁头和转化器之间交互的许多新型技术问题。由于缺乏对相互依赖关系的充分了解，那些享有模块化力量的公司在解决界面问题时遇到了巨大的困难，并且在磁阻磁头的竞争中失去了竞争力。相比之下，一些日本公司故意保留了更完整的业务体系架构，可以成功地引入基于磁头的 HDD，这些 HDD 具有更丰富的关于这些部分如何组合在一起的完整知识。

在对模块化架构产生的威胁中，最严重的威胁是模块化会促进商品化，这会破坏公司的差异化优势。如果一个完全开放的、模块化的体系架构被建立，竞争的焦点将下降到单个模块的水平。此外，开放接口意味着独立模块的事务可以很容易地在现场完成。互联网的 B2B 行业就是其中一个很好的例子，企业被迫在模块化水平上进行价格战。

20 世纪 90 年代的个人计算机行业，许多公司使用模块化架构，把业务集中在单独的软件和硬件模块上。虽然单个模块的功能在性能上不断提高，但差异化仍然需要追求前沿的模块化知识。然而，在严格的预先指定的设计规则下，模块化体系架构将在提高模块化知识方面设置一个天然的限制。随着产品技术的成熟，追求模块化的公司将无法以除价格以外的任何方式凸显自己。

如果 IT 推动公司走向模块化架构，并且模块化架构促进了业务的商品化，那么我们可以看到 IT 将导致商品化的逻辑。B2B 和 B2C 互联网业务中激烈的价格竞争为模块化架构促进竞争性融合和商品化奠定了基础。正如本章导言中所强调的，由于战略的本质是"与竞争对手差异化"，模块化可能具有战略的自我毁灭机制。

综合模块化与整体化知识

这里的基本假设是，没有一种设计业务体系架构的最佳方法。从这个意义上说，业务体系架构的设计是一个战略维度。一个模块化的建筑现在很流行，但不是万能的。在商品化过程中，有必要重新发现整体架构特有的优势，使整体知识得以发展。

从另一个角度看，IT 也有鼓励创造整体知识的方面。信息处理能力的提高可能使业务系统进一步整合，这可能促使新的整合知识被发现。模块化是一种在严格的限制下使用的技术，系统工作人员的能力可能无法与技术上的复杂性保持同步。随着信息的积累、传输和处理成本的提高，模块化可以更容易地实现更多的协调。例如，通过使用 CAD[○]、CAE[○]和 CAM[○]等

○ 计算机辅助设计，英文全称 Computer Aided Design。——编者注
○ 计算机辅助工程，英文全称 Computer Aided Engineering。——编者注
○ 计算机辅助制造，英文全称 Computer Aided Manufacturing。——编者注

软件对产品设计、测试和生产过程设计进行协调一致的处理，就有可能实现更高层次的全面优化。复杂的协调和信息技术，可以整合以前只能通过简化规则连接的活动。

在概念上，模块性和完整性是一维的两个极点。接口数量的减少和标准化设计规则的建立通常会导致模块化，从而导致业务系统的瓦解。然而，将系统看作一个整体，某些部分是可以模块化的，而其他部分是集成的。事实上，系统在一定层次上的模块化可能导致同一系统在不同层次上的完整性。

最近，汽车工业中出现了零部件模块化的现象。例如，在驾驶舱部分，过去各种仪表和开关都是由单个供应商提供的，但现在已有少数强大的供应商（全方位服务供应商）将所有相关部件组合成一个"驾驶舱"模块，这样，汽车制造商就可以购买并使用这个特定汽车驾驶舱的整个模块。对汽车制造商来说，这意味着模块化。然而，对供应商来说，这意味着提高了它们业务体系架构的完整性，因为它们需要在较低的层次上处理组件之间的关系。过去只专注于创造模块化知识的供应商现在至少在一定程度上负责创造整体知识。这是模块化和完整性有时可能并行进行的典型例子。简单地假设 IT 应该总是促进模块化知识是错误的。可能发生的事情，无论是朝着分离或集成的方向，对现有业务活动的边界都有很大的影响。因此，对于 IT 革命时代的企业来说，持续关注架构和系统边界中可能发生的变化非常重要。从这个意义上说，将 IT 作为一种真正的竞争优势，需要关于如何设计业务体系架构的体系架构知识。

游戏机、游戏软件、笔记本电脑、便携式终端和数码相机等，是日本公司一直在产品架构方面需要更多整合以保持竞争力的领域。在汽车工业中，同时实现燃油经济性、成本效率、环境友好性也需要整体知识的创新。具有深度整合知识的日本公司成功地开发了需要专门协调和集成子系统的技术。随着网络和应用程序变得越来越精细，为了实现更小、更优化的产品，包括更相互依赖的子系统，可能更需要提高整体知识。然而，这并不意味着没有必要改变日本公司的整体架构，正如前文提到的，仅仅坚持整体架构将使它们难以赶上潮流和适应 IT 革命。

　　关键问题是如何在企业的业务体系架构中创建一个模块化和完整性的整合体，以实现模块化和完整性知识的良好平衡。由于 IT 需要许多机会来修改体系架构，企业必须调和这两种看似不同的哲学，以创建一个独特的体系架构。基于上述事实，IT 有驱动商品化的趋势。模块化和完整性不应被视为一种单纯的权衡。事实上，企业为了获得可持续的竞争优势，建立一个独特的、综合模块化和整体化知识的业务架构至关重要。

　　前文提到的戴尔也是架构创新的一个很好的例子。通过将整合知识纳入其业务架构的一些部分，戴尔在个人计算机行业的开放模块化架构的基础上，开发了自己的总线架构，从而获得了一种竞争优势。然而，戴尔的架构包中，其中的订单都是从客户那里直接获得的；然后组装各种计算机以满足各种需要，从而提供快速、可靠的服务，而不仅仅是通过追求模块化。戴尔公司的系统与日常供应、管理、装配、配送等环节都经过精心的管理，并设计了相互配合的供应协调机制，这要求极其完整的知识的不断演变。戴尔也非常清楚个人计算机业务中支持系统的重要性。附加值是通过关于客户需求的界面的完整知识创造的，这不能用简单的规则来定义。与此同时，这些综合知识的管理仍然充分利用了内部开发的 IT 系统。在将个人计算机开放模块化产品架构的优势最大化的同时，戴尔的利润也是通过其整个价值链中的复杂操作产生的。总之，戴尔直销模型有两个面向简单的模块化架构和复杂的集成架构。

回想一下第一章关于辩证思维的讨论，对立面实际上是相互渗透的。在日本已经可以看到综合模块化和整体化知识相互渗透的迹象。例子包括日本的多科莫公司的 i-mode。自 2000 年以来，日本和美国互联网使用率的差距已经缩小，但是移动互联网使用率的差距仍在扩大。日本移动互联网的一个特点是增长速度快，因为用户比例在两年内达到 10%（基于个人计算机的互联网用了 5 年，移动电话用了 15 年，固定电话用了 76 年）。i-mode 已经建立在高度完整的硬件知识之上，同时维护了内容和软件的开放模块体系架构。它使用了时尚的硬件，只有通过灵活的整体知识才能实现，同时拥有许多公司提供的服务菜单。这些服务菜单都是由具有丰富模块知识的专业模块公司提供的。

乐天和阿斯库尔

乐天经营着日本最大的在线购物中心乐天市场（Rakuten Ichiba），成功地实现了商业架构的模块化和整体化的综合。乐天自 1997 年成立以来，一直致力于促进客户与销售商之间以及客户自身之间的密切沟通。在乐天的网上购物中心，这种密集的个体商店层面的沟通不仅仅交换正式信息，如产品和服务的规格、价格或交货日期，还交换客户的兴趣和喜好，以及与购买这些产品和服务没有直接联系的杂项通信功能。

作为促进丰富的互动机制，乐天内部开发了所有的软件工具，供销售商的库存管理和与客户的沟通。所有商店都有义务在自己的网站上提供客户沟通工具，例如"店主房间""布告栏"和"向店主询问"部分。此外，乐天还聘请了一些名为"EC 顾问"的顾问，以及一个名为"乐天大学"（Rakuten University）的卖家培训项目，这些都是乐天强调与卖家面对面交流的一部分。乐天的商业架构不同于易贝等纯粹的市场制造商，后者没有直接参与交易；也不同于像亚马逊这样的 B2C 电子商务公司，直接从事由庞大库存支持的交易，乐天首席执行官，三木谷浩史（Hiroshi Mikitani）强调：

在网上销售产品不是电子商务。网上购物不仅仅是一个自动售货机。对于那些不想再买很多东西的消费者来说，他们的首要目标是把购物变成一种娱乐形式，我们并不要求卖家关注他们将卖什么，而是关注他们将如何销售。互联网的数字媒体对于开拓新的购物可能性（将其作为一种娱乐活动而不仅仅是提高速度和效率），具有重大意义。我们提供的价值是真正的模拟现实。[3]

例如，乐天市场的一家商店 Shinshu-lnatani Egg Store 增加了乐天商场的销售量，并在 1999 年赢得了"年度最佳商店"奖。这家商店出售的自由放养的鸡蛋名为"Aya-tamago"，绝对不便宜，30 颗鸡蛋的售价为 2700 日元（约合人民币 1000 元）。然而，消费者可以在诸如"店主房间""可爱小鸡日记"和"Shinshu-lnatani 四季"等区域获得鸡蛋生产的背景信息。此外，乐天还为对食品环境问题敏感的常客提供了直接对话的场所，从而进一步提高了销售额。与顾客保持这样的沟通不仅仅是基于顾客喜好和需求数据的有用的个性化营销，也有助于商店作为一个"社区"本身的成功。这个例子明显超越了单纯的 B2C 商品交易，承载了购物体验的一些社会意义。乐天有意将完整性融入其业务体系架构，以不断发展其关于客户接口的完整知识。凭借其完整的知识，乐天成功地为卖家和购物者创建了一个独特的"场"（一个互动领域），从而形成了一个不同于易贝或亚马逊的虚拟购物场所。

在 B2B 领域，通过互联网销售办公用品的阿斯库尔（Askul）公司，由于其独特的模块化和整体化架构而经历了快速的发展期。阿斯库尔的客户价值在于，它提供了一个"一站式"商店，销售几乎所有的办公用品和消费品，而且以迅速的服务闻名，信守"明天就会到来"的承诺。截至 1999 年年底，它每天接到超过 30 000 份订单。尽管许多 B2B 电子商务公司都追求模块化架构，但阿斯库尔公司的首席执行官岩田昭一郎（Shoichiro Iwata）强调：

我们一开始并没有计划做电子商务，但是考虑到为顾客提供便利的购物环境，我们最终使用了互联网。互联网只是阿斯库尔商业模式的一个组成部分。所以，我们正在做许多在典型的电子商务公司的眼里"奇怪"的事情。[4]

阿斯库尔的商业架构有意利用整体化知识。第一，它积极投资于自己独特的分销渠道，具有非常完整的特性。尽管阿斯库尔每天都会收到需要次日送达的订单，但阿斯库尔的内部系统只需 15 分钟就能准备好运送顾客所订购的物品。专家系统和技术知识处理这样一个流程是非常不可或缺的，不允许任何过剩浪费。

第二，阿斯库尔是一家直销零售商，与此同时，它创造了一种将当地的文具商店组织为"代理商"的架构。这些代理商负责开发当地的零散客户，除了收取账单和付款。这与通常被电子零售商采用，不使用批发商或零售商的非中介化的想法相反。其成功的关键因素之一是，它重点关注那些规模不到 30 名雇员的小型办公室，这些办公室没有得到现有办公用品零售商的全面服务。员工超过 30 人的办公室占日本总市场不到 1% 的份额。虽然它们的数量很大，但是分布极其广泛，因此很难系统地捕捉它们的需求。通过在客户开发中利用代理商，阿斯库尔渗透到小型和其他难以接近的办公室。它们被用于有效和高效地进行详细的付款、收款和信贷。例如，在分发传单时，代理人对当地市场有了更好的了解，这使得目标更加集中。许多 B2B 在线销售商，如 Office Depot 和 Office Max，被迫进行大规模的区域甚至全国性的促销活动，巨大的促销成本削减了它们的利润。相比之下，阿斯库尔的业务架构有意识地维护与现有批发商和小型零售商的整体接口，这些已经成为其竞争优势的来源。

第三，与客户共同创造完整的知识。阿斯库尔处理的物品数量从开始时的 500 件增加到目前的 8700 多件。在这 8700 个项目中，只有 40% 是所谓的固定的。办公室里有各种各样的东西，包括计算机周边设备、咖啡、卫生纸、瓶装饮料，甚至方便面。这是回应各种客户需求的结果。阿斯库尔的主要客户接入点是电话和传真。通过电话和传真，阿斯库尔每日发送 5000 多条信息，虽然客户的订单仅限于互联网和传真，但电话已被强调为收集客户要求和索赔的一种手段。在这些电话中，只有不到 10% 是声明，大多数是请求，比如"我想要这种产品"或"你们有这种产品吗？"阿斯库尔总是回应这些请求，如果这是一个强烈的请求，它们会将产品添加到商品列表中。当对某种商品有很强烈的需求而无法获得时，阿斯库尔会与制造商合作开发原始产品。

每天 30 000 份订单的数据会自动累积，并用于数据挖掘。此外，每隔 30 分钟，电话内容就会被传输到数据库中。2000 年 1 月，阿斯库尔推出了一个基于"电话会话"的具有模拟接口的个性化系统。每个操作员用自己的声音记录与客户对话的系统是一个非常复杂和劳动密集型的实践。然而，在阿斯库尔，这一直是一个非常重要的营销资源。使用这个系统，你可以对客户说："感谢您的来电。这是关于您先前打电话要求退货的事吗？"此外，如果发生突发情况，将向受影响区域的所有客户发送传真。讨论可能包括关于可能影响货物运输的道路信息，以及关于他们办公室状况的查询，以加强个性化服务。

与客户的沟通还可以激发未开发的商机，而"真诚"大大有助于增加阿斯库尔的忠实客户。阿斯库尔将响应客户"现场声音"的部门称为"关系中心"，这个电话联络中心位于总部的中心，有 100 名接线员。这种与客户的人际关系表明，公司具有战略性的整合知识，以促进与客户的互动。像许多网站的电子商务，阿斯库尔可以使用一个更加模块化的方法与客户保持联系，预先指定的设计规则，通过限制可能的互动只基于网络的交互，以及积极追求非中介化而不使用中间代理。然而，如果没有这种商业架构的整体化，那么它就不可能与竞争对手有所区别，也不可能成为其战略不断演变的动力。

基于商业概念的体系架构研究

正如本章所讨论的，IT 包括模块化业务体系架构的巨大趋势，因此，人们应该注意模块化和整体化的综合，以创建一个独特的体系架构，从而创造持续的竞争优势。然而，它很可能无法在业务体系架构层面创建差异化，因为企业往往首先将活动、资源或"模块"作为组成业务体系架构的单元。相反，在设计业务体系架构时，必须首先提出将业务概念作为分析单元。模块化与整体化的综合源于企业概念创新（更详细的关于概念创新的讨论见第六章）。如果对业务概念没有创新的洞察力，一家公司对 IT 越感兴趣，那么业务体系架构就越有可能只是一堆商品化的模块。商业概念包括以下问题的答案：企业本质上向客户提供什么？有哪些类型的客户？为什么以及如何才能使客户满意？

　　商业概念是公司内在客户价值观的浓缩表达。设计一个业务架构，首先应该从清晰地构思一个业务概念开始。业务概念决定了公司业务体系架构的轮廓，关于应该涉及哪些活动和资源的体系架构知识，以及这些元素如何组合在一起。然后，将业务概念分解为构建块，业务体系架构作为这些构建块组成的系统出现。每个构建块和联系必须反映业务概念。从这个意义上说，业务体系架构可以看作业务概念的操作版本（见图 11-1）。业务体系架构只是一个已经付诸实践的业务概念。如上所述，i-mode、乐天市场和阿斯库尔的竞争优势都是建立在创造性综合和其架构的完整性之上的。这些架构的业务概念创造了独特的顾客价值。就乐天而言，其核心价值并不在于可见的规格，如商店和产品的数量、价格、交付速度、网页的易用性等。在概念上，乐天将"购物作为一种娱乐形式"提供给消费者。其业务架构的组成部分旨在促进卖家与买家之间微妙的沟通，这是将娱乐导向的商业理念付诸实践的自然后续。在这个物质富裕的年代，日本消费者不一定会因为缺少某些商品而购物。相反，购物作为一种娱乐形式的概念，旨在创造一个密集交流的虚拟空间，就像在以前的购物街上那样。乐天市场为消费者提供的真正价值在于社交和人性化的购物过程，而不在于通过互联网进行更高效的商品交易。

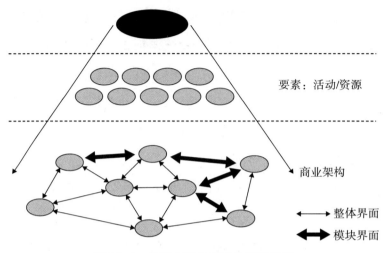

要素：活动/资源

商业架构

整体界面

模块界面

图 11-1　从商业概念到商业体系架构

　　阿斯库尔的客户价值也清晰地体现在其商业架构中。它提供了一种方式，可以在一站式办公室购买设备。办公室工作人员很少时，以前不得不"购物"，因为他们无法享受办公室供应商的全面服务。这些小型办公室还免除了维持文具库存所涉及的各种费用，这要归功于阿斯库尔小额订单的存在。阿斯库尔的客户价值不仅在于降低客户购买办公用品的成本，还在于提高客户办公用品采购流程的总体效率。

　　与设计业务体系架构相反的方法是，从选择单独的"模块"作为体系架构的一部分开始。这种模块优先的方法不能创造独特的竞争优势。鉴于IT 的模块性，供应商可以开发和提供各种易于使用的硬件模块（如服务器和路由器）和软件模块（如数据库）。此外，模块化知识的创新进展迅速。公司可以访问各种最新的模块，甚至是"业务系统"，如企业资源计划（ERP）、供应链管理（SCM）、客户关系管理（CRM）等。IT 供应商之间的竞争是如此激烈，以至于成本与性能之比将不断提高。例如，可以从解决方案供应商购买整个数据分析系统。由于这些模块很容易获得，而且很容易与其他模块链接，并可以节约业务活动，企业发现在构建其业务架构时采用模块优先的方法很有吸引力。

　　然而，如果业务体系架构起源于单纯的模块捆绑，那么很难从中获得竞争优势。由于这些模块中的许多模块是标准化的，可以在市场上交易，而根据定义，持续的差异化是困难的。如果竞争对手从同一个供应商获得相同的模块，任何优势都将很快丧失。简而言之，在创建一个独特的体系架构时，序列很重要。仅仅查找可用的模块并将它们以"网络""系统"或"业务模型"的名义捆绑在一起是不够的，这并不能保证顾客的价值，就像许多网站的失败一样。例如，在音乐行业，面对 IT 革命，很多唱片公司进入在线音乐发行服务。环球（Universal）和索尼（Sony）成立了一家名为 Pressplay（按键播放）的合资公司，而美国在线时代华纳（AOL Time Warner）、BMG、百代（EMI）和 Real Networks（Realplay 播放器的制造商）则推出了 Music Net（音乐网）。这两家公司都未能实现可观的利润，这表明，企业必须利用基于互联网的模块化业务架构，创造真正的附加值。构建业务体系架构必须源于构想一个新的、独特的业务概念，这将打开一扇通往哪些组件是实现这一概念所必需的新事物的大门。然后，公司可以组合这些组件来构建特定的业务体系架构，这通常涉及一些不一定符合 IT 模块化哲学的整合接口。

　　与信息不同，知识是信念和承诺。[5] 从这个意义上说，商业概念是最关键的知识，它压缩了公司的信念和对客户的商业价值的承诺。因为知识不同于信息，无论一个公司多么密集和广泛地使用 IT，它都不会导致创建一个原始的业务概念。构建一个独特的体系架构应该遵循将业务概念付诸实践的顺序。否则，公司将成为信息技术的奴隶，这可能导致其竞争优势的自我毁灭。

信息技术的 3 个悖论

无论成功与否，企业和行业在信息技术方面的经历都提醒我们，信息技术革命涉及一些悖论，这些悖论在创建商业概念和架构时值得考虑。"越数字化，越模拟化"是第一个悖论。因为 IT 使公司能够如此有效地处理数字信息，所以它鼓励业务架构包含许多数字元素。然而，这仅仅是结果。创建一个新的业务概念作为创建业务架构的起点仍然依赖于传统的模拟知识，包括对微妙的、隐性的客户需求的洞察。正如上面所强调的，一个新的和独特的业务体系架构很可能建立在综合模块化和整体化知识的基础之上。这意味着数字元素和模拟元素必须在业务体系架构中共存。在 IT 革命时代，有关潜在客户需求和行为的模拟知识作为一种体系架构差异化的来源变得更加重要。正如一个众所周知的命题所显示的那样，"信息的丰富造成注意力的贫乏"，关键问题不在于信息的不足，而在于信息超载。发现客户愿意关注的独特价值，是创造架构优势的关键。这一发现的基础仍然是模拟知识，而模拟知识是隐性知识的一个组成部分。

第二个悖论就是"越全球化，越本土化"。信息技术使公司能够在全球范围内收集和传输数字信息，从而使公司摆脱各种地域限制。然而，创建一个独特的商业概念往往是一个局部现象，源于对特定客户群体的特定洞察力。对日本公司来说，拥有庞大而本土的日本市场的意义并不小。事实上，日本的 IT 革命已经落后于美国。然而，出于这个原因，在日本发生的事情并不是简单地复制美国的情景。随后在美国发生的事情（计算机硬件的普及逐渐开放了电子商务市场）几乎同时在日本发生，这鼓励了新市场的发展。

实际上，日本在移动互联网等一些领域领先于美国。自1999年2月推出i-mode服务以来，i-mode用户在不到18个月的时间里增加到1000万以上，而日本多科莫公司是日本最大的互联网服务本土提供商。移动技术强化了日本人对新奇小玩意儿的独特兴趣，也反映了日常个人网络在社会中的重要性。它是新IT业务的一个例子，这是由日本本土风格通过流程和情境不断改进而引发的。移动技术和市场也可以为未来的其他大型业务提供基础，如分销、电子结算和移动办公、先进的交通系统和银行系统。无论如何，在日本与当地客户和市场打交道，对日本公司来说是一种限制，但它仍然蕴含着创建新的商业架构的巨大潜力。乐天和阿斯库尔独特的商业架构也是基于日本的"交流密度"，在那里，许多人位于一个小区域内，他们的互动就像一张网。日本市场和消费者的特点将鼓励这些公司开发独特的整合知识，这对它们的业务架构至关重要。

第三个悖论是"越广泛，越专注"。为了正视一个商业概念，有必要彻底考虑其内在的客户价值的背景，这必须包括谁将欣赏这一价值的故事，以及客户为什么欣赏它和将如何欣赏它。尽管信息技术极大地增加了可访问客户的基础，但它可能模糊了目标客户，因此可能导致松散、不一致的体系架构，而没有清晰的客户价值意识。像VerticalNet这样的B2B公司和像Webvan这样的B2C公司所经历的困难就很好地说明了这个陷阱。相比之下，乐天和阿斯库尔都成功地创造了客户价值，它们在利用互联网这个广阔的平台的同时，有意识地关注目标客户。在B2B领域，专注于某一特定领域并获得详细服务的趋势正在迅速取代仅仅因为"互联网上发生任何事情"而"变得更大、更快"的原始战略。

正如我们在第一章开头所指出的，时代越动荡，世界越复杂，悖论就越多。在过去的 10 年里，IT 虽然确实在使悖论的矛盾加剧，但是，随着 IT 的使用逐渐走向中心舞台，我们可以预期会出现更多的悖论。乐天和阿斯库尔已经证明自己能够像周围的环境一样快速地改变，并且能够积极主动地处理周围的复杂问题。正如我们在第一章中提到的，在这个动荡和复杂的时代，公司失败的主要原因之一是它们倾向于消灭悖论。成功的公司不仅要应对悖论，还要接受它们、培养它们并利用它们。本章从业务体系架构的角度考虑了信息技术的影响。要点可概述如下。

- 业务体系架构指导公司的知识如何创建、组织和利用。在现代竞争环境中，建立一个独特的商业架构是实现可持续差异化的关键。
- IT 对业务和战略有很大的影响，因为它允许并执行业务体系架构中的重大和频繁的更改。
- IT 促进了商业架构的模块化，这为降低成本、利用网络外部性、发展提速和业务增长等提供了新机遇。此外，IT 鼓励公司专门研究模块化知识。
- 然而，模块化也可能通过商品化破坏公司的独特能力。为了建立一个持续的竞争优势，重要的是创造一个独特的业务体系架构，使模块化和整体化共存和相互渗透。
- 在创建一个独特的业务体系架构时，顺序很重要。构建业务体系架构必须从构想一个创新的业务概念开始，该业务概念定义了业务的内在客户价值。起源于选择单个模块的业务体系架构将导致模块化陷阱和业务商品化。

鉴于IT革命的激烈程度，对关于IT影响的争论似乎有一种强烈的偏见，认为所有现有的管理都应以不连续的方式进行变革。然而，战略的本质仍然是相同的：创造和维持与竞争对手的差异。有人强调，IT是推动企业前进的"顺风"。IT的清新之风带来了创新、新市场和新公司的诞生、竞争结构的变化、利润机会的创造以及各种成本的降低。然而，这种顺风只是战略管理的外部因素。这些都是任何人都可以享受的环境变化，任何人都可能受到它们的影响。显然，公司之间的"差异"不会自动产生于此。

IT革命的第一步当然带来了许多环境变化，在IT革命的第二步中，领导角色将逐渐从生产型企业转变为使用信息技术的企业。在这里，战略意图，如"弓"的方向和"桅杆"的类型，将成为管理思维的焦点。应该使用什么类型的桅杆，以适当地利用资讯科技的顺风资源？因为这股顺风可能变成大风，桅杆可能会折断，船也可能不够坚固。许多船只正在扬帆迎接下一波风浪，这使得竞争更加激烈。模块化的顺风可以突然变成商品化的逆风。关键是要设定一个方向，并且保持船头指向那个方向。在这个比喻中，"船"代表公司，"船头方向"代表商业概念。业务体系架构是在IT革命的汹涌海洋中航行的船只的"桅杆"。

第十二章

在一个辩证的组织内创造知识

竹内弘高

:
:

在前几章的案例研究中，我们提到的那些有特色的公司，如 IBM、佳能、本田、松下、7-11 便利店、丰田、日本多科莫公司、索尼以及奥林巴斯，都是一些知名的公司。即使是第十一章中提到的两个例外——乐天市场和阿斯库尔，也即将在日本国内变得相当成熟和知名。在本章中，我们将介绍一个创业组织，虽然这个组织在 2000 年才正式运作，但它已经在行业内赢得了创新者的声誉。

这家新组织就是一桥大学的国际企业战略研究生院（School of International Corporate Strategy，ICS），这所商学院被《商业周刊》（2000 年 10 月 2 日）称为日本第一所"世界级"商学院。ICS 也是本书所有作者都附属的组织。准确地说，作者负责 ICS 四个项目之一的附属项目，即国际商业战略 MBA 项目[1]，"ICS"将在本章中用来指代这个具体的项目。

尽管 ICS 的历史很短，但它已经获得了一些"第一"的成绩，其中一些列在下面。例如，它是日本第一个专业研究生院：

- 由文部科学省设立。
- 完全用英语教授 MBA 课程。
- 主办一个名为知识管理的国际研讨会，称为"知识论坛"（与加州大学伯克利分校哈斯商学院合作）。
- 每年奖励在竞争战略方面表现优异的日本公司（以哈佛大学迈克尔·波特教授的名字命名为"波特奖"）。
- 被文部科学省选为知识管理领域的卓越中心。
- 在一年内从一家私营企业获得两个教席教授职位（被称为大和证券教席教授）。

- 启动了一个针对高管的工商管理博士项目。
- 开设一年的工商管理硕士课程（被称为"青年领袖课程"，这是由文部科学省赞助的奖学金计划之一）。
- 与美国一家领先的投资银行合作，举办由高管参加的研究会议（与摩根士丹利共同举办的 21 世纪峰会）。
- 与美国的一个设计研究生院合作，开发一个多媒体内容创作的实验课程（与加州大学洛杉矶分校合作）。
- 与美国顶尖商学院携手在东京开展高管项目（与哥伦比亚大学和杜克大学合作），提供由私营企业资助的奖学金，主要面向亚洲学生（由大和证券和安利公司资助）。
- 作为必修课程的一部分，让 MBA 学生参加一个周末营地，为东京 700 名无家可归的人提供晚餐。
- 让 MBA 学生做志愿者工作以获得学分（学生在尼泊尔的一所小学教了 3 个月的英语和数学）。
- 举办一年一度的教师赞助的拍卖会，拍卖教职工和学生捐赠的物品，所得款项将捐给慈善机构。

在日本，比美国落后 100 多年开办一所专业商学院也有一些好处。它提供了一个"跳出边框"的机会，打破框架，逆流而上，走另一条路，无视传统智慧，拒绝既定，质疑已知，改变现状。ICS 试图做的是重塑商学院。

有人写道："如果上帝打算让人类飞翔，就会给他们翅膀。"人类一直梦想着飞行，如果你认为你做不到，那么你就做不到。但是，如果你认为你可以，那么你就有机会做到。莱特兄弟（Wright Brothers）认为他们可以。展开翅膀（stretching）就是寻找那些无法完成的事情，这是对未来的思考方式，超越了你现有想象力。对一些人来说，ICS 的一个战略课程的作业是这样的："假设你的照片是 20 年后《财富》杂志的封面。扮演《财富》杂志记者的角色，请写一篇关于你自己的封面故事，以及你是如何获得这一殊荣的。"

作为入学指导计划的一部分，ICS 的 MBA 学生被要求攀登一面 12 米高的镶嵌着岩石的木墙，并成对儿地走过一根悬挂在离地面 7 米高的圆木。作为必修课程的一部分，他们会花一个周末和有精神障碍的孩子在一起，鼓励他们骑马或者和志愿者组织一起为东京新宿地区 700 个无家可归的人提供晚餐。ICS 认为，21 世纪的领导者面临的挑战不仅是解决经济问题，还要解决同样重要的社会问题。

ICS 甚至利用音乐来获取新知识，MBA 学员花了半天时间聆听和观看俄尔普斯的排练。[2] 俄尔普斯是一个没有指挥的室内乐团。他们观察到演奏者不断地中止排练，并做出指挥需要做出的解释性决定，意识到音乐是在这些排练中创造的，所有的乐团成员在创造音乐的过程中都有发言权，并对音乐的结果负有责任。他们与乐团成员互动，学习有关领导力、决策和团队合作的新事物。

不断地思考新的方法使得 ICS 有能力重塑商学院，比如本章开头列出的那些。那么，ICS 是如何持续创新的呢？一种方法是向外看，向未来看，预测外部世界的变化。生活在当今这个充满不确定性、动荡和复杂性的世界可能对我们有利。在这样一个世界里，过去的优势很快就会过时，我们要重新思考什么能够带来长久的成功。对 ICS 来说，改变是每天都会发生的事情，是一种积极的力量。这种心态与那些全神贯注于捍卫自己的优势、担心变化会带来巨大损失的组织截然不同。通过寻求可预测性和稳定性，这些组织变得与世隔绝。

图 12-1 所示的 ICS 标志，象征着我们的立场：向外看，向未来看。标志是由一面巨大的旗帜和一张人脸组成的。它象征着一个创新的、非传统的、打破框架的领导者，向外看、向未来挥舞着知识前沿的旗帜。这个标志提醒我们不断创造新的知识，同时保持灵活和流畅。不确定的时期常常迫使组织去寻求组织外部的知识。如上面的例子所示，ICS 已经积累了许多外部业务组织的知识，如美国的商学院、美国的设计研究生院、日本的政府机构、志愿者组织、管弦乐队和其他外部组织。外部积累的知识在组织内广泛共享，作为知识库的一部分储存起来，并被组织内部从事开发新知识的人利用。ICS 带来持续创新的独特之处在于它在内部和外部之间不断综合。

图 12-1　ICS 标志

ICS 作为一个辩证的组织

我们在第一章中提到，组织失败的主要原因之一是它们倾向于通过坚持过去的成功路径，避免遇到的悖论、矛盾、不一致、困境和对立。幸运的是，对 ICS 来说，它必须创造新的路径，因为它过去没有取得任何成功。它不但应对悖论，而且积极地拥抱对立面。它培育了矛盾，热情地使用悖论作为一个邀请，希望找到更好的方法。

我们在第一章中提到，为了在当今动荡的时代和复杂的世界中取得成功，组织不仅需要拥抱一组对立面，还需要同时拥抱众多对立面。事实上，ICS 就是一个活生生的例子，展示了一个组织如何处理、拥抱、培养和使用大量对立面，并将其作为一个邀请来找到更好的方法。它以追求"世界上最好的事物"（同时追求 A 和 B）而蓬勃发展。它接受悖论作为一种生活方式，同时拥抱两种看似相反的力量。

正如学校名称—— 一桥，字面翻译为"一座桥梁"，ICS 寻求建立一个"桥梁"，连接两个不同的力量，捕捉"对立的两个世界之精华"。这种工作方式贯穿于我们的 MBA 课程、研究和日常活动中。这是我们的哲学基础，我们利用知识作为超越和综合下列对立世界的关键资源。

- 东方与西方。
- 大与小。
- 新与旧。
- 实践与理论。
- 合作与竞争。
- 公共与私人。
- 富人与穷人。

东方与西方

在培养最有前途的年轻管理人员方面，传统上，日本将这些工作外包给美国和欧洲的商学院。世界第二大经济体，却没有一所世界级的商学院这是一个悖论。在日本创办第一所专业商学院时，最简单的方式就是效仿哈佛商学院、斯坦福大学或沃顿商学院。ICS 选择让 MBA 学员同时接触来自东方和西方的先进管理理念（比如运营管理中的"单元"生产系统和知识管理中的"场"生产系统；竞争战略中的"权衡"和创新管理中的"破坏性创新"）。

此外，ICS 的学生还接触了在西方（如案例方法和模拟）和东方（如研讨会和论文写作）已经普及的教学法。研讨会是由一名教师顾问和一小群学生组成的辅导课，学生可以自主选择申请参加的研讨会，一名教员最多选择 4 名学生。每个人都要参加一个研讨会，它兼具了学术功能与社会功能。在学术方面，一个学术研讨会每周举行一次，研究一个共同感兴趣的课题。在 MBA 课程的最后阶段，每个学生必须在研讨会导师的指导下提交毕业论文。这些论文通常有 40~80 页，装订后存放在大学图书馆。在社交方面，研讨会为学生提供交流的"场"，让他们可以在课堂之外相互交流，也可以与导师交流。这些社交活动常常在以下场景进行：在喝酒时、在导师家吃晚饭时、在泡温泉时、在网球场或高尔夫球场上或者在实地考察时。由于这些密切的交流，教员通常也会成为学生们的生活导师。

在研究方面，ICS 的教职工认为他们的任务是在全球范围内传播源自日本的研究成果。在 ICS 中将英语作为官方语言是有帮助的，它有助于与日本领先的公司之间建立联系，如佳能、丰田、索尼、本田、日本多科莫公司、万宝至马达、富士施乐等。ICS 的研究人员正致力于开发一种适合这个全球化时代的"通用"管理模式，而不仅仅是盎格鲁 - 撒克逊模式或日本模式。

大与小

在学生规模方面，ICS 有意识地保持小规模（目前每年 50 名）。学生和教师（全职教师和客座教授）的比例不到 3 : 1，这个比例是世界上其他顶尖商学院无法比拟的。拥有一个小规模的学生群体，可以让 ICS 的 MBA 学生在课堂内外都得到个性化关注。上面描述的研讨会系统就是例证。由于班级规模小，学生入学第一年就有机会彼此进行非常紧密的交流。在入学前一周参加校外的团队建设活动，一起上核心课程，参加多个团队项目，参观公司和工厂，参观院长家，或一起进行体育运动，这些活动很自然地增进了同学之间的联系。这样做的好处在于，学生们可以作为一个组织单位参与大多数活动，并共享隐性知识。

与此同时，ICS 的 MBA 学生可以利用生活在同一个大都市——东京的优势。由于商业中心集中在东京，几乎所有主要的全球性公司都在市中心地区设有办事处。ICS 校区位于神田一桥，靠近东京的商业中心——大手町，距离皇宫仅有两个街区。东京提供了世界上最好和最安全的公共交通系统之一，方便学生随时参观。最近的访问包括：参观索尼在品川的媒体世界（Media World）；参观日本多科莫公司在赤坂的实验室；参观摩根士丹利（Morgan Stanley）在惠比寿的交易大厅；在埃森哲（Accenture）位于赤坂的办公室与硅谷分公司的员工举行电话会议；参加由麦肯锡在六本木举办的结业派对；以及与青山的星巴克咖啡、赤坂的富士施乐和四谷的英国石油进行实地研究项目。所有这些地点都可以在 30 分钟内乘坐公共交通工具到达。

反之亦然，来自世界领先公司的执行官都在东京有业务，可以很容易地作为嘉宾演讲者访问 ICS。在过去的一年里，ICS 有幸接待了来自摩根士丹利、富达投资集团、雷曼兄弟、麦肯锡公司、波士顿咨询集团、埃森哲、科尼尔、博思艾伦咨询公司、毕马威、IBM、微软、思科、印孚瑟斯、辉瑞（Pfizer）、菲利普·莫里斯、奥美、铂慧、安利、通用电气等公司的高管。

在东京，学生和招聘人员之间可以很容易地相互取得联系。相比之下，这在美国商学院是一种常见的做法，二年级的学生不上课去拜访招聘人员，他们中的许多人都不再住校。这种做法现在已经蔓延到美国第一年的 MBA 课程，有些人说这对学习和就业产生了负面影响，但是，以招聘为借口而缺勤在 ICS 是非常罕见的事件。

大与小也适用于教师。ICS 的教师规模很小，名册上只有不到 20 名全职教授和客座教授。但是 ICS 得到了一个庞大的一桥社区的支持，这个社区包括大约 400 名教师和 300 名行政人员，他们分布在校园以东大约 30 公里的国立主校区。此外，一桥还有一个非常支持和忠诚的校友会，名为 Josuikai，在 ICS 旁边有一座 14 层的校友楼。

新与旧

新经济学试图在新经济和旧经济之间架起一座桥梁。ICS 的 MBA 学生在各自的经济体系中获得了竞争优势：新经济中的想象力、实验和创业精神；旧经济中的规模、效率和复制。他们深知强大的组织能力、独特的战略、对创造客户价值的重视、对行业结构的深入了解，以及执行物理功能的独特方式，这些都是维持新与旧两个经济体竞争优势所必需的。

从历史的角度看，ICS 既是新的，也是旧的。作为日本第一所专业研究生院，ICS 于 2000 年 4 月 20 日正式成立。它的起源可以追溯到 1875 年在东京银座附近开办的私立专科商业培训学校。长期以来，一桥大学一直希望自己的毕业生能成为"行业领袖"。《商业周刊》（2001 年 7 月 2 日）指出："一桥在培养未来产业领袖方面已经有很长的历史了。"我们的校友包括丰田汽车公司董事长奥田硕，最近还有松井证券总裁松井道夫和乐天市场创始人兼首席执行官三木谷浩史。

ICS 将继续一桥的传统。与此同时，它将更加聚焦地关注那些能够在全球范围内发起、管理和实施创新的发展中企业的领导者。ICS 立志打造"行业领袖"，同时也是"创新领袖"。创新不仅仅是新产品、新服务、新系统或新政策。它需要新的机会观、新的做事方式、新的有意义的方式、新的分享价值的过程、新的合作方式、新的建立组织能力的方法，以及新的建立标准的标准。由于创新是一个过程，而不是一个东西，我们在 ICS 可以观察、分析、理解、复制，甚至向他人传授知识。

实践与理论

作为一所专业学校，ICS 的重点是实践，这就是为什么一桥大学的国际企业战略研究生院将近 2/3 的全职教员，在咨询公司、投资银行、IT 公司、广告公司等拥有全职工作经验，以及为什么他们中约有一半拥有美国一流商学院的 MBA 学位。同时，理论也离不开实践。ICS 的学生学习最新的管理理论，并将其应用到现实世界中。例如，在 2002—2003 学年，学生们在春假期间与日本的 4 家公司（两家日本公司和两家外国附属公司）进行了为期 1 个月的实地研究，主题从"品牌管理"到"生态管理"。ICS 的学生小组充当顾问，向 4 家公司的所有高层管理人员提出他们的调查结果。

　　ICS 的学生周三会在课堂外学习课程，去看看真实的世界。例如，在运营管理课程中，他们用一天的时间参观了丰田的雷克萨斯生产线或佳能的生产线。在创业课程中，他们参观了索尼的媒体电视台，了解了最新的音频设备和视频设备，以及最新的可以与人交谈的智能机器人。在全球课程中，他们参观本田工厂，观察残疾人如何与健全工人并肩工作，或者参观非营利组织工厂建造操场的工作。

　　实践与采取行动，与应对今天的问题和挑战相关；而理论界定和解决，与明天的问题和挑战相关。带着迎接明天的心情，野中郁次郎布置了普拉特克·笛卡尔特（Platq Descartes）、西田几多郎（Kitaro Nishida）、马克斯·韦伯（Max Weber）、亚伯拉罕·马斯洛（Abraham Maslow）、切斯特·巴纳德（Chester Barnard）、赫伯特·西蒙（Herbert Simon）、伊迪丝·彭罗斯（Edith Penrose）等人的著作作为第一年知识管理模块课程的必读内容。他还布置了一份 4 页的论文，将理论与实践相结合。

　　如上所述，在 ICS 获得 MBA 学位的要求之一是提交毕业论文，这在 ICS 之外是很少见的。过去，美国顶尖的商学院需要毕业论文，但如今招聘活动的重要性被提高，以及学生人数的增加（例如哈佛商学院每年将近 900 名 MBA 毕业生），使得毕业论文越来越成为学生和教师的负担。逆势而行，ICS 相信论文为学生提供了一个机会，运用他们在两年的课程中所获得的实践知识、研究技能和创造能力来定义和解决未来的问题和挑战。

合作与竞争

ICS 的学生甚至在上课之前就学会了合作的重要性。在入学前的一周，他们乘公共汽车前往 Yatsugatake（东京以东 3 小时车程的山区），在那里，他们每天进行 3 个多小时各种户外团队建设活动。第一天是在低阶训练课上进行的团队建设练习，比如让 10 个人像跷跷板一样在地上的一块木头上保持平衡，数到 10，让团队的所有成员在不接触绳子的情况下穿过一个巨大的"蜘蛛网"状的洞，或者在眼睛被蒙住的情况下把一条长绳子变成一个完美的五角形。第二天专门进行高阶课程的团队建设练习。在这里，学生们戴着头盔和安全带，成对地走过悬挂在离地面 7 米高的圆木，或者爬上一堵 12 米高的镶嵌着岩石的木墙，如前所述。第三天，学生们组成一个团队进入荒野，在那里他们蹚过溪流或穿越峡谷。

这样的训练培养了同学之间的团结意识。2000 年 11 月 27 日《朝日晚报》的一篇文章引用了洪都拉斯学生加布里埃拉·戈麦斯（Gabriela Gomez）的话："从那时起，我们就是一个团队。""课程很艰苦，但我不认为我们会让其他人放弃。我们设法找到了让彼此继续下去的方法。"正如她的评论所指出的那样，学生们在 Yatsugatake 积累的隐性知识在整个 MBA 课程中一直存在。

上课时，学生们被鼓励组成学习小组，并被要求参与一些小组项目。在任何时候，每个学生都可以参与四个或五个不同的小组项目。这些小组项目往往耗费时间，但能有效地促进来自不同地区的学生之间的合作——其中一半是国际学生。自 2000 年 10 月开办以来，国际学生联盟已录取了来自 27 个国家和地区的学生。

虽然 ICS 鼓励团队合作，但竞争也以多种方式融入课程之中。在几乎所有的课程中，30% 的学生得到 A 级，60% 得到 B 级，10% 得到 C 级或以下。世界上很少有商学院坚持 ICS 实施的严格的强制曲线评分系统。第一年，学生通过竞争进入他们选择的研讨会或商业计划竞赛。学生在竞争中获得第二年的实习资格，或者海外留学资格。ICS 诉诸一个"开放，简单，公平"的政策，以便学生做出各自的选择。

公共与私人

一桥大学是日本 99 所公立大学之一，其全部资金直接来自日本政府：作为一所政府所有的商学院，ICS 具有许多优势。首先，学费被保持在最低水平。假设学生需要整整两年的时间才能完成这个项目，在 ICS 学习获得 MBA 学位的成本是著名私立商学院收费的 1/4~1/3，大约是美国和欧洲领先商学院收费的 1/8~1/6。

另一个好处是，它被安置在东京市中心新建的国家科学中心大楼，这是一座由政府拥有的 22 层楼高的建筑。ICS 占据了这座智能大楼约 1/3 的办公空间，并配备了最新的信息技术设备。例如，通过学校内网接收作业的学生可以在计算机机房的台式计算机上或他们自己在学生休息室的个人计算机上上网，学生休息室有无线以太网接口。他们还可以免费访问图书馆的彭博在线和其他专有的数据库。此外，大楼配备了最先进的教学和会议设施，500 个座位的礼堂、一个大型的室内田径设施、20 个酒店类型的客房、一个餐厅和一个自助餐厅。

作为一所政府大学，ICS 在其他方面也获得了实实在在的好处。例如，文部科学省已选定 ICS 作为日本第一个成立的专业研究生院和第一个接受来自亚洲的青年领袖项目学生全额奖学金的商学院。它是第一个开设一年

制 MBA 课程的商学院，开设了第一个可以授予工商管理博士学位的研究生
课程。ICS 教员还参加了一些重要的文部科学省委员会，这使得 ICS 能够参
与日本高等教育政策的制定过程。

　　ICS 是一所国有商学院，同时也得到了私营企业的大力支持。例如，迄
今为止，ICS 组织的 3 个最大的会议都是由富士施乐、摩根士丹利和大和证
券赞助的。私营企业也通过联合研究、奖学金、课程开发、实地研究、公
司访问、嘉宾演讲、案例研究、行政项目和捐赠基金等方式为 ICS 提供支
持。在过去两年中，ICS 收到的捐赠占一桥大学从私营企业收到的捐赠总额
的一半左右。

富人与穷人

　　科技中心致力于实现这样一个愿景，即 ICS 的 MBA 学员将在未来发挥
积极作用，缩小"富人"和"穷人"之间的差距。ICS 希望学生积极参与消
除贫穷、仇恨、无知、不公正、饥饿、犯罪、疾病、歧视、污染、全球变
暖、能源消耗以及其他人力资本和环境问题。重申一下，ICS 相信 MBA 学
位不仅将在解决经济问题方面发挥重要作用，也将在 21 世纪解决社会问题
方面发挥重要作用。

　　ICS 的全球公民意识课程为实现这一目标迈出了重要的一步。在过去的
一学年里，ICS 的学生与无家可归者、身心残疾的儿童、非政府组织活动
家、志愿工作者和社会企业家进行了互动，体验了"边做边学"的真正含
义。他们还有幸与两位"世界公民"——佐藤·戈登（Gordon Sato）和卡
希米（Masakazu Kakimi），进行了直接对话。

　　佐藤·戈登，一位 70 多岁的美国著名生物学家，在过去十年的大部分

时间里，致力于帮助非洲厄立特里亚国的一些世界上最贫穷的人实现自给自足。他发起了一个创新项目，利用厄立特里亚海岸两个最丰富的密集型资源——阳光和海水，种植红树林植物。此举不仅是为了喂养动物，也是为了给鱼类和贝类提供栖息地。他告诉 ICS 的 MBA 学生，他的梦想是帮助厄立特里亚的贫困社区发展技术含量低、可持续的农业经济，科学家可以而且应该在更广阔的世界中应用基于实验室的知识。

卡尔米曾是一名英语教师，在过去的十年中致力于帮助尼泊尔偏远村庄中的一些最贫穷的人。在帕尔帕的贫困地区，他每天从一个村庄步行到另一个村庄，帮助孩子们在医院里接受治疗，在房屋倒塌时为村民提供应急物资，并为村民提供建造教室、公共淋浴水龙头和其他建筑所需的材料。他被村民称为"OK-Baji"，因为他是一个老人（尼泊尔语为"Baji"），并且总是对他们的愿望说"OK"。通过与佐藤和卡尔米的互动，ICS 的学生们获得了隐性知识，他们看到退休后有很多值得投入的事业。

在辩证性组织中促进知识创造

在前面的部分，我们看到了 ICS 是一个包含大量对立的典型的辩证组织。在这一部分，我们讨论了辩证性组织如何促进知识的创造和利用。知识创造由 3 个相互关联的元素加强——对话、创造性惯例和绝对愿景以三角形的形式组成，这三个元素通过共享一个动态情境（称为"场"）而出现，"场"在图中显示为一个圆（见图 12-2）。下面将分别讨论这 3 个要素，以及它们存在的"场"。

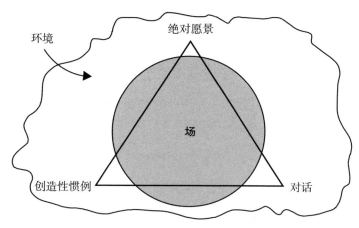

图 12-2 在辩证性组织中强化知识创造

在辩证中拥抱并超越悖论

对话不仅仅是面对面的交流，还是一个互动的过程，创造和阐明新的意义，这是个人在一个组织中的共享。对话是一种显性的有针对性的讨论，对参与者规定了严格的纪律。这是一个将假设公开化并同时暂停判断的过程。

正如我们反复强调的那样，新的意义是通过接受悖论产生的，而不是通过摆脱它们产生的。更重要的是，一个人必须超越对立面（即命题和对立面），并将它们综合到一个更高的现实秩序中，以创造新的意义。在这方面，对话所强加的严格纪律条件（在提出假设的同时暂停判断）十分有意义。参与对话的人能够超越自己的思想世界。在一个辩证性组织中，个体分享自己的经验，同时对他人的不同观点变得敏感。正如第九章所指出的，通过对话，不同的视角起到了"思维工具"的作用，从而创造了新的意义。因此，知识可以通过社会互动和交流获得。

　　科技中心内部创造新意义是一个很好的例子：在所谓的协调会议上，教职员工每年进行 2~3 次对话。所有教员都参加这个为期半天的会议讨论并协调下学期的整个课程内容。在那个学期的最后一次会议上，共有 12 名教员参加。每个教员都要提供关于课程的确切内容，包括隐藏主题、关键概念、案例、教科书、阅读器、嘉宾演讲者、视频、练习、作业和评价政策讲义，涵盖上述内容的详细资料必须提前分发。每个演讲之后都有一个关于如何对特定课程进行微调以优化学生学习或创新的开放式演讲。在上一次协调会议上，一些值得注意的评论包括以下内容。

- "难道你不应该在一开始使用较少的案例，专注于做更多的'阻止和解决'工作吗？"
- "在你的客座演讲者签名之前，你应该检查他的英语能力。"
- "为什么你不再在你的课程中使用 XYZ 视频了？"
- "你在最后一刻把所需的教科书从 X 改成 Y 的理由是什么？"
- "你应该考虑用哈雷戴维森（Harley Davidson）的例子取代这个例子。"
- "去年你说你要参加期中考试，但为什么今年的期中考试你不在考试名单上呢？"
- "我可以尝试在我的课程中加入你在课程中使用过的在线投票技术吗？"
- "你和我能否尝试改变我们的日程安排，以便在同一天进行教学？"
- "难道不是每门课程都应该包括有关管理道德和商业实践中的公

平问题的材料吗？"

- "你让学生课后观看视频，但是下载视频不是非法的吗？"
- "你最好用短小精悍的随堂测验来代替期中考试！"

房间里的每个人都可以公开表达自己的意见，不论资历和头衔。教师的不同背景有助于从团队中挖掘出不同的观点。接近 1/3 的全职教员和客座教授第 2 年的教学是非日语的，超过 1/3 是女性。近 1/3 的人来自纯粹的从业者背景，近 2/3 的人拥有真实的商业工作经验，大约一半的人拥有美国顶尖商学院的 MBA 学位。大约有一半人曾在美国商学院任教，包括哈佛大学、斯坦福大学、加州大学伯克利分校、弗吉尼亚大学、哥伦比亚大学、纽约大学和密歇根大学。这种多样性导致了"多元性"，多种声音通过多种视角和观点表达。

通过积极培育有助于接受和超越矛盾的价值观，如平等机会、对人开放、接受新思想、公平和谦逊，ICS 加强了知识创造。谦逊是很重要的，因为领导者越能控制自我，就越能接受多种观点。当领导者身边的人几乎不知道领导者的存在时，会达到最佳的领导效果。这种无意识的领导，被 ICS 的野中郁次郎拟人化，给了组织一个去寻求现实的内在动力。

有意地打破和挑战现有的惯例

正如我们在第一章中指出的，一个辩证性组织的特点之一是强调变化。一个辩证性组织总是在运动中，而不是静止不动。第二个特点是它强调对立面。变化通过冲突和对立，发生在组织内部。

一个辩证性组织通过所谓的"创造性惯例"有意地打破和挑战现有的惯例。辩证性组织更新自身并超越自身，通过创造性惯例脱离过去的实践。

日本棒球运动员铃木一郎（Ichiro Suzuki）就是其中一个很好的例子，他的卓越表现基于打破和挑战现有的做法，即使是像铃木一郎这样的世界级球员也认为，通过不断地创造一些文明的惯例，总是有提高的空间的。

铃木一郎的做法在日本被称为 kata，这是一种由学习（shu）、打破（ha）和创造（ri）组成的常规或理想的联系风格。一个辩证性公司欢迎这种自我超越的动态循环，这种循环激励员工不懈地追求变革。英特尔公司的建设性对抗就是一个很好的例子。在处理任何工作问题时，能够与任何人进行建设性的对话，一直是英特尔成功的关键因素。英特尔的每一名员工都可以直接向合适的人表达自己的观点——不管对方是直属上司还是CEO。

ICS 已经想出了一些创造性惯例，这些惯例已经明显打破了在主校区的一桥大学的惯例。过去值得注意的一些突破包括以下方面。

- 在 ICS，所有教员通过在姓后加上后缀"san"（例如，Nonaka-san 或 Takeuchi-san）或直呼其名的方式，非正式地相互称呼。它打破了称呼某人为"高级老师"（大师或老师）的旧习惯。

- 科技中心摆脱了过去将初级教员分配到耗时但不重要的委员会工作的做法，并将这些任务分配给愿意承担这一负担的几名高级教员。

- 国际科学学会放弃了过去允许每月教员会议在任何地方举行 4~6 小时的做法，并通过使会议更加有效，大大缩短了会议时间——通过应用资讯科技，将会议缩短到 1 小时以内。

- ICS 改变了过去的做法，开始从外部聘请专业人士担任商学院内部的关键职位，包括 MBA 项目主任、IT 总监和公共关系总监等。

- 一个高级教师成员访问一个初级教师的班级在过去是闻所未闻的，但是 ICS 制造了这样一个系统，方便提供建设性批评和改进建议。
- 过去，学生们没有系统的方法来评价他们选择的课程和教师，ICS 启动了一个评价计划，学生们可以就课程的 10 个方面、教师的 10 个方面和行政支持的 6 个方面提供反馈。
- ICS 教职工分享学生反馈的结果，这在过去是不会被考虑的。
- 过去有一条不成文的规定，限制教职工每年出国一次以上，但 ICS 鼓励教职工在必要时经常出国。
- ICS 学院的课程每年都要进行一次重大改革，这与过去的做法有所不同，过去的做法是在相当长的时间内不对课程进行改动。

这些例子也许是微不足道的，但是反映了 ICS 的意愿，即追求动态循环的学习、打破和创造。创造性惯例作为一个集体的纪律，反映了 ICS 的愿景。这是一个包含了共同的价值观、信仰和行为规范的行动计划。

通过绝对愿景为未知铺平道路

一个愿景填补了当前现实和潜在未来之间的鸿沟。对于一个辩证性组织来说，当前的现实往往很少提供关于未来的线索。受到动荡、复杂性和悖论的束缚，想象未来可能会如何展开，就像没有月亮的夜晚在公园一片黑暗的树林中漫步，或者将一艘船驶入黑暗而汹涌的大海。为未知铺平道路需要勇气。进入未知领域还需要绝对愿景，而不是相对愿景。绝对愿景直指我们存在的根本原因。它不仅关乎梦想，也关乎理想。

然而，仅仅指出通往未知的道路是不够的。组织的成员需要奋力一搏，因为他们的愿望与组织的绝对愿景是一致的。因此，绝对愿景必须与环境的复杂性和内部承诺保持一致。通过外部环境和内部组织的同步，一个绝对愿景变成了一个连贯的绝对愿景。一个连贯的绝对愿景决定了需要什么样的知识、创造什么样的知识、再创造什么样的知识。

在将 ICS 投入黑暗和动荡的海洋之前，我们问自己：“我们为什么存在？”，我们的绝对愿景可以概括如下。

- 我们立志在亚洲创建一所世界级的商学院。
- 我们渴望在日本重塑高等教育。
- 我们渴望创造一个基地，以将日本产生的知识传播到海外市场。
- 我们渴望培养“创新领袖”，不仅能解决 21 世纪的经济问题，也能解决社会问题。

启航 3 年后，ICS 的教职工、行政人员和社区成员、学生们都在信守承诺地前进着，我们也决心向更高的理想迈进。在 2003 年 4 月收到的外部评估报告中，大家对 ICS 正在努力实现的崇高理想给予了极高的评价。

通过“场”共享动态情境

知识管理学者分享一个动态的“场”，常常忽略了“知识不能在真空中创造”这一点。知识需要一个环境来创造、分享和利用它。“场”（ba）是概念中的共享情境，在这个概念中，知识被创造、共享和利用。如同第四章所示，“场”是知识创建、共享和利用的动态共享环境。上面所讨论的 3 个相互关联的元素——对话、创造性惯例和绝对愿景，如果没有“场”就不可能出现。

虽然"场"更容易被理解为一个物理空间，如会议室，但它实际应该被理解为在项目中个体之间、项目团队、内部圈子、临时会议以及虚拟空间，如电子邮件群组，在特定时间和空间内发生的"相互作用"。在这方面，一个组织可以被看作各个领域的有机结构，在这个结构中，人们根据自身所拥有的知识和他们所创造的意义相互交流。此外，"场"可以跨越组织边界，与供应商、竞争对手、客户、高校、本地社区和政府建立联系。

ICS 有许多基本原则，可以让对话、创造性惯例和绝对愿景浮现出来。以位于 7 层的开放空间休息室为例，那里所有的全职教员都有自己的办公室（见图 12-3）。它有由诺尔（Knoll）公司设计的宽敞舒适的躺椅，坐落在一个开放的空间里，周围有大窗户和大型绿植。关键的战略决策（例如招聘）正是在这里做出的。

ICS 的大多数创意都诞生在这里，具体如下。

- 把春季学期分成春季一期和春季二期。
- 每名教师每年分配 40 万日元（约合 3333 美元）参加学术会议。
- 与全球蓝筹公司（blue-chip）建立公司内部培训项目。
- 聘请专业演员进行为期半天的即兴表演。
- 与丰田合作一个涵盖亚洲、北美洲和欧洲的大型研究项目。
- 将两间公寓教室改造成圆形剧场风格。
- 委托 Candor and Associates 公司绘制壁画（见图 12-4），并将 ICS 标志的大型挂墙装饰（见图 12-5）作为室内设计的一部分。
- 启动"与院长共进午餐"（lunch-with-the-deans）项目，邀请所有 MBA 学生与院长或副院长在院长办公室共进午餐。

图 12-3   7 层的休息室

图 12-4   作为壁画的 ICS 标志

图 12-5   挂满 ICS 标志的墙壁

ICS 还利用各种其他基础设施，使人们能够基于自身所拥有的知识和他们所创造的意义相互交流。以下是其中的一些例子。

- "波特奖"颁奖仪式在大仓饭店举行，在那里，我们的教员和 MBA 学生，来自其他大学的学者，社会媒体工作者，当年申请波特奖的公司，过去的获奖者，以及来自商界和政界的应邀嘉宾互动。

- 俄尔普斯管弦乐团的练习环节和在三得利音乐厅举行的演奏会是很好的交流场所，我们的教员、MBA 管弦乐团成员和企业高管在那里互动。

- 周五下午晚些时候，当 MBA 学生在校园里与招聘人员互动时，他们通常会喝饮料、吃零食。

- 春季周四下午晚些时候，MBA 学员与专业公司的高管进行互动，他们作为客座演讲者，主题是"如何成为高效的专业人士"。

- 卡拉 OK 课程，MBA 学生与工作人员互动。

- 举办 ICS 高尔夫和乒乓球锦标赛，MBA 学生与教职工互动。

- 周末在富士山脚下举行骑马训练营，MBA 学生、教职工和自闭症儿童、志愿工作者和营地操作员等在这里进行互动。

- 远程会议和视频会议课程，MBA 学生和教师与风险投资家在硅谷和非营利组织位于新德里的工作人员互动。

- 实地考察丰田、佳能和本田的工厂，MBA 学生和教职工与工厂主管和工人互动。

- 在东京的一所公立高中，MBA 学生用英语与高中老师和学生互动，还有青年代表，他们管理着一个为高中学生服务的 MBA 学生模拟辅导员的游戏。

为了鼓励思想和对话的自由流动，ICS 的墙上挂着 100 多幅康定斯基（Kandinsky）、埃舍尔（Escher）、米罗（Miro）和其他艺术家的作品。通过有意识地将来自不同国家、说不同语言、有不同背景和学历、持有不同价值观的学生聚集在一起，ICS 营造了一种有利于发散性思维的环境。

小结

同时拥抱两个对立面或两个极端对未来的领导者来说将变得越来越重要。他们将不得不同时使用他们的头和手寻求持续改进和颠覆性创新。为了创造新的知识，他们必须同时拥抱隐性知识和显性知识。

正如一桥大学的名字一样，ICS 试图在两种不同的力量之间建立"桥梁"，并综合"对立的两个世界中最好的"。到目前为止，它已经通过了弗朗西斯·斯科特·菲茨杰拉德的考验，保持了同时持有两个相反观点的能力，并且仍然保持着正常运转的能力。在这本书中，所有作者与 ICS 有关的挑战，都可视为正划着小船继续进入黑暗和汹涌的大海。

注 释

前言

1. Chun Wei Choo and Nick Bontis, "Knowledge, Intellectual Capital, and Strategy," in Chun Wei Choo and Nick Bontis, *The Strategic Management of Intellectual Capital and Organizational Knowledge* (New York: Oxford University Press, 2002), p. 11.

2. Chun Wei Choo, "Perspectives on Managing Knowledge in Organizations," *Cataloging and Classification Quarterly*, forthcoming.

3. Joan Magretta, *What Management Is* (New York: The Free Press, 2002), p. 218.

第一章

1. 为了更好地理解我们所面临的悖论，请参考 Charles Handy, *The Age of Paradox* (Boston: Harvard Business School Q Press, 1994)。

2. 引自 James C. Collins and Jerry I. Porras, *Built to Last* (New York: HarperBusiness, 1994), p. 45.

3. Charles Handy (1994), p. 14.

4. 参 见 Arie de Geus, *The Living Company* (Boston: Harvard Business School Press, 1997), and Michael L. Tushman and Charles A. O' Reilly III, *Winning through*

Innovation (Boston: Harvard Business School Press, 1997).

5. Gary Hamel, *Leading the Revolution* (Boston: Harvard Business School Press,2000).

6. Gary Hamel (2000).

7. Jim Collins, *Good to Great* (New York: HarperBusiness, 2001).

8. 更多内容详见Tohn Rowan. *Ordinary Ecstasy: The Dialectics of Humanistic Psychology* (New York: Brunner-Routledge, 2001).

9. 向第三阶段的运动，在德语中被称为"扬弃"。

10. Rowan (2001), p. 2.

11. Chun Wei Choo and Nick Bontis, "Knowledge, Intellectual Capital, and Strategy," in Chun Wei Choo and Nick Bontis (eds.), *The Strategic Management of Intellectual Capital and Organizational Knowledge* (New York: Oxford University Press, 2002), p. 12.

12. Louis V. Gerstner, Jr., *Who Says Elephants Can't Dance* (New York: Harper-Business, 2002), p. 215.

13. Gerstner (2002), p. 50.

14. Gerstner (2002), p. 238.

15. Gerstner (2002), p. 182.

16. Nippon Keizai Shinbun-sha (ed.), *Canon: The Secret of Its High Profitability Revival (Canon Koushuueiki Fukkatsu no Himitsu)* (Tokyo: Nippon Keizai Shinbun-sha, 2001), pp. 184-5.

17. William J. Holstein, "Canon Takes Aim at Xerox," *Fortune*, September 30, 2002, p. 51.

18. Nippon Keizai Shimbun-sha (2001), p. 34.

19. Holstein (2002), p. 52.

20. 御手洗富士夫的采访，2002年1月24日，东京皇宫酒店。

21. 御手洗富士夫的采访。

22. 关于"场"的更多讨论，详见第四章。

23. Irene M. Kunii, "He Put the Flash Back in Canon," *Business Week*, September 16, 2002, p. 21.

第三章

1. 香农后来评论道："我认为也许'信息'这个词造成的麻烦比它带来的价值多……只不过我们难以找到另一个更确切的词。我们应该牢记（信息）只是对某些信息源产生序列的传输难度的测量"（引自 Roszack，1986，p.12）。博林（1983）指出，香农的评价类似于一张话费账单，以时间和距离为基础计算，但没有给出关于信息内容的洞见，并称之为贝尔电话（BT）信息。德雷茨克（1981）认为，真正的信息理论应该是关于我们的消息内容的理论，而不是关于体现这些内容的形式的理论。

2. 在人工智能领域，人们认识到知识与行动之间关系的重要性。例如，格鲁伯（1989）调查了指导专家行动的"战略知识"，并尝试开发工具，用它来获取这样的知识。

3. 布朗和杜吉德（1991）在"进化的实践社区"方面的研究工作表明，个体的实际工作和学习方式，可能与组织所规定的相对严格、正式的做法存在重大差异。实际上，非正式团体的进化是在个体之间进行的，它们寻求解决特定问题或追求其他共同目标。这些团体中的成员资格由个体交换有使用价值信息的能力所决定。奥尔（1990）认为，成员交换想法，共享叙述或"战争故事"，便会从冲突和混沌的信息中达成共识。因此知识创造不仅包括创新，还有学习，它可以塑造和开发日常工作的方法。

4. 例如，我们认识邻居的脸，但无法用语言解释我们是如何做到的。此外，我们可以从他人的面部表情感知他们的情感，但用词语解释它们就更难了。换言之，虽然几乎不可能说清楚我们从邻居的脸上感觉到的情感，但是我们仍然知道全部印象。有关隐性知识的进一步讨论，请参见波兰尼（1958）和格尔威（1977）

的相关著作。

5. 波兰尼在西方哲学上的地位被低估了。迈克尔·波兰尼出生于匈牙利，他的兄弟卡尔·波兰尼是一位经济学家，是名作《大转型》的作者，享誉世界。迈克尔·波兰尼是一位据说差点获得诺贝尔奖的著名化学家，到 50 岁时才改行研究哲学。波兰尼的哲学与"后来"的维特根斯坦和梅洛·庞蒂的思想有一致之处，无论是含蓄的还是明确的，他们都强调行动、身体和隐性知识。关于波兰尼和后来的维特根斯坦之间因隐性知识而关系密切的讨论，请参见吉尔（1974）的研究。

6. 布朗（1992）认为，"未来的组织将是'知识精炼厂'，员工将从信息的海洋中浓缩提炼出知识并理解和解释它们，否则这些信息的洪流将会从四面八方淹没他们"（p.3）。他继续说道："在知识精炼厂中，工人需要与过去和现在协作。与现在协作就是共享隐性知识，而与过去协作是为了利用从以前的做事方式中获得经验。"

7. 按照马图拉纳和瓦雷拉的说法，"作为定位行为范畴的语言学领域，至少需要两个相互作用的生命体，且这两个领域是可比较的，这样就可以在相互作用的交集部分形成一个合作系统，系统中两个生命体出现的行为与两者均相关……人类存在的核心特征就是在语言认知领域发生的。这个领域在本质上是社会化的"（pp.xxiv，41）。

8. ACT 模型与赖尔（1949）知识分类是一致的，分为知道某事物"存在"和知道事物"如何"运作。此外，斯奎尔（1987）还列出了超过十几个标签的对立分类法，如"隐性"对"显性"，"技能记忆"对"事实记忆"等。大多数的划分标准可以把"过程性知识"分类下的属性与"陈述性知识"分类下的属性分开。

9. 一项对 105 位日本中层管理者的调查验证了如下假设，即知识创造构想包括 4 个知识转化过程——社会化、外显化、组合化和内隐化。一阶因子和二阶因子分析中的因子负荷证实了 4 个转化过程的存在。更多内容可以参考野中郁次郎、Byosiere、Borucki 和 Konno（1994）。

10. 有关从信息创建的观点对外显化进行有限的分析，参见野中郁次郎（1987）。

11. 香农 - 博尔斯、萨拉斯和康沃斯（1993）在广泛查阅共享心智模型文献及其对团队决策研究的基础上，将"共享心智模式"定义为"一个团队的成员拥有的知识结构，使他们能够对任务形成准确的解释和期望，进而协调他们的行动，使他们的行为适应任务和其他团队成员的要求"（p.228），这个定义基于他们大量查阅关于共享心智模式的文献和他们对团队决策的调查研究。要理解共享心智模式是如何创造的，了解德国哲学家汉斯·格奥尔·加达默尔的"视界融合"概念对此会有所帮助。这个概念是为哲学诠释学或用来解读历史文本的方法论研究而创造的。加达默尔（1989）认为，对文本的真正理解是解读者和作者视界的"融合"。他将视界定义为"包括从特定的有利角度能看到的所有事物的视野范围"（p.302）。将这个概念应用于我们的场景，我们就可以说："社会化就是把参与者的隐性知识'融合'到共享的心智模式里。"

12. 舍夫伦（1982）提出了"场认识论"的概念。他强调在形成一个共识场时，"互动节奏"的重要性，并认为沟通是在这种情形下同时发生的信息共享。同样，康顿（1976）认为，沟通是一种同时发生与场景有关的现象，人们在其中感觉到发生了变化，共享同样变化的感觉，并受感动而采取行动。他说："换句话说，沟通就像波浪流过人体，在每个人与波浪同频共振时达到高潮。"从社会心理学的角度看，霍格和艾布拉姆斯（1993）观察到"团体行为可能是通过寻找意义和相一致的自我概念激发的"（p.189）。

13. 格劳曼（1990）将对话视为多视角的认知。如前所述，正如"言语行动"一词所暗示的，从本质上讲，语言是与行动相关的（Austin，1962；Searle，1969）。因此，对话可以被视为集体行动。此外，按照康德的说法，世界是由语言创造的，创造概念就是在创造世界。

14. 于1984年1月25日接受采访。

15. 这些作者强调为有组织的行动创造共同意义的重要性，他们认为组织需要开发联合经验的"等同意义"，以在组织中创造共同意义。比喻是他们通过话语分析发现等同意义的 4 种机制之一。关于比喻和其他 3 种机制——逻辑论证、影响调制和语言间接的更多讨论，请参见唐纳伦、加里和布贡（1986）。此外，比喻可被看作一种经济的认知工具，按照罗施（1973）的说法，我们了解事物不是通过它们的属性，而是通过它们更好的示例或者她所谓的"原型"。作为鸟类的原型，知更鸟比海鸥要好一些，而海鸥又比企鹅要好一些。最好的原型能以最低的认知能量提供最丰富的信息。

16. 以下著名的轶事说明了这一过程。德国化学家凯库勒发现了苯的化学结构——由碳原子组成的六角形环，而这源于一场蛇吞吃自己尾巴的梦。在这个案例中，蛇的图案是一个比喻，而图案的可能组合可以变成其他有机化合物的类比。因此，凯库勒开发了有机化学的结构模型。

17. 按照拉科夫和约翰逊（1980）的说法，"比喻在日常生活中无处不在，不仅在语言中，还在思想和行动中"（p.3）。

18. 用于此目的的信息和通信技术包括增值网络（Value-Adder Network，VAN）、局域网（Local Area Network，LAN）、电子邮件（E-mail）、销售点（Post-of-Sales，POS）系统、计算机支持协同工作（Computer Supported Cooperative Work，CSCW）的群件以及计算机辅助设计 / 计算机辅助制造（Computer-Aided Design/Manufacturing，CAD/CAM）。

19. 在三合一数据库系统中，来自"市场指标超市解决方案系统"的数据（集成了来自全日本超市的 POS 数据）会与"信息资源系统"提供的关于购物行为的定制化的数据连接，还会与来自"Equifax 营销决策系统"中 Microvision 数据库的生活方式数据连接。要了解更多信息，请参见"Micro-Merchandizing with KGF," *Food and Beverage Marketing*, 10(6), 1991; "Dawn of Brand Analysis," Food and beverage Marketing, 10(10), 1991; and "Partnering," *Supermarket business 46(5)*, 1991。

20. 奈瑟（1976）认为，只有在有目的的活动的背景下，作为"认识"和"理解"的认知过程才会发生。此外，从组织理论的角度看，韦克（1979）认为，组织对环境信息的解读有自我实现预言的因素，因为组织有强烈的意愿自我实现成它想成为的样子。他称这种现象为环境的"制定"。

21. 从西蒙学派的"有限理性"观点及组织目标是有效地处理信息的观点来看，组织自治只不过是"噪声"的一个来源，因此它不是组织所期望的。认知限制的概念是一个难以击败的尝试。然而，如果我们从人类有无限的能力获得和创造知识的观点来看待同样的问题，那么，人类似乎知道在体验和积累隐性知识方面是没有界限的。积累隐性知识之下的基础，正是目的感和自主性。人类经常会故意制造噪声，以便战胜自己。

22. 建立团队时，应该考虑自组织的原则，如学会学习、必要多样性、最小临界规格和职能的冗余（Morgan，1986）。对于必要多样性，我们将在后面讨论。

23. 在《哈佛商业评论》发表的"新产品开发的新游戏"一文中（Takeuchi and Nonaka，1986），我们认为在当今快节奏和竞争激烈的世界中，这种重叠的橄榄球式方法在速度和灵活性上拥有巨大的优势。

24. 吉布森（1979）假设知识存在于环境本身，这与传统的认识论观点认为只是存在于人脑中相违背。按照他的说法，当我们与环境相互作用时，我们在感受"供给性"或者环境供给我们的东西。例如，只有当我们实际坐在椅子上时，才能感受到关于椅子的一些信息。诺曼（1988）认为，知识不仅存在于大脑之中，还存在于以事物、他人和情景为形式的外部世界中。

25. 皮亚杰（1974）注意到主体和环境之间相互作用时矛盾角色的重要性。他认为，矛盾的根源在于特定感知或行为的正面和负面之间的协调，而这反过来又是创造新概念必不可少的。

26. 根据冯·富尔斯特（1984）提出的"噪声中的有序"原则，自组织系统通过有目的地给自己引入这种噪声，就能提高其生存能力。自然界的有序不仅包括静态化和结晶化有序（其中的熵为零），还有"不稳定"有序（由物质和能量作用形成的新结构）。后者是普里戈金和斯唐热（1984）在他们的耗散结构理论中所称的"混沌中的有序"。此外，从进化规划的角度看，琼奇（1980）认为："和广泛持有的观念相反，以进化精神进行规划不会导致不确定性和复杂性的减少，而是会导致它们增加。不确定性增加是因为选择的范围被人为地扩大了；想象力开始登场并发挥作用了"（p.267）。提出混沌理论的研究者发现了混沌的创造性本质。参见格雷克（1987）和沃尔德伦（1992）。关于混沌理论应用到管理理论，可以参见野中郁次郎（1998a）和齐默尔曼（1993）。

27. 赫德隆德（1986）使用术语"分层结构"，意思是"非层级体制"。他解释了冗余信息的角色，基于不同于组织官方规定的程序，冗余信息可以作为问题表述和知识创造的工具。

第四章

1. 《日本经济时尚》周刊，1991 年 12 月 1 日。

第五章

1. 本章内容参考自 Georg von Krogh, Kazuo Ichijo, and Ikujiro Nonaka, *Enabling Knowledge Creation: How to Unlock the Mystery of Tacit Knowledge and Release the Power of Innovation* (New York and London: Oxford University Press. 2000).

2. 见 Mattews（1997），p.130.

3. 关于认知科学的综述和经验的概念化，参见弗拉纳根（Flanagan，1991）的优秀作品。

4. 皮亚杰（1960）在这里对"计划"作为通过经验形成的结构进行了更具体的叙述，每一个感官输入都被组织为认知计划，计划是特定认知活动的一种普遍形式。

5. 参见 Camman（1988）。这篇文章讨论了对外部顾问或变革推动者的需求，旨在了解自己从而在组织变革中发挥更大的价值。一个组织的变革要求外部顾问经历"知识的自我转化"，这意味着外部顾问不得不在帮助组织进行改变的过程中，在变化的任务中改变他的观点和技术。

6. 把自身视作一系列叙事的观点由丹尼尔·迪纳特提出。参见 Dennet（1988），Dennet and Humphrey（1989）。

7. 如凯夫所指出的那样（1995，p.112），我们作为人类的身份认同与我们讲述的故事之间存在很强的关系："在这些日常叙事中，我根本不能自由地构建任何身份认同；但是，对同一段生活以及其中的人物或角色的身份进行多种描述是可能的，也是正常的。不仅每个人对我的行为和我是什么样的人都有不同的说法，我也完全有能力用不同的方式讲述自己的故事。"

8. 这通常是群体生活的一个悖论，参见 Smith and Bery（1987）。更多关于群体冲突的信息，请参见 Deutsch（1973）。

9. 一些作者已经概述了创造知识的障碍，这里列出的障碍来自 Berger and Luckmann（1967）的作品。

10. 这方面一个有趣的想法是，属于一个组织知识库的故事将影响组织论证的执行方式，换言之，如果你有好的"公司战争故事"来支持，某些索赔可以得到增强和合法化。有关这方面的更多信息，请参见 Ceick and Browning（1986），以及 Krogh and Roos（1995）。

11. 一个正式的程序能够捕捉学习，但是随着时间的推移，会形成"核心刚性"，阻碍公司的创新。更多请参见 Leorard（1995）。

12. 这 5 个阶段最初是由野中郁次郎和竹内弘高（1995）定义的，详见第 83~89 页。

13. 认知主义者认为，共享隐性知识是一种共享的、完整的反应，这些反应与现实的一致性是毋庸置疑的。在一个团队中，如果一个成员在表达方面比较慢，那么可以使用"漏斗模型"，即其他团队成员提供充足的信息，使成员最终与其他人分享相同的现实。建构者对此会有不同的观点：每一个团队成员都是独特的，知识个人化的，其中大部分是隐性的，为了在团队中分享知识，每个人都必须公开证明自己的知识。

14. 更多关于全球化趋势的信息，见 Dunning（1993）。

15. 参见 von Krogh（1998）。

16. 引自 D.H. 史密斯在圣加仑大学举行的第二届知识创造比较研究会议上发表题为 "与知识竞争" 的演讲。

17. 更多请参阅 Brand（1998）。

第六章

1. 参见本书第二章。

2. 参见本书第二章。

3. 参 见 Ikujiro Rusunoki, "The Phase Variety of Product Systems and Systembased Differentiation: An Alternative View on Organizational Capabilities of the Japanese Firm for Product Innovation." in D. Dirks et al. (eds.), *Japanese Management in the Low Growth Era: Between External Shocks and Internal Evolution* (Berlin: Spinger, 1999)。

4. 参见 Rebecca M. Henderson and Kim B.Clark, "Architectural Innovation:The Reconfiguration of Existing Product Technologies and the Failure of Established Firms," *Administrative Science-Quarterly*, 3-5(1), 1990.

5. 参见 Clayton Christensen, *The Innovator's Dilemma* (Boston: Harvard Business School Press, 1997).

6. 参见 Barbara Levitt and James March, "Organizational Learning," *Annual Review of Sociology*, 14, 1988, pp. 319-340.

7. 参 见 Dorothy Leonard-Barton, "Core Capabilities and Core Rigidities: A Paradox in Managing New Product Development," *Strategic Management Journal*, 13, 1992, pp. 111-25.

8. 参见 Herbert Simon, *The Sciences of the Artificial* (Boston: MIT Press, 1969).

9. 参见 Mary P. Kelly, *Martin Scorsese: A Journey* (Publishing Group West, 1991).

10. 引文基于作者对索尼公司广播与专业系统公司的小岛雄一、神山一夫和伊藤德市的个人采访，采访时间是 1999 年 6 月。

第七章

1. "Lessons of Experience — Tsuyoshi Kikukawa, CEO, Olympus Optical" (Japanese), Works, June/July 2002.

2. Y. Kojima, "Success of Camedia at Olympus; Compete in Camera Manufacturing with Focus on Picture Quality" (Japanese), *Business Research*, October 2001.

3. "Digital Camera Industry Report," *Investment Economy* — Toshi Keizai (Japanese), March 2002.

4. I. Nonaka, H. Kitagawa, and Y. Kojima, "Organizational Capability and Manufacturing Innovation: Panel Discussion" (Japanese), *Business Research*, October 2001.

第九章

1. 本章内容建立在以下文章的基础上：Emi Osono, "Strategic Organization or Learning Organization," *Hitotsubashi Business Review*, Toyokeizai-shinposha, 2002 (in Japanese). 雷克萨斯案例研究是由丰田汽车公司海外营销部和一桥大学国际企业战略研究生院共同进行的研究项目。作者非常感谢美国丰田汽车销售公司和丰田汽车公司的雷克萨斯经销商们为此次研究付出的时间和努力。作者还感谢清水正彦教授和竹内弘高教授的敏锐评论。本章内容责任由作者承担。

2. 根据 *Kelley Blue Book Used Car Guide: Consumer Edition*, 1989-2001. 型号的数量包括车身风格，但不包括装饰和发动机的变动。

第十章

1. 本章基于 Satoshi Akutsu and Ikujiro Nonaka, "Branding Capabilities in Creating Knowledge," *Diamond Harvard Business Review*, August 2001.

2. David A. Aaker, *Building Strong Brands* (New York: Free Press, 1995).

3. B. Joseph Pine, II and James H. *Gilmore, Experience Economy* (Boston: Harvard

Business School Press, 1999), and Bemd H. Schmidt, *Experiential Marketing* (New York: Free Press, 1999).

4. 这类品牌研究的方向在许多开拓性的研究和启发性的图书中都有提及，像 David Aaker's *Brand Leadership* (New York: Free Press, 2000) (co-authored with Erich Joachimsthaler).

5. Ikujiro Nonaka and Hirotaka Takeuchi, *The Knowledge-Creating Company* (New York: Oxford University Press, 1995).

6. For details, refer to Ikujiro Nonaka, "New Deployment of Organizational Knowledge Creation," *Diamond Harvard Business Review*, August-September 1999).

7. David Aaker and Erich A. Joachimsthaler, *Brand Leadership* (New York: Free Press, 2000).

8. D.M. Schoenhoff, *The Barefoot Expert* (Westport, CT: Greenwood Press, 1993).

9. "Special Topic: Sony, *Ha doko he ikul* (Sony, where are you going ？)," Gekkan Keieijuku, June 2001.

10. Ryoko Toyama and Ikujiro Nonaka, "Good Ba and Innovative Leadership," *Hitotsubashi Business Review*, 48(3), 2000.

11. 创造品牌元知识和品牌知识愿景的能力，是个人创始者和高管应该具备的。

第十一章

1. 关于模块化的概念，参见 K.B. Clark and C.V. Baldwin, "Managing in the Age of Modularity," *Harvard Business Review*, September-October 1997; and Y. Aoshima and A. Takeishi, "The Perspective of Architecture," in T. Fujimoto, A. Takeishi, and Y. Aoshima (eds.), *Business Architecture* (in Japanese) (Tokyo: Yuhikaku, 2000).

2. 参见 H. Chesbrough and K. Kusunoki, "The Modularity Trap: Technology Phase Shifts and the Resulting Limits of Virtual Organizations," in I. Nonaka and D. Teece (eds.), *Managing Industrial Knowledge* (London: Sage, 2001).

3. 个人访谈来自作者与乐天首席执行官三木谷浩史，1999 年 8 月。

4. 个人访谈来自作者与阿斯库尔首席执行官岩田昭一郎，2000 年 7 月。

5. 关于知识和信息的区别，见本书第三章。

第十二章

1. 其他三个项目包括金融战略的 MBA 项目、亚洲公共政策项目和商业法项目。

2. 这一学习经历的可能性得益于 ICS 与摩根士丹利在 2000 年建立了"战略"联盟。

3. 2004 年 4 月，所有国立大学将成为"半政府"大学，这种转变的影响尚未确定，但是更多的自主权和独立性将被给予，以换取问责制和英才教育。

参考文献 ^一

第三章

Anderson, J.R. 1983. *The Architecture of Cognition.* Cambridge, MA: Harvard University Press.

Ashby, W.R. 1956. *An Introduction to Cybernetics.* London: Chapman & Hall.

Austin, J.L. 1962. *How to Do Things with Words.* Oxford: Oxford University Press.

Bateson, G. 1973. *Steps to an Ecology of Mind.* London: Paladin.1979. Mind and Nature: A Necessary Unity. New York: Bantam Books.

Berger, P.L. and T. Luckmann. 1966. *The Social Construction of Reality.* Garden City, NY: Doubleday.

Boulding, K.E. 1983. System Theory, Mathematics, and Quantification. In *The Study of Information,* ed. F. Machlup and U. Mansfield, pp. 547-550. New York: John Wiley & Sons.

Brown, J.S. 1992. *Reflections on the Document.* Mimeograph, Xerox Palo Alto (CA) Research Center.

一 为了环保，也为了减少您的购书开支，本书参考文献不在此一一列出。如需完整的参考文献，请登录 www.zhiyuanbooks.com 下载。

Brown, J.S. and P. Duguid. 1991. Organizational Learning and Communities-of-Practice: Toward a Unified View of Working, Learning, and Innovation. *Organization Science,* 2, no. 1:40-57.

Cannon-Bowers, J.A., E. Salas, and S. Converse. 1993. Shared Mental Models in Expert Team Decision Maldng. In *Individual and Group Decision Making,* ed. N.J. Castellan, Jr., pp. 221-246. Hillsdale, NJ: Lawrence Erlbaum Assoicates.

Condon, W.S. 1976. An Analysis of Behavioral Organization. *Sign Language Studies,* 13.

Donnellon, A., B. Gray, and M.G. Bougon. 1986. Communication, Meaning, and Organized Action. *Administrative Science Quarterly,* 31:43-55.

Searle, J.R. 1969. *Speech Acts: An Essay in the Philosophy of Language.* Cambridge: Cambridge University Press.

Shannon, C.E. and W. Weaver. 1949. *The Mathematical Theory of Communication.* Urbana, IL: University of Illinois Press.

Singley, M.K. and J.R. Anderson. 1989. *The Transfer fo Cognitive Skill.* Cambridge, MA: Harvard University Press.

Squire, L.R. 1987. *Memory and Brain.* New York: Oxford University Press.

Takeuchi, H. and I. Nonaka. 1986. The New New Product Development Game. *Harvard Business Review,* Jan.-Feb: 137-146.

von Foerster, H. 1984. Principles of Self-Organization in a Socio-Managerial Context. In *Self-Organization and Management of Social Systems,* ed. H. Ulrich and G.J.B. Probst, pp. 2-24. Berlin: Springer-Verlag.

Waldrop, M.M. 1992. *Complexity: Life at the Edge of Chaos.* New York: Simon & Schuster.

Weick, K.E. 1979. *The Social Psychology of Organizing.* 2nd ed. Reading, MA: Addison-Wesley.

Winograd, T. and F. Flores. 1986. Understanding Computers and Cognition: A New

Foundation for Design. Reading, MA: Addison-Wesley.

Zimmerman, B.J. 1993. The Inherent Drive to Chaos. In *Implementing Strategic Processes: Change, Learning and Cooperation,* Lorange P. et al. eds., pp. 373-93. Oxford: Basil Blackwell.

Nisbet, R.A. 1969. Social Change and History: Aspects of the Western Theory of Development. London: Oxford University Press.

Nonaka, I. 1985. Kigyo Shinka-ron (Corporate Evolution: Managing Organizational Information Creation). Tokyo: Nihon Keizai Shimbun- sha (in Japanese).

1987. Managing the Firms as Information Creation Process. Working.

paper, Institute of Business Research, Hitotsubashi University. In Advances in Information Processing in Organizations, ed. J. Meindl, R.L. Cardv, and S.M. Puffer, Vol. 4, pp. 239-275. Greenwich, CT: JAI Press, 1991.

1988a. Creating Organizational Order Out of Chaos: Self-Renewal of Japanese Firms. California Management Review, 30, no. 3:57-73.

1990a. Redundant, Overlapping Organizations: A Japanese Approach to Managing the Innovation Process. California Management Review, 32, no. 3:27-38.

1990b. Chishiki-souzou no Keiei (A Theory of OrganizationalKnowledge Creation). Tokyo: Nihon-Keizai-Shimbunsha (in Japanese).

Nonaka, I., P. Byosiere, C.C. Borucki, and N. Konno. 1994. Organizational Knowledge Creation Theory: A First Comprehensive Test. International Business Review, Special issue.

Norman, D.A. 1988. The Psychology/ of Everyday Things. New York: Basic Books.

Numagami, T., T. Ohta and I. Nonaka. 1989. Self-renewal of Corporate Organizations: Equilibrium, Self-sustaining, and Self-renewing Models. Working Paper, University of California at Berkeley. No. OBIR-43.

Orr, J.E. 1990. Sharing Knowledge, Celebrating Identity: Community Memory in a

Service Culture. In Collective Remembering, ed. D. Middleton and D. Edwards, pp. 169-189. Newbury Park, CA: Sage.

Piaget, J. 1974. Recherches sur la Contradiction. Paris: Presses Universitaires de France.

Polanyi, M. 1958. Personal Knowledge. Chicago: University of Chicago Press.1966. The Tacit Dimension. London: Routledge & Kegan Paul.

Prigogine, I. and I. Stengers. 1984. Order out of Chaos: Man's New Dialogue with Nature. New York: Bantam Books.

Richards, I.A. 1936. The Philosophy of Rhetoric. Oxford: Oxford University Press.

Rosch, E.H. 1973. Natural Categories. Cognitive Psychology, 4:328-350.

Roszak, T. 1986. The Cult of Information. New York: Pantheon Books.

Ryle, G. 1949. The Concept of Mind. London: Hutchinson.

Scheflen, A.E. 1982. Comments on the Significance of Interaction Rhythm. In Interaction Rhythms, ed. M. Davis. New York: Human Sciences Press, pp. 13-21.

Schon, D.A. 1983. The Reflective Practitioner. New York: Basic Books.

Dretske, F. 1981. Knowledge and the Flow of Information. Cambridge, MA: MIT Press. Emig, J. 1983. The Web of Meaning. Upper Montclair, NJ: Boynton/Cook.

Gadamer, H. 1989. Truth and Method. 2nd ed., trans. J. Weinsheimer and D.G. Marshall. New York: Crossroad.

Galbraith, J. 1973. Designing Complex Organizations. Reading, MA: Addison-Wesley.

Gelwick, R. 1977. The Way of Discovery: An Introduction to the Thought of Michael Polanyi. Oxford: Oxford University Press.

Gibson, J.J. 1979. The Ecological Approach to Visual Perception. Boston, MA: Houghton Mifflin.

Gill, J.H. 1974. Saying and Showing: Radical Themes in Wittgenstein's On Certainty. Religious Studies, 10.

Gleick, J. 1987. Chaos. New York: Viking Press.

Graumann, C.F. 1990. Perspectival Structure and Dynamics in Dialogues. In The Dynamics of Dialogue, ed. I. Markova and K. Foppa, pp. 105-126. New York: Harvester Wheatsheaf.

Gruber, T.R. 1989. The Acquisition of Strategic Knowledge. San Diego, CA: Academic Press.

Hedlund, G. 1986. The Hypermodern MNC—A Heterarchy? Human Resource Management, 25, no. 1:9-35.

Hogg, M.A. and D. Abrams, eds. 1993. Group Motivation: Social Psychological Perspectives. New York: Harvester Wheatsheaf.

Imai, K., I. Nonaka and H. Takeuchi. 1985. Managing the New Product Development Process: How Japanese Companies Learn and Unlearn. In The Uneasy Alliance: Managing the Productivity-Technology Dilemma, ed. K.B. Clark, R.H. Hayes and C. Lorenz, pp. 337-381. Boston, MA: Harvard Business School Press.

Jantsch, E. 1980. The Self-Organizing Universe. Oxford: Pergamon Press.

Johnson-Laird, P.N. 1983. Mental Models. Cambridge: Cambridge University Press.

Kobayashi, T. 1985. Tomokaku Yattemiro (In Any Case, Try It). Tokyo: Toyo Keizai Shimposha (in Japanese).

Lakoff, G., and M. Johnson. 1980. Metaphors We Live By. Chicago, IL: University of Chicago Press.

Machlup, F. 1983. Semantic Quirks in Studies of Information. In The Study of Informaiton. ed. F. Machlup and U. Mansfield, pp. 641-671. New York: John Wiley & Sons.

Maturana, H.R. and F.J. Varela. 1980. Autopoiesis and Cognition: The Realization of the Living. Dordreacht, Holland: Reidel.

McCulloch, W. 1965. Embodiments of Mind. Cambridge, MA: The MIT Press.

Morgan, G. 1986. Images of Organization. Beverly Hills, CA: Sage.

Neisser, U. 1976. Cognition and Reality. San Francisco, CA: W.H. Freeman.

致　谢

　　我们首先要感谢这本书各位作者的贡献。他们来自多个学科，但心中只有一个目标，那就是将一桥大学企业战略研究生院置于全球知识管理领域的前沿。我们还想感谢一桥大学国际企业战略研究生院国际商业战略项目的同事们，他们为我们提供了一个有利于创造新知识的环境。他们是谢尔曼·阿贝（Sherman Abe）、亚一大岛（Yaichi Aoshima）、陈海伦（Helen Chen）、藤川佳典（Yoshinori Fujikawa）、生驹俊明（Toshiaki Ikoma）、柿内惠美子（Emiko Kakiuchi）、迈克尔·科沃尔（Micheal Korver）、新戈（Shingo Oue）、帕特里夏·罗宾逊（Partricia Robinson）、清水纪彦（Norihiko Shimizu）、田口源一（Genichi Taguchi）和安田龙司（Ryuji Yasuda）。

　　我们还想感谢一桥大学企业战略研究生院具有热情与合作精神的提供支持的职员们——林田真子（Mariko Hayashida）、坂田（Koko Sakata）、菅野妙子（Taeko Sugeno）和渡边律子（Ritsuko Watanabe）。特别感谢渡边律子（Ritsuko Watanabe），她愉快地承担起使我们保持目标并协调这本书复杂写作任务的责任。

我们也要感谢约翰威利国际出版公司的尼古拉斯·沃尔沃克（Nicholas Wallwork）想推进这个项目的最初想法，其编辑詹尼斯·秀（Janis Soo）和罗宾·弗莱明（Robyn Flemming）给我们提供了许多完善手稿的想法，以及宝琳·佩克（Pauline Pek）促使复杂的沟通网络简单化。

最后，我们要感谢各自的配偶和孩子，以及作者的家庭成员，感谢你们的鼓励和宽容。正如那首歌所唱的，"你是我们生命中的阳光"（You are the sunshine of our lives）。

竹内弘高（Hirotaka Takeuchi）

野中郁次郎（Ikujiro Nonaka）